भारत में
मतदान व्यवहार
का मापन

भारत में मतदान व्यवहार का मापन

संजय कुमार • प्रवीण राय

SAGE | bhasha

Los Angeles | London | New Delhi
Singapore | Washington DC | Melbourne

Originally Published in 2013 in English by
SAGE Publications India Pvt Ltd as *Measuring Voting Behaviour in India*

This edition published in 2018 by

SAGE | bhasha

SAGE Publications India Pvt Ltd
B1/I-1 Mohan Cooperative Industrial Area
Mathura Road, New Delhi 110 044, India
www.sagepub.in

SAGE Publications Inc
2455 Teller Road
Thousand Oaks, California 91320, USA

SAGE Publications Ltd
1 Oliver's Yard, 55 City Road
London EC1Y 1SP, United Kingdom

SAGE Publications Asia-Pacific Pte Ltd
3 Church Street
#10-04 Samsung Hub
Singapore 049483

Published by Vivek Mehra for SAGE Publications India Pvt Ltd, typeset in 13/16 pt Kokila by AG Infographics, Delhi.

ISBN: 978-93-528-0859-5 (PB)

Translator: Ramendra Sinha
SAGE Team: Syed Husain Naqvi, Vinayak Dubey

विषय सूची

प्राक्कथन

भारतीय जन-जीवन में जनमत सर्वेक्षण अच्छी तरह से ज्ञात और कम समझा जाने वाले हैं। 1990 के मध्य-दशक से, जनमत सर्वेक्षण का एक या अन्य स्वरूप मीडिया कवरेज की एक नियमित विशेषता है, खासकर चुनाव समय के दौरान। सर्वेक्षण, चुनाव और पूर्वानुमान इतने जुड़े हुए हैं कि हर सर्वेक्षण को चुनाव से संबंधित माना जाता है और हर चुनाव से संबंधित सर्वेक्षण को चुनावी परिणाम का अनुमान लगाने का अभ्यास माना जाता है। एग्ज़िट पोल्स, चुनाव से संबंधित सर्वेक्षण की एक विशेष श्रेणी जिसे मुख्य रूप से अनुमान के उद्देश्य से तैयार किया गया है, हमारे देश में जनमत सर्वेक्षणों के लिए सामान्य नाम बन गया है। हमारे सार्वजनिक जीवन में एग्ज़िट पोल्स एक काला जादू जैसी विशेषता से युक्त दिखाई पड़ता है, जो एक तरफ भय, डर और संदेह और दूसरी तरफ ईर्ष्या, आक्रोश और उपहास को का कारण बनता है। इन सभी विपरीत प्रतिक्रियाओं को जो एकजुट करता है, वह जनमत सर्वेक्षणों के बारे में प्रणाली संबंधी निरक्षरता है। यही कारण है कि पुस्तक *भारत में मतदान व्यवहार का मापन* भारतीय जन-जीवन में एक तरह का महत्त्वपूर्ण योगदान है।

यह प्रणाली संबंधी निरक्षरता आम आदमी तक सीमित नहीं है। तीन विशेष क्षेत्र—राजनेता, मीडिया के लोग और अकादमिक व्यक्ति—प्रत्येक जनमत सर्वेक्षणों के प्रसार और अभिग्रहण के लिए महत्त्वपूर्ण हैं, अपने स्वयं के विशेष तरीके से इस घटना का हिस्सा होते हैं। भारतीय राजनेता शिक्षा या बुद्धिमत्ता में कम नहीं है, लेकिन उन्हें चुनाव संबंधी सर्वेक्षणों को समझने की कौशलपूर्ण युक्तियां अभी खोजनी हैं। यह कोई रहस्य नहीं है कि ज्यादातर राजनीतिक दल बाजार का अनुसंधान करने वाली कंपनियों को चुनाव-पूर्व जनमत सर्वेक्षण करने के लिए नियमित रूप से दलाली (कमीशन) देते हैं। कुछ समय से, अनेक नेताओं, ज्यादातर पश्चिमी शिक्षा वाले युवाओं, ने अपने निर्वाचन क्षेत्र में जन मनोभावों का पता लगाने के लिए निजी तौर पर सर्वेक्षणों का उपयोग शुरू कर दिया है। लेकिन यह ज्यादातर एक भविष्यवक्ता से परामर्श लेने जैसा है; भारत में राजनीतिक अभियानों का प्रारूप बनाने और जांच करने के लिए जनमत सर्वेक्षणों के परिष्कृत उपयोग के बहुत कम उदाहरण हैं। सार्वजनिक क्षेत्र में, भारतीय राजनेता संख्याओं को लेकर झगड़ा करना पसंद करते हैं और संदेह की आसान लफ्फाजी से बचने की कोशिश करते हैं। ज्यादातर राजनेता सार्वजनिक

क्षेत्र में जनमत सर्वेक्षणों को एक विघ्न के रूप में मानते हैं। कुछ समय से, उनमें से कुछ ने चुनाव संबंधी जनमत सर्वेक्षणों पर पूर्ण प्रतिबन्ध लगाने का विचार प्रकट किया है, और दुर्भाग्य से, चुनाव आयोग इस आशय की सिफारिश के साथ उपकृत करने के लिए तैयार दिखाई देता है।

भारतीय मीडिया का जनमत सर्वेक्षणों के साथ प्रेम-नफरत का रिश्ता है। मीडिया प्रबंधक जनमत सर्वेक्षण का प्रदर्शन पसंद करते हैं; गंभीर पत्रकार सभी प्रकार के जनमत सर्वेक्षणों का जमीनी स्तर पर तिरस्कार करते हैं। इस असहजता का एक हिस्सा जनमत सर्वेक्षकों और पत्रकारों के बीच बौद्धिक श्रम का स्पष्ट विभाजन न होने के कारण है। ज्यादातर पश्चिमी लोकतंत्रों में, जनमत सर्वेक्षण विभिन्न उम्मीदवारों और दलों की लोकप्रियता के स्तर को मापते हैं, जबकि पत्रकार इन प्रवृत्तियों के लिए स्पष्टीकरण प्रदान करते हैं और चुनाव अभियान के रंग को भरते हैं। भारतीय पत्रकार क्षेत्र की उस सूक्ष्म तस्वीर को समझने का बोझ उठाते हैं जहां वे काम करते हैं या यात्रा करते हैं और साथ ही भविष्यवाणी करते हैं कि ये छोटे चित्र दीर्घ स्तर पर कैसे जोड़े जाएंगे। दूसरा काम जनमत सर्वेक्षणों के साथ अधिव्यापन करता है और पत्रकारों तथा मतदान सर्वेक्षकों के बीच एक तरह की रस्साकशी की ओर ले जाता है। पत्रकारों को उन उदाहरणों को बताने में खुशी होती है जब जनमत सर्वेक्षण के बजाय वे सही साबित होते हैं। मतदान सर्वेक्षक इसे नियम के बजाय एक अपवाद के रूप में बताते हैं।

इस असहजता का एक बड़ा कारण वे अव्यावहारिक तरीके हैं, जिनमें जनमत सर्वेक्षण किया जाता है और प्रस्तुत किया जाता है। मीडिया घराने अपने जनमत सर्वेक्षणों का प्रदर्शन तो करना चाहते हैं लेकिन वे इन पर ज्यादा खर्च करना नहीं चाहते हैं; इसलिए होता है अवमानक या फर्जी जनमत सर्वेक्षण का प्रसार। यह समस्या जनमत सर्वेक्षण को प्रस्तुत करने के तरीके से और अधिक बढ़ जाती है, विशेष रूप से टेलीविजन पर: सर्वेक्षणों के बारे में पद्धति संबंधी विवरण शायद ही कभी दर्शकों के साथ साझा किए जाते हैं, वोटों को सीटों में परिवर्तित करना ब्लैक बॉक्स ही बना रहता है, शायद ही कभी चैनल अपने प्रदर्शन की संपरीक्षा (ऑडिट) कराते हैं, और फिर भी टेलीविजन चैनल एग्ज़िट पोल्स के निष्कर्षों से राजनेताओं को चुनौती देते हैं जैसे कि वे अंतिम परिणाम हों। समस्या केवल समाचार उद्घोषक, संपादक या प्रबंधक के साथ नहीं होती है, जो समझते हैं कि जनमत सर्वेक्षण क्या है; वे अभी भी अपवाद जैसे ही हैं।

अंत में, और सबसे अप्रत्याशित रूप से, राजनीतिक विज्ञान की शैक्षणिक व्यवस्था में भी अक्सर जनमत अनुसंधान का कम ही सराहा गया है। भारत में इस विषय के एक

अनोखे प्रक्षेप पथ का तात्पर्य है कि राजनीतिक विज्ञान के एक औसत छात्र को सर्वेक्षण विधियों या मात्रात्मक आंकड़ों के विश्लेषण में कोई कठोर प्रशिक्षण नहीं मिलता है। हालांकि जरूरी नहीं कि यह प्रक्षेप पथ हमें यहां रोके। विषय के अधिकांश शिक्षक और यहां तक कि अध्येता भी एक सूचित तरीके से सर्वेक्षण आंकड़ों की व्याख्या या प्रत्यालोचना करने के लिए खुद को अनुपयुक्त पाते हैं और अक्सर इसका एक गुण बनाने के प्रलोभन में झुक जाते हैं। सामाजिक और राजनीतिक विश्लेषण के "वैज्ञानिक" दावों की अन्यथा गंभीर दार्शनिक प्रत्यालोचना ने भारत में राजनीति की किसी भी तरह की साक्ष्य आधारित समझ से बचने के लिए एक परत के रूप में कार्य किया है। राजनीतिक विज्ञान के शोधकर्ताओं के लिए किसी भी व्यवस्थित सबूत की पेशकश के बिना लोकप्रिय धारणाओं के बारे में व्यापक सामान्यीकरण करना या स्वतंत्र रूप से आने वाले निष्कर्षों को सजाने के लिए आंकड़ों का उपयोग करना असामान्य नहीं है। जो लोग सर्वेक्षण आंकड़े-आधारित साक्ष्य पर भरोसा करते हैं वे आमतौर पर शिक्षाविदों की निम्न प्रजाति के रूप में देखे जाते हैं। यह भारतीय समाजशास्त्र के लिए भी सत्य है। इस प्रकार, राजनीति की एक अकादमिक समझ बदले में जनमत अनुसंधान के बारे में बेहिचक संदेह की व्यापक सार्वजनिक संस्कृति में योगदान देती है।

इन तीन क्षेत्रों में, राजनीतिक अभिमत, रुख, और व्यवहार पर सर्वेक्षण आधारित अनुसंधान के लिए संदेह और विद्वेष अनभिज्ञता में निहित है। इस पुस्तक के लेखकों के साथ-साथ इस प्राक्कथन के लेखक, शिक्षाविदों के एक छोटे समूह से हैं, जिन्होंने इस पूर्वाग्रह को ठीक करने के लिए लगभग दो दशकों तक एक साथ काम किया है। *भारत में मतदान व्यवहार का मापन*, साक्ष्य-आधारित अनुसंधान करने के लिए राजनीति के विद्यार्थियों को तैयार करने के जवाबी कदम का परिणाम और इसमें एक महत्त्वपूर्ण योगदान, दोनों है।

राजनीतिक विश्लेषण में तरीकों का सर्वेक्षण करने की अनेक अच्छी प्रारंभिक पुस्तकें हैं। लेकिन इन सभी पुस्तकों को पश्चिमी शिक्षाविदों के छात्रों के लिए लिखा गया है और यह उत्तर अमेरिकी या यूरोपीय राजनीति के संदर्भ को ग्रहण करते हैं। यह पुस्तक अलग है। ऐसे समय पर लिखी गई है जब भारत में सामाजिक-आर्थिक और राजनीतिक परिवर्तनों के विभिन्न पहलुओं को निर्धारित करने के लिए सर्वेक्षण और जनमत सर्वेक्षणों को प्रसारित किया जा रहा है, पुस्तक के शुरुआत के अध्याय पाठक को भारत में राजनीतिक परिवर्तनों को मापने के लिए किए गए सर्वेक्षणों और परंपराओं के साथ परिचय कराते हैं। मतदान व्यवहार को मापने पर विशेष ध्यान देने के साथ, बाद के अध्याय उन देशों में इस्तेमाल विधियों पर चर्चा करके एक तुलनात्मक दृष्टिकोण रखते हैं, जिनके पास मतदान व्यवहार

को मापने की एक लंबी परंपरा है और साथ ही उन देशों से भारत की समानताओं और अंतरों की पहचान करते हैं।

भारतीय संदर्भ को अलग से जोड़ने के बजाय, इस पुस्तक में यह संदर्भ गुंथा हुआ है। यह भारतीय छात्रों की जरूरतों को पूरा करने का प्रयास करती है। अब तक भारत में मतदान के व्यवहार पर अनुभवजन्य कार्य शायद ही कभी विशेष चुनावों के विश्लेषण से परे गया हो। जो कार्य किया भी गया उसमें कार्यप्रणाली पर कम या बिल्कुल भी ध्यान नहीं दिया गया। इस पुस्तक के मुख्य उद्देश्यों में से एक है किसी भी चुनाव में मतदान के व्यवहार को मापने के लिए उपलब्ध विभिन्न उपकरणों और संसाधनों के बारे में पाठक को शिक्षित करना। पाठक को व्यावहारिक कौशल प्रदान करने का एक प्रयास भी है जिसकी उसे मतदान व्यवहार के सर्वेक्षण करने में आवश्यकता होगी—प्रश्नावली के नमूना-चयन और रूपांकन से आंकड़े संग्रह के कार्य करने तक, मतदान के व्यवहार का विश्लेषण और रिपोर्ट करने के विभिन्न तरीके, और मतदान व्यवहार को मापने की सीमाएं। ऐसा करने में, लेखकों ने उस पृष्ठभूमि की समझ के स्तर को ध्यान में रखा है, जिसकी एक भारतीय छात्र से उम्मीद की जा सकती है। इस मायने में, यह पहली पुस्तक है जो भारतीय छात्र को राजनीतिक विश्लेषण में सर्वेक्षण तरीकों को प्रस्तुत करने का प्रयास करती है।

यह ऐसा एक व्यवस्थित तरीके से करती है। पहला अध्याय मतदान व्यवहार की अवधारणा का परिचय देता है और इसे मापने के कारणों पर चर्चा करता है। तुलनाएं अन्य विषयों में उपयोग किए गए “माप” के विचार से की गई हैं और मतदान व्यवहार को मापने के लिए अलग-अलग दृष्टिकोणों पर चर्चा की गई है। यह अध्याय इस मूल प्रश्न का भी उत्तर देता है कि हमारे पास आधिकारिक परिणाम होने पर चुनावों में सर्वेक्षणों की आवश्यकता क्यों है। यह व्यक्तिगत मतदाताओं की वरीयताओं को निर्धारित करने में कुल आंकड़ों से जुड़ी बाधाओं को देखते हुए, सर्वेक्षण संचालित करने की आवश्यकता को स्थापित करता है। दूसरा अध्याय मतदान व्यवहार से संबंधित अध्ययनों और सर्वेक्षणों का एक ऐतिहासिक सिंहावलोकन कराता है। यह भारत में मतदान पर पहले के कुछ अध्ययनों की चर्चा करता है और भारत में चुनाव से संबंधित मतदान के प्रगति प्रक्षेप-पथ का पता लगाता है। यह तरीके बताता है कि भारत में मतदान के व्यवहार को मापने के लिए जो पद्धतियां अपनाई गईं, वह केवल पश्चिमी प्रथाओं की नकल नहीं थीं और उन्हें भारत की विविध वास्तविकताओं को ध्यान में रखते हुए रचनात्मक अनुकूलन के रूप में देखा जाना चाहिए। यह उन विभिन्न चरणों का पता लगाता है जिनसे होकर चुनाव सर्वेक्षण और जनमत सर्वेक्षण विकसित हुए हैं और मामलों के अध्ययन तथा नृवंशविज्ञान के ऊपर यह विधि क्यों पसंद की गई है।

तीसरे अध्याय से, यह पुस्तक पद्धति संबंधी परिचय के मुख्य पाठ पर प्रकाश डालती है। यह अध्याय विभिन्न तरह की सर्वेक्षण विधियों का परिचय कराता है और मूल्यांकन करता है, जैसे चुनाव-पूर्व सर्वेक्षण, मतदान-पश्चात सर्वेक्षण, या एग्ज़िट पोल्स। इनमें से प्रत्येक के गुणों और दोषों के बारे में चर्चा करने के बाद, इन में से कौन सा अधिक मजबूत है पर लेखक चर्चा करते हैं। चौथा अध्याय नमूना-चयन (सैंपलिंग) के मुद्दे को दर्शाता है, जो कि सेंटर फॉर द स्टडी ऑफ डेवलपिंग सोसाइटीज (सीएसडीएस) द्वारा किए गए चुनाव अध्ययनों के अनुभव पर आधारित है। यह क्रमशः बताता है, बहुमंजिली बहुस्तरीय यादृच्छिक नमूना-चयन के चुनाव का तर्क और नमूने के प्रतिनिधित्व की समस्याओं की व्याख्या करता है। अध्याय पांच प्रश्नावली प्रारूप पर एक व्यापक मार्गदर्शक है: प्रश्नावली संरचना के विभिन्न तरीके, विभिन्न प्रकार के प्रश्न जिन्हें पूछा जा सकता है, प्रश्नों के सूत्रीकरण में चूकें, प्रश्नावली का पूर्व-परीक्षण और प्रश्नावली का मूल्यांकन। अगला अध्याय आंकड़ों के संग्रह और अनुसंधानकर्ताओं के प्रशिक्षण के मुद्दे को दर्शाता है। सर्वोत्तम अभ्यासों या तरीकों और प्रोटोकॉल (क्रमाचार या औपचारिक शिष्टाचार) जिन्हें चुनाव सर्वेक्षण के लिए जो मतदान संगठन द्वारा अपनाया जाता है, उनके आधार पर वह कुछ प्रचलित नियम प्रतिपादित करता है जिनका पालन साक्षात्कार प्रक्रिया के पहले और दौरान, दोनों स्थितियों में किया जाना चाहिए।

आखिरी दो अध्याय मतदान व्यवहार को मापने की चुनौती के लिए यह सब समेटते हैं। अध्याय सात सर्वेक्षण निष्कर्षों के प्रसंस्करण, विश्लेषण, और रिपोर्टिंग के बारे में बताता है। यह कुछ महत्त्वपूर्ण प्रणालीगत और तकनीकी जानकारी का विवरण देने की आवश्यकता को पहचानता और स्थापित करता है, जिनकी व्याख्या सर्वेक्षण के मुख्य निष्कर्षों के साथ की जानी चाहिए। चुनाव संबंधी सर्वेक्षणों पर प्रतिबंध लगाने के बजाय, लेखकों द्वारा की गई इन सिफारिशों पर ध्यान देने से मतदान के संशयी बेहतर करेंगे। यदि ये खुलासे अनिवार्य किये जाते हैं, तो यह सर्वेक्षणों पर किसी भी बुरे विचार वाले प्रतिबंध की आवश्यकता को समाप्त कर सकता है। अंतिम अध्याय में कुछ ऐसे मुद्दे उठाते हुए जो भविष्य के सर्वेक्षणों पर असर डाल सकते हैं, कुछ चुनौतियों पर चर्चा की गई है, जिनका सामना भारत में मतदान का व्यवहार मापने में करना पड़ता है।

इस पुस्तक के मुख्य लेखक पिछले दो दशकों में सैकड़ों चुनाव-संबंधित सर्वेक्षणों और अन्य जनमत सर्वेक्षणों को कराने में शामिल रहे हैं। उन्होंने राष्ट्रीय चुनाव अध्ययन के एक से अधिक दौर का निर्देशन किया है, जो दुनिया भर में मतदान के व्यवहार का सबसे बड़ा शैक्षिक सर्वेक्षण है। उनके पास पत्रिकाओं में पेपर्स, लोकप्रिय लेख, और टेलीविजन प्रस्तुतियों के

माध्यम से अकादमिकों के साथ-साथ लोकसम्मत पाठकों-श्रोताओं-दर्शकों को सर्वेक्षण के निष्कर्षों को समझाने का एक व्यापक अनुभव है। हालांकि वे किसी विश्वविद्यालय में एक शिक्षक नहीं हैं, लेकिन पिछले कुछ सालों से वह प्रशिक्षण कार्यशालाओं, पुनश्चर्या पाठ्यक्रम और पाठ्यक्रम कक्षाओं में बड़े पैमाने पर पढ़ा रहे हैं। इस प्रकार वह उन लोगों के बीच उस अंतर को कम करते हैं, जो कार्यपद्धति को सिखाते हैं और जो इस क्षेत्र में उस पद्धति का अभ्यास करते हैं। यही वह खूबी है जो इस पुस्तक को राजनीति विज्ञान के विद्यार्थियों व शिक्षकों, उभरते मतदान सर्वेक्षकों, सर्वेक्षण अनुसंधानकर्ताओं, प्रशिक्षकों, और किसी भी नागरिक के लिए जो भारतीय चुनावों में तात्पर्य निकालने में रुचि रखता है, के लिए एक महत्त्वपूर्ण संसाधन बनाती है।

क्रिसमस 2012

योगेंद्र यादव
वरिष्ठ सदस्य, सेंटर फॉर द स्टडी
ऑफ डेवलपिंग सोसाइटीज,
नई दिल्ली

भूमिका

नियमित चुनाव किसी भी लोकतंत्र की जीवन रेखा हैं। यह भारत के मामले में भी सच है, जहां चुनाव काफी नियमित रूप से आयोजित किए जाते हैं। सरकार का एक संघीय रूप होने के कारण, जहां न केवल राष्ट्रीय संसद को चुनने के लिए बल्कि राज्य विधानसभाओं को भी चुनने के लिए, किसी न किसी राज्य में लगभग हर साल चुनाव होते हैं। ये चुनाव, चुनावी प्रक्रिया में लोगों की भारी भागीदारी, और इससे भी अधिक मतदान प्रक्रिया में भागदारी को दर्शाते हैं। हाल के वर्षों में हुए राज्य विधानसभा चुनावों में एक उच्चतर मतदान भारतीय चुनावों में लोगों की अधिक भागीदारी को दर्शाता है। बढ़ती चुनावी भागीदारी भी अतीत की तुलना में अब राजनीति में लोगों की बढ़ती रुचि का एक संकेत है। चुनावी राजनीति में लोगों की व्यापक अभिरुचि के परिणामस्वरूप लोग ऐसे प्रश्नों के बारे में अधिक उत्सुक होते हैं जैसे, किसके चुनाव जीतने की संभावना है, कौन किसको वोट दे सकता है, किसी चुनाव विशेष में कौन से मुद्दे हो सकते हैं जिन पर लोगों की वोट देने की संभावना है, और विभिन्न संबंधित मुद्दे। यद्यपि लोगों में रुचि है, कि कौन किसे वोट देता है, लेकिन लोगों के मुकाबले, मीडिया, राजनेता और राजनीतिक दल अग्रिम जानकारी में अधिक रुचि रखते हैं कि चुनाव जीतने की संभावना किसकी है। चुनाव सर्वेक्षण यदि सभी सवालों के नहीं, तो कम से कम काफी हद तक इस तरह के अनेक सवालों के जवाब देने के वैज्ञानिक तरीके हैं। हालांकि चुनाव सर्वेक्षण चुनाव के केवल संभावित परिणामों की भविष्यवाणी करने तक सीमित नहीं हैं, लेकिन हाल के समय में चुनाव सर्वेक्षणों का इस्तेमाल केवल चुनाव परिणामों के पूर्वानुमान के उपकरण के तौर पर किया जा रहा है। आम धारणा है कि चुनाव की भविष्यवाणी हर किसी के लिए खेल बन गया है क्योंकि इस बारे में शायद ही कुछ विज्ञान आधारित है। यह पुस्तक इसपर ध्यान केंद्रित करने और पाठकों को यह बताने की कोशिश करती है कि चुनाव सर्वेक्षण का प्रारूप बनाना, संचालन करना, विश्लेषण करना और भविष्यवाणी करना नैसर्गिक विज्ञान के रूप में भले ही वैज्ञानिक न हो, लेकिन चुनाव सर्वेक्षण का आयोजन करने में और चुनावों की भविष्यवाणी करने में एक कार्यप्रणाली शामिल है, जो संभव है। यह सामाजिक विज्ञान जितना वैज्ञानिक है, जिसमें मानव व्यवहार, राय और व्यवहार का विश्लेषण करने की अनेक अंतर्निहित सीमाएं हैं। फ़र्स्ट-पास्ट-द-पोस्ट चुनाव प्रणाली (वह प्रणाली जिसमें सबसे ज्यादा मत पाने वाला उम्मीदवार विजयी माना

जाता है), गठबंधन की राजनीति की प्रकृति, और चुनावी प्रतियोगिता, सबसे विश्वसनीय सर्वेक्षण आंकड़ों में से एक होने के बाद भी चुनाव की भविष्यवाणी करने में चुनौतियों की वृद्धि करते हैं।

अंग्रेजी और स्थानीय प्रिंट मीडिया के साथ-साथ इलेक्ट्रॉनिक मीडिया की बढ़ती लोकप्रियता के विकास और अन्य चुनाव-संबंधी समाचारों के साथ जनमत सर्वेक्षणों और एग्ज़िट पोल्स की रिपोर्टिंग करने का उनके जुनून के कारण भारत में पिछले कुछ दशकों में जनमत सर्वेक्षणों और एग्ज़िट पोल्स की बढ़ती संख्या देखी गई है। किसी को यह लग सकता है कि भारत में जनमत सर्वेक्षण एक नई बात है, लेकिन 1967 में पूना लोकसभा निर्वाचन क्षेत्र में सिर्सिकर द्वारा किया गया अध्ययन बताता है कि चुनाव विश्लेषण/चुनाव अध्ययन आयोजित करने का एक लंबा इतिहास रहा है। इसके बाद भारत में मतदान व्यवहार और रुख को मापने की शुरुआत को चिह्नित करते हुए, उसी वर्ष स्टडी ऑफ डेवलपिंग सोसाइटीज (सीएसडीएस) द्वारा मतदाताओं के लिए बड़े पैमाने पर एक चुनाव सर्वेक्षण किया गया। भारत में चुनाव सर्वेक्षणों के ऐतिहासिक विहंगावलोकन ने जनमत सर्वेक्षणों के विकास और उन्नति प्रक्षेप पथ के बारे में एक प्रमुख अंतर्दृष्टि और दृष्टिकोण प्रदान किया है और यह पुस्तक भारत में चुनाव सर्वेक्षण के इतिहास के बारे में अधिक जानने के लिए एक उपयोगी मार्गदर्शिका है।

चुनाव सर्वेक्षणों का उल्लेख, चुनावों से पहले या चुनाव के दिन किए गए जनमत सर्वेक्षणों और एग्ज़िट पोल्स, जो कि चुनाव के पूर्वानुमान के नाम पर प्रिंट और इलेक्ट्रॉनिक मीडिया दोनों का शीर्षक बनते हैं, लोगों के दिमाग में तुरंत लाता है। जबकि आम लोगों की रुचि केवल इतनी ही होती है कि किसके चुनाव जीतने की संभावना है, राजनीतिक विश्लेषकों और मतदान सर्वेक्षकों के लिए यह संख्याएं अनुमान लगाने से कहीं बढ़कर हैं। यह चुनावों के गहन विश्लेषण के बारे में भी है, जैसे कि किसने किसके लिए मतदान किया, मत-रुझान एक पार्टी से दूसरी पार्टी में कैसे बदल गया, क्या विकास एक मुद्दा था, क्या सत्ता विरोधी लहर ने सत्तारूढ़ पार्टी को प्रभावित किया था अथवा नहीं। इन सभी को किसी भी एग्ज़िट पोल्स या पूर्व सर्वेक्षण के बजाय चुनाव के बाद के सर्वेक्षण के आंकड़ों की सहायता से अधिक विस्तार से तथा अधिक सटीकता के साथ समझाया जा सकता है। यह पुस्तक विस्तार से बताती है कि चुनाव सर्वेक्षण केवल एग्ज़िट पोल्स नहीं हैं, ये उस से कहीं अधिक हैं।

पुस्तक में, चुनाव सर्वेक्षण कैसे कराने चाहिए, क्या कुछ लोगों का मात्र अनुमान या कुछ मतदाताओं की राय व विचारों का संग्रह होने की बजाय जनमत सर्वेक्षण, एग्ज़िट पोल्स, या पोस्ट-पोल्स एक वैज्ञानिक अभ्यास हैं, जैसे मुख्य प्रश्नों को संबोधित किया गया है। जनमत

सर्वेक्षण आमतौर पर सभी निर्वाचन क्षेत्रों में नहीं आयोजित किए जाते हैं। हालांकि सभी निर्वाचन क्षेत्रों में सर्वेक्षण करने में कोई हानि नहीं है, लेकिन ऐसा करना वास्तव में असंभव है। कुछ चुने हुए/नमूना मतदाताओं के साथ नमूना (सैंपल) स्थानों पर मतदाताओं के चयन के नमूने में जनमत सर्वेक्षण या एग्ज़िट पोल्स आयोजित किए जाते हैं। एक विश्वसनीय चुनाव सर्वेक्षण करने के लिए, मतदाताओं के वैज्ञानिक रूप से चयनित नमूने से आंकड़े एकत्र करने की आवश्यकता है जो सभी मतदाताओं के प्रतिनिधि हैं। हर नमूने को एक यादृच्छिक नमूना बताते समय, पुस्तक में विस्तार से इस मुद्दे पर चर्चा की गई है कि मतदाताओं के प्रतिनिधि नमूने से आंकड़े एकत्र करना महत्त्वपूर्ण क्यों है और कैसे अनेक करोड़ मतदाताओं से मतदाताओं की एक छोटी प्रतिनिधि संख्या का चयन कर सकते हैं, जो भौगोलिक रूप से राष्ट्र में या किसी एक राज्य में फैले हुए हैं। पुस्तक में विभिन्न अन्य नमूना-चयन विधियों से भी पाठक का परिचय कराया गया है जो विभिन्न प्रकार के चुनाव सर्वेक्षण करने के लिए नमूना चयन करने में उपयोगी हैं।

मतदाताओं के एक प्रतिनिधि नमूने का सर्वेक्षण सही सीट पूर्वानुमान की गारंटी नहीं देता है। मतदाताओं से जानकारी एकत्र करने के लिए ध्यान से रचित की गई प्रश्नावली का उपयोग करने की आवश्यकता है। प्रश्नावली प्रारूप में अनेक विचार-विमर्श, चर्चा, और पूर्व-परीक्षण शामिल हैं; यह केवल कुछ पंक्तियों को नीचे लिखना और मतदाताओं से प्रश्न पूछने के माध्यम से उन पंक्तियों को पढ़ना नहीं है। पुस्तक आंख खोलने वाली साबित होगी और यह उन लोगों के लिए एक उपयोगी मार्गदर्शिका है, जो प्रश्नावली की रचना और आंकड़े संग्रह के बारे में अधिक जानना चाहते हैं। क्षेत्र कार्य (फील्ड वर्क) के संचालन के माध्यम से आंकड़ों का संग्रह एक चुनौती है। आंकड़े संग्रह की चुनौती भारी सामाजिक, धार्मिक, भाषाई और भौगोलिक विविधता के कारण है। आंकड़े संग्रह की मूल विधि यानी मान को खोए बिना विभिन्न स्थितियों में आंकड़े संग्रह की विधि में लचीलेपन की मांग होती है जिसे मानकीकरण कहते हैं। जो लोग खुल्लमखुल्ला या अन्य लोगों की उपस्थिति में जवाब देने के लिए तैयार नहीं हो सकते हैं, उनसे संवेदनशील प्रश्नों को अत्यंत सावधानी से पूछा जाना चाहिए, मतदान प्रश्न एक अच्छा उदाहरण है। क्षेत्रीय कार्य की चुनौतियां और इस तरह की स्थितियों को संभालने के संभावित तरीके केवल तभी समझे जा सकते हैं अगर किसी ने स्वयं भी क्षेत्रीय कार्य किया हो, लेकिन इस पुस्तक में क्षेत्रीय कार्य की स्थिति का विवरण एक व्यक्ति को वास्तविक स्थिति के करीब लेकर आता है।

एक सटीक सीट भविष्यवाणी या चुनावों की भविष्यवाणी करने की चुनौती यहाँ समाप्त नहीं होती है। यहां तक कि एक काफी विश्वसनीय सर्वेक्षण के साथ, एक वोट अनुमान को

सीटों में परिवर्तित करने में कोई त्रुटि हो सकती है, जो सामान्य भाषा में सीट पूर्वानुमान के रूप में संदर्भित है। सर्वेक्षण हमें वोट शेयर का एक अनुमान बताता है, जिसे सांख्यिकीय उपकरण या प्रतिरूप का उपयोग करके सीट में परिवर्तित किया जाता है। विभिन्न मतदान सर्वेक्षक विभिन्न भविष्य प्रतिरूपों का उपयोग करते हैं और प्रत्येक प्रतिरूप की अपनी ताकत और कमजोरी है। किसी भी प्रतिरूप की कार्यकुशलता की कठिनाई फ़र्स्ट-पास्ट-द-पोस्ट चुनाव प्रणाली से जुड़ी होती है, जहां जीत या हार एक वोट या बहुत बड़े अंतर से तय किया जा सकता है। सीट के पूर्वानुमान को परिवर्तित करने के लिए इस्तेमाल किए जाने वाले विभिन्न भविष्यवाणियों के प्रतिरूप सीमांत जीत या "अधिशेष वोट" या "बर्बाद वोट" का पता लगाने में विफल होते हैं— बहुत बड़ी जीत के मामले में। हालांकि कुछ हद तक तकनीकी, संभवतः एक सरल भाषा में विभिन्न पूर्वानुमान प्रतिरूपों के साथ पाठक को परिचित करने के लिए एक प्रयास किया गया है। राजनीतिक दलों का लगातार विभाजन और विलय और दो चुनावों के बीच गठबंधन का बदलता स्वरूप, पिछले चुनाव में पार्टी की वोट हिस्सेदारी को समायोजित करने की समस्या को बढ़ाती है, जो सीट पूर्वानुमान के तरीके को उलझाती है। कहने की जरूरत नहीं है, इस बिंदु पर चुनौतियां खत्म नहीं होती हैं। सर्वेक्षण, चुनाव, विश्लेषण और पूर्वानुमान आदि, निरंतर सीखने की प्रक्रियाएं हैं और हम अभी भी सीख रहे हैं और उन्हें यथासंभव सटीक बनाने की कोशिश कर रहे हैं।

चूंकि कक्षा की कोई पढ़ाई हमें प्रायोगिक अनुभव की तुलना में चुनावों, पूर्वानुमान और भविष्यवाणी के इस जटिल मुद्दे को बेहतर ढंग से समझने में सहायता नहीं कर सकती है, इसलिए सीएसडीएस पर आयोजित विभिन्न सर्वेक्षणों ने चुनाव के दौरान जनमत सर्वेक्षण के बारे में अधिक से अधिक अनुभव प्राप्त करने में हमारी मदद की। हम दोनों ने एक ही कॉलेज से अध्ययन किया था (रामजस कॉलेज, दिल्ली विश्वविद्यालय, हालांकि अलग-अलग विषयों से) और कॉलेज के दिनों से चुनाव में दिलचस्पी रखते थे, सर्वेक्षण, चुनाव और भविष्यवाणियों में प्रशिक्षण के लिए किसी औपचारिक संस्था में कभी नहीं गए थे, लेकिन हमारे सीएसडीएस के साथ लंबे समय से सहयोग के दौरान, इस विषय पर व्यावहारिक ज्ञान प्राप्त करने के लिए संस्था को एक प्रयोगशाला के रूप में इस्तेमाल किया। हम यह सुनिश्चित तरीके से कह सकते हैं कि कोई भी औपचारिक प्रशिक्षण, सीएसडीएस में सर्वेक्षणों, चुनावों और विश्लेषण पर काम करने के प्रायोगिक अनुभव से प्राप्त शिक्षा की जगह नहीं ले सकता है। 1998 में लोकसभा चुनावों ने हमें चुनावों और भविष्यवाणियों के व्यापक अभ्यास की व्यापक समझ का वास्तविक मौका दिया था जब मैंने (संजय कुमार) राष्ट्रीय समन्वयक के रूप में राष्ट्रीय चुनाव अध्ययन 1998 का प्रभार संभाला था, और टीम द्वारा उचित रूप

से सहयोग मिला था जिसमें प्रवीण राय और अन्य शामिल थे। हमने 1998 के लोकसभा चुनावों के दौरान शुरू हुई यात्रा से पीछे मुड़कर कभी नहीं देखा और अनेक अन्य राष्ट्रीय चुनाव अध्ययनों पर एक साथ काम किया जो हमें और अधिक अनुभव और आत्मविश्वास पाने में मदद करता था, जिसके परिणामस्वरूप अंत में इस पुस्तक को एक साथ लिखा।

लेकिन हमें यह स्वीकार करना होगा कि सीएसडीएस में हमारे वरिष्ठ सहयोगियों, विशेष रूप से वी.बी. सिंह, डी.एल. शेठ, और योगेंद्र यादव से मिले विश्वास और समर्थन के बिना यह लंबी यात्रा संभव नहीं हो सकती थी। विभिन्न समयों पर सीएसडीएस के निदेशकों वी.बी. सिंह, आर.के. श्रीवास्तव, सुरेश शर्मा, और राजीव भार्गव ने हमें स्वतंत्र रूप से काम करने का अवसर प्रदान किया, जिससे हमें इस पुस्तक को लगभग तय समय पर पूरा करने में मदद मिली। हम सुहास पलशीकर के प्रति आभार व्यक्त करते हैं, जिन्होंने हमेशा हमें इस पुस्तक को लिखने के लिए प्रोत्साहित किया। हम तुलनात्मक लोकतंत्र के कार्यक्रम लोकनीति में हमारे सहयोगियों, बानस्मिता बोरा और धनंजय कुमार सिंह के प्रति अपना धन्यवाद व्यक्त करना चाहते हैं, जिन्होंने जब भी जरूरत पड़ी, तब हमें अनेक प्रशासनिक और तंत्र संबंधी सहयोग प्रदान किए थे। हम सोहिनी मुखर्जी और सुनीता कंभमपति को भी धन्यवाद देना चाहेंगे जिन्होंने पांडुलिपि में संशोधन करने में हमारी सहायता की। हमें इस पुस्तक को लिखने के लिए प्रोत्साहित करने का श्रेय अशोक चंद्रन को जाता है, जो हमारे कार्यालय में तब आए थे जब वे सेज पब्लिकेशन के साथ काम कर रहे थे। उन्होंने बताया कि सेज द्वारा मापन पर शृंखला प्रस्तावित है और और उन्होंने हमें मतदान व्यवहार मापने पर शृंखला की पहली पुस्तक लिखने के लिए आमंत्रित किया। हमने खुशी से उनका निमंत्रण स्वीकार कर लिया क्योंकि हम दोनों ही पहले से ही लगभग समान विषयों पर काम कर रहे थे और अपने प्रकाशक के रूप में सेज का चयन करने का निर्णय लिया। हम उन सभी लोगों के प्रति आभार प्रकट करते हैं जिन्होंने इस पुस्तक पर सेज में विभिन्न भूमिकाओं में काम किया।

हम दोनों अपने परिवार के सदस्यों को विशेष रूप से धन्यवाद देना चाहेंगे जिन्होंने हमेशा इस पुस्तक को लिखने के हर चरण पर ही नहीं बल्कि हर उस सर्वेक्षण के लिए प्रोत्साहित किया, जिसे हमारे द्वारा किया गया और जो राष्ट्रीय मीडिया में व्यापक रूप से रिपोर्ट किया गया। वे हमेशा खुश महसूस करते थे जब सर्वेक्षणों की सराहना की जाती थी और उदासी के क्षणों को साझा करते थे जब कुछ सर्वेक्षण चूक जाते थे।

अंत में, हम दोनों इस पुस्तक को अपने-अपने पिताओं को समर्पित करना चाहते हैं, जिन्होंने न केवल चुनावों में गहरी दिलचस्पी दिखाई बल्कि टेलीविजन पर हमारे सर्वेक्षणों

से संबंधित सभी समाचारों को भी रुचि के साथ देखा और सभी सर्वेक्षण निष्कर्षों को भी पढ़ा जो कि समाचार पत्र/पत्रिकाओं में प्रकाशित हुए। वे हमारे वर्षों के प्रतिबद्ध कार्य के बाद आई इस पुस्तक को देखकर बेहद खुश होते, लेकिन दुर्भाग्य से हम दोनों ने कुछ साल पहले अपने पिताओं को खो दिया। हम निश्चित रूप से उन्हें याद करेंगे जब हम इस पुस्तक के औपचारिक लोकार्पण का आयोजन करेंगे, लेकिन उनकी प्रेरणा निश्चित रूप से हमें एक और पुस्तक लिखने की योजना बनाने के लिए प्रेरित करेगी।

संजय कुमार
प्रवीण राय

1 मतदान व्यवहार और रुख को मापना

मतदाताओं के "मतदान व्यवहार और रुख को मापना" शब्दावली से बहुतेरे चुनावी सर्वेक्षणों और एग्ज़िट पोल्स की बात तुरंत मस्तिष्क में आती है, जो भारत में जब भी चुनाव होते हैं, किये जाते हैं। मतदान के व्यवहार को मापने के लिए जनमत सर्वेक्षण तथा इलेक्ट्रॉनिक और प्रिंट मीडिया में सीटों के पूर्वानुमानों को बताना अब चुनाव के दौरान एक नियमित विशेषता बन गई है। चुनाव अवधि के दौरान चुनावी मैदान में मतों का उतार-चढ़ाव और राजनीतिक दलों तथा उम्मीदवारों के लिए शुरुआती लाभ और नुकसान अख़बार के मुख्य समाचार और टेलीविजन चैनलों के बाइट्स बनते हैं। दुनियाभर में चुनावों के दौरान मीडिया और मतदान संगठनों द्वारा मतदाताओं की लोकप्रिय मनोदशा को मापने, चुनावों में महत्त्वपूर्ण मुद्दों को तलाशने, राजनीतिक दलों और नेताओं के बारे में मतदाताओं की पसंद, और मतदाओं के वोटिंग के इरादे को मापने के लिए चुनावी सर्वेक्षण किया जाता है। जनमत सर्वेक्षण मतदाताओं के मतदान व्यवहार और राय की गहराई से और समग्र मापन करता है, जिसमें चुनावों में मत की हिस्सेदारी और जीतने की संभावनाओं के परिप्रेक्ष्य में राजनीतिक दलों या उम्मीदवारों के लिए लाभ और हानियां शामिल होती है। व्यापक ढांचे में मतदान व्यवहार के माप का अर्थ है पंजीकृत मतदाताओं के नमूना सर्वेक्षण के आधार पर संख्यात्मक परिप्रेक्ष्य में चुनावी स्पर्धा के विभिन्न पहलुओं पर मतदाताओं की राय और विचारों का अनुमान। मतदाताओं की राय और नजरिया अनुभवजन्य शोध के माध्यम से इकट्ठा किए जाते हैं और चुनावों में चुनावी रुझानों और पैटर्नों के बारे में एक विहंगावलोकन सामान्यीकरणकरण प्रदान करने के लिए आंकड़ों में मापे या अनुवादित किये जाते हैं। एक नमूना सर्वेक्षण वोटरों के चुनावी व्यवहार के आंकड़ों को एकत्र करने के लिए किया जाता है जो कुल मतदाताओं की राय और विचारों का प्रतिनिधि और दर्पण-प्रतिबिंब होता है। अनुभवजन्य शोध के माध्यम से एकत्रित डेटा का उपयोग मतदान व्यवहार और नजरिया की गणना करने के लिए चुनाव संबंधी उपलब्ध माध्यमिक आंकड़ों के साथ किया जाता है।

शब्दावली "मतदान व्यवहार और रुख को मापना" में अलग-अलग शैक्षणिक विषयों के लिए अलग अर्थ है और उनकी जांच करने के लिए वे जो तरीके और निर्धारक उपयोग करते हैं, वह भी एक-दूसरे से अलग हैं। मतदान के व्यवहार को मापने के लिए समाजशास्त्रीय, राजनीतिक, पारिस्थितिकीय या सकल सांख्यिकीय, समाजशास्त्रीय-मनोवैज्ञानिकी और तर्कसंगत विकल्प जैसे सामाजिक विज्ञान विषयों द्वारा अनेक दृष्टिकोण उपयोग में लाये जाते हैं। इस प्रकार "मतदान व्यवहार" शब्दावली के विभिन्न अर्थों पर चर्चा करने के लिए विचार और चर्चा करना संगत होगा और पता लगाना होगा कि क्या ये विषय पूरी तरह से अलग माप के तरीकों का इस्तेमाल करते हैं या वे जांच के कुछ सामान्य चर को साझा करते हैं या अपनी शोध विधियों में एक-दूसरे से निष्कर्ष निकालते हैं। "मतदान व्यवहार" और मतदाताओं के मतदान व्यवहार और रुख को मापने के लिए विभिन्न तरीकों की व्याख्या एक तुलनात्मक ढांचे में इस्तेमाल किये जाने वाले विभिन्न तरीकों की बारीकियों और बेहतर पहलुओं को समझने में मदद करेगी। चुनावों के अध्ययन की उत्पत्ति और सांख्यिकीय विश्लेषण राजनीति विज्ञान के विषय के भीतर स्थित हो सकते हैं, जो समय बीतने के साथ सेफोलॉजी नामक एक उप-विषय में विकसित हो गया। सेफोलॉजी मतदान के क्षेत्रवार आंकड़ों, मतदाताओं की मनोदिशा के आकलन के लिए जनमत सर्वेक्षणों, चुनावी वित्त की जानकारी और चुनाव के बारे में अन्य उपलब्ध सांख्यिकीय आंकड़ों पर आधारित चुनाव का अध्ययन है। इस तरह से कुछ प्रतिस्पर्धात्मक प्रश्न उठते हैं जैसे, क्यों चुनावी प्रतिस्पर्धा के अध्ययन के लिए जनमत सर्वेक्षण क्यों किया जाता है जब चुनावों पर गौण आंकड़े उपलब्ध हैं और चुनावी व्यवहार के कौन से पहलू हैं, जो इस तरह के सर्वेक्षणों से जांचे और विश्लेषित किये जा रहे हैं। इसी तरह मतदाताओं के मतदान व्यवहार और रुख को मापने का उद्देश्य क्या है और एकत्र किए गए आंकड़ों को कैसे प्रयुक्त और उपयोग किया जाता है। इन स्थितियों और इनसे जुड़े सवालों के जवाब पर इस अध्याय के प्रासंगिक खंडों में विस्तृत चर्चा और व्याख्या की जाएगी।

इस अध्याय को दो खंडों में विभाजित किया गया है: पहला खंड शारीरिक और जीवन विज्ञान द्वारा उपयोग की जाने वाली शब्दावली "मापन" के अर्थ और चुनाव अध्ययनों के लिए इसका क्या अर्थ होता है, से संबंधित है। यह पता लगाने की कोशिश करता है कि मतदान के व्यवहार को कैसे मापा जा सकता है और उसके संगणन के लिए उपयोग किया जाने वाला पैमाना कौन सा है। यह चर्चा करता है कि क्या मतदाताओं के व्यवहार, राय और विचारों की माप समान सटीकता के साथ की जा सकती है क्योंकि शुद्ध और व्यावहारिक विज्ञान की विभिन्न व्यवस्थाओं में घटनाओं की माप की जाती है। यह खंड मतदान व्यवहार

के पहलुओं और आमतौर पर भारत में लोकप्रिय जनमत सर्वेक्षणों के द्वारा गणना किये जाने वाले रवैये को दर्शाता है। यह शब्दावली मतदान के व्यवहार के विभिन्न अर्थों और सामाजिक विज्ञान की विभिन्न व्यवस्थाओं द्वारा इसे मापने के लिए अपनाये गए दृष्टिकोण को दर्शाती है। यह खंड विभिन्न प्रकार की प्रभावित करने वाली वस्तुओं और जांचों पर भी केंद्रित है जो कि मतदान के व्यवहार को मापने और शासन-क्षेत्र के ज्ञान तथा अनुसंधान विधियों के अंतःविषय के साझाकरण के लिए उपयोग किया जाता है। दूसरे खंड में फोकस चुनावों के दौरान निर्वाचन क्षेत्रों के मतदान व्यवहार और रुख की गणना करने के लिए जनमत सर्वेक्षण क्यों आयोजित किए जाते हैं, इन कारणों पर होगा। यह मतदाताओं की राय और प्रतिक्रिया के आधार पर मतदान व्यवहार को मापने के उद्देश्य को बताता है और यह चुनावों में मतदाताओं के रुझान और झुकाव को समझने और सांख्यिकीय रूप से विश्लेषण करने में कैसे मदद करता है। यह खंड भारत में जनमत सर्वेक्षण आधारित चुनाव अध्ययनों के कारणों को भी संबोधित करता है और यह दर्शाता है कि दुनिया के अन्य हिस्सों में आयोजित जनमत सर्वेक्षणों द्वारा अनुसंधान के लिए उपयोग की जाने वाली पृष्ठभूमि की प्रभावित करने वाली वस्तुओं की जांच कैसे भिन्न होती है।

मतदान व्यवहार—अलग संकेतार्थ और दृष्टिकोण

शारीरिक और जीवन विज्ञान में शब्दावली "माप" को मात्रा के अनुपात के आकलन या अनुमान जो परिशुद्धता की हद से निर्धारित किया जा सकता है, के रूप में परिभाषित किया जाता है। इस प्रकार लंबाई, ऊंचाई, वजन, हृदय की धड़कन, रक्तचाप, इत्यादि जैसे तत्वों को सटीकता के उच्च स्तर के साथ परिमाणित किया और मापा जा सकता है। विज्ञान में मात्रा और माप को पारस्परिक रूप से "परिमाणात्मक गुण वो हैं जिन्हें कुछ पूर्वनिर्धारित इकाइयों में मापा जा सकता है और आंकड़ों में वर्णन किया जा सकता है" के रूप में परिभाषित किया जाता है। अध्ययन के कई क्षेत्रों में सटीक माप आवश्यक है और सटीकता का अधिकतम स्तर जो मानवीय रूप से संभव हो, के साथ सभी मापन आवश्यक रूप से तथ्यों और घटनाओं का अनुमान है। शारीरिक और जीवन विज्ञान विषयों की तरह, चुनाव अध्ययन भी वैज्ञानिक रूप से उच्च स्तर की सटीकता के साथ परिमाणात्मक शब्दों में मतदाताओं के मतदान व्यवहार और रुख को मापने का प्रयास करता है। हालांकि, चुनाव अध्ययन मतदान के व्यवहार और रुख जो कि शारीरिक विज्ञान जो वास्तविक और स्पष्ट तथ्यों को मापते हैं, के विपरीत काल्पनिक या अतियथार्थवादी हैं। व्यवहार और रुख अस्पष्ट

तथ्य हैं जो एक समूह की प्रतिक्रिया प्रवृत्तियों का पता लगाने के लिए बनाए गए हैं और उन्हें तथ्य जिन्हें विज्ञान की व्यवस्थाओं में मापा जाता है, के रूप में अचूक और निश्चित रूप से मापा नहीं जा सकता है। मतदाता व्यवहार और रुख में मतदाताओं के विचार और उनका झुकाव शामिल है जो कुल मतदाताओं की बहुमत विशेषताएँ दर्शाते हैं। इस प्रकार चुनाव के अध्ययन कुल मतदाताओं के लिए सामान्यीकरण या निष्कर्ष पर पहुंचने के लिए परिमाणात्मक मतदाताओं के एक नमूना के मतदाता व्यवहार और रुख को मापते हैं। इस प्रकार विभिन्न वैज्ञानिक प्रवर्धन विकल्प का उपयोग करके उचित सटीकता के साथ मतदान व्यवहार और रुख को परिमाणात्मक शब्दों में मापा जा सकता है, परन्तु हूबहू शारीरिक और जीवन विज्ञान जैसा नहीं। इस तर्क को भारत के प्रमुख राजनीतिक विश्लेषकों में से एक योगेंद्र यादव द्वारा दोहराया गया है, जो मानते हैं कि "चुनाव विश्लेषण एक विषय, एक विज्ञान नहीं है, जैसा कि सूक्ष्म-जीव विज्ञान है। चुनाव विश्लेषण चुनाव अध्ययन से अधिक कुछ नहीं है" (इंडियन एक्सप्रेस, रविवार, 27 जनवरी, 2008)।

इससे सवाल उठता है कि मतदान के व्यवहार और रुख को सामान्यतः कैसे मापा जाता है और पैमाने के प्रकार जो उन्हें परिमाणात्मक शब्दावली में मापने के लिए उपयोग किए जाते हैं। नमूना सर्वेक्षण, केस स्टडी, और भागीदारी वेधशाला अध्ययन जैसे मतदाताओं के मतदान व्यवहार का अध्ययन करने के लिए विभिन्न अनुसंधान विधियां हैं। हालांकि, केस स्टडी और पर्यवेक्षण अध्ययन चुनाव के अध्ययन के लिए परिमाणात्मक तरीकों का उपयोग नहीं करते हैं, इसलिए मतदान के व्यवहार को कुछ निश्चित शब्दावलियों में मापा नहीं जा सकता है। इस प्रकार मतदाताओं के नमूने का सर्वेक्षण मतदान व्यवहार के माप के लिए सबसे अधिक इस्तेमाल किया जाने वाला तरीका है क्योंकि यह विश्लेषण और आरेखण के लिए परिमाणात्मक आंकड़े उत्पन्न करता है। मतदान व्यवहार और रुख के माप के लिए, जनमत सर्वेक्षणों में उपयोग किए गए प्रश्नों के उत्तर को प्रभावित करने वाली वस्तुओं को गणितीय मान या संख्यात्मक कोड सौंपा गया है। प्रतिक्रियाओं को मापने के लिए उपयोग किए जाने वाले अलग माप पैमाना हैं और किसी विशेष प्रश्न के लिए उपयोग किए जाने वाले पैमाने का चुनाव इस बात पर निर्भर करता है कि प्रश्न क्या जांचना चाहता है। चुनाव सर्वेक्षण में अक्सर इस्तेमाल किया जाने वाला पैमाना न्यूनतम पैमाना होता है जिसमें एक दूसरे से विभिन्नता प्रदान करने के लिए प्रत्येक श्रेणी की प्रतिक्रिया को एक संख्यात्मक मूल्य सौंपा गया है। उदाहरण के लिए, भारत के सभी राज्यों और केंद्र शासित प्रदेशों को विभिन्न अंकों के अनुसार इस पैमाने के तहत वर्गीकृत किया जा सकता है जिसका आंकड़ों का विश्लेषण करते समय राज्यों के नामों की पहचान के लिए इस्तेमाल किया जा सकता है।

एक अन्य पैमाना जो चुनाव अध्ययनों में सबसे अधिक उपयोग किया जाता है वह क्रमिक पैमाना है क्योंकि यह मतदाता प्रतिक्रिया की श्रेणी या प्राथमिकता में मदद करता है। इस प्रकार, ऐसे प्रश्न जैसे, मतदाताओं की पसंद के नेता, मुद्दे जो सबसे महत्त्वपूर्ण हैं, उन्हें श्रेणी देने के लिए क्रमिक पैमाने हैं। मतदाताओं के मत और मूल्यांकन के आधार पर, उन्हें प्रथम, द्वितीय, तृतीय आदि श्रेणी प्रदान की जाती है। क्रमिक पैमाना सामने ला सकता है, किसके पास एक आदर्श राजनीतिक नेता की अधिक या कम विशेषताएं हैं, लेकिन आदर्श नेता होने से कितना अधिक या कम नहीं। इसके लिए अंतराल पैमाने का उपयोग किया जाता है क्योंकि यह एक आदर्श नेता होने की विशेषताओं पर दो नेताओं के बीच का अंतर प्रकट करता है। इस प्रकार अंतराल पैमाना, क्रमिक पैमाने पर एक सुधार है और तुलनात्मक अंतर को और अधिक ध्यान से और स्पष्ट रूप से सामने लाता है। मतदान के व्यवहार और रुख को मापने के लिए उपयोग किया जाने वाला एक अन्य पैमाना लिकर्ट पैमाना है। इस पैमाने पर, मतदाताओं को उत्तर के विकल्प दृढ़ता से सहमत, सहमत, असहमत, या दृढ़ता से असहमत के साथ "सहमत" और "असहमत" प्रारूप में बयानों की एक झड़ी पर प्रतिक्रिया देने के लिए कहा जाता है। चर्चा किए गए माप पैमानों के अलावा, नमूना सर्वेक्षण में व्यवहार और रुख की गणना करने के लिए उपयोग किए जाने वाले बड़ी संख्या पर माप पैमाने हैं, लेकिन ये ऐसे पैमाने हैं जो चुनावों के जनमत सर्वेक्षणों में अधिकतर उपयोग किए जाते हैं।

वाक्यांश "मतदान व्यवहार" मतदान अभिलेख के केवल एक परीक्षण, मतदान के आंकड़ों के संकलन और चुनावी बदलावों की गणना से अधिक है। इसका अर्थ है व्यक्तिगत मनोवैज्ञानिक प्रक्रियाओं का विश्लेषण जैसे धारणा, भावना, व प्रेरणा तथा समूह संरचनाओं व प्रकार्य के मत निर्णय के साथ उनके संबंध और उनके राजनीतिक कार्रवाई के साथ उनके संबंध, साथ ही साथ संस्थागत रूप से, जैसे कि संचार प्रक्रिया, और चुनाव पर उसके प्रभाव (एल्डर्सवेल्ड, 1951)। मतदाता व्यवहार और रुख में मतदाताओं के मतदान के इरादों का विश्लेषण शामिल है, किनके लिए वे मतदान करेंगे या मतदान किया है, मतदान के कारण क्या हैं, उनके मत-निर्धारण के फैसले पर असर डालने वाले मुद्दे, सरकार के प्रदर्शन के साथ मतदाताओं की संतुष्टि के स्तर, और नेतृत्व तथा सत्तारूढ़ दल की लोकप्रियता का मूल्यांकन। इसमें मतदाताओं की भागीदारी के मानदंड और चुनाव में उनकी भागीदारी का स्तर भी शामिल है। अधिकांश राजनीतिक और सामाजिक वैज्ञानिकों के लिए "राजनीतिक व्यवहार" और "मतदान व्यवहार" शब्दावली का तात्पर्य व्यवहार का अध्ययन जो अन्य कई प्रकार के अध्ययनों से एक संकल्पनात्मक अर्थ में अलग है, का सुझाव देने के लिए नहीं होता है। राजनीतिक व्यवहार या मतदान व्यवहार का अध्ययन करने में क्या भिन्न है,

वह व्यवहार का सिद्धांत, या व्यवहार का तत्व नहीं है बल्कि उस संदर्भ का जिसमें व्यक्ति के व्यवहार की जांच हो रही है; अर्थात्, सरकारी संस्थानों का संदर्भ है (एल्डर्सवेल्ड, 1951)।

शब्दावली "मतदान व्यवहार और रुख को मापना" का अलग-अलग अकादमिक विषयों के लिए अलग-अलग अर्थ है और कारकों/प्रभावित करने वाली वस्तुएं जिसकी वे जांच और गणना करते हैं, भी एक दूसरे से अलग हैं। समाजशास्त्रीय या सामाजिक प्रासंगिक दृष्टिकोण सामाजिक विन्यास को संदर्भित करता है जिसमें व्यक्ति या मतदाता कार्य करते हैं और उनका मतदान व्यवहार इसके द्वारा प्रभावित होता है (जॉनसन और अन्य, 1999)। "राजनीति के प्रासंगिक सिद्धांत स्वभावजन्य परस्पर-निर्भरता के एक अभिकथन पर बनाए गए हैं: एकल नागरिकों के कार्यों को व्यक्तिगत रूप से परिभाषित परिस्थितियों के बीच के प्रतिच्छेदन के रूप में समझा जाना चाहिए" (हकफेल्ड और स्प्रेग, 1993: 281)। इस संबंध में, एकल व्यवहार व्यक्तिगत लक्षणों के एकत्रीकरण द्वारा बनाए गए परिवेश पर आकस्मिक है। "एक सिद्धांत प्रासंगिक है जब कुछ एकत्रित व्यक्तिगत गुण (औसत आय, शुद्ध प्रतिशत, आदि) में भिन्नता व्यक्तियों के बीच एक व्यक्तिगत व्यवहार में भिन्नता पैदा करती है, जो समग्र विशेषताएं साझा करते हैं" (हकफेल्ड और स्प्रेग, 1993: 281)। स्प्रेग इस अवस्था को "सामाजिक अनुनाद" के रूप में संदर्भित करते हैं क्योंकि अंतर्निहित अंतर्ज्ञान "परिवेश में उसी संपत्ति का बार-बार सामना करते हुए व्यक्ति द्वारा प्राप्त संपत्ति के सुदृढीकरण में से एक" है (स्प्रेग, 1982: 101)। मतदान व्यवहार को मापने के लिए समाजशास्त्रीय दृष्टिकोण, राजनीतिक दलों और उम्मीदवारों के लिए मतदाताओं के समर्थन का निर्धारण करने और सहसंबंध खोजने के लिए वर्ग, व्यवसाय, जातीयता, लिंग, और उम्र जैसी सामाजिक आर्थिक प्रभावित करने वाली वस्तुओं का उपयोग करता है। इस दृष्टिकोण का ध्यान मतदाताओं और सामाजिक स्थितियों के बीच के संबंधों, सामाजिक संदर्भ में मतदान के इरादों पर है, और यह जाति समुदाय, सामाजिक-आर्थिक वर्ग, भाषा, धर्म और ग्रामीण-शहरी विभाजन जैसी प्रभावित करने वाली वस्तुओं के मतदान व्यवहार पर प्रभावों की जांच करता है।

दूसरी ओर, राजनीति विज्ञान की व्यवस्था मतदाताओं के मत और व्यवहार के आधार पर चुनावी मुद्दों, राजनीतिक कार्यक्रमों, चुनावी अभियान और राजनीतिक दलों और नेताओं की लोकप्रियता जैसे राजनीतिक कारकों का उपयोग करते हुए मतदान व्यवहार का आकलन करता है। चुनाव अध्ययनों में राजनीति विज्ञान की जांच का फोकस तीन मुख्य क्षेत्रों पर केंद्रित है: मतदाताओं की संरचना और प्रेरणा, चुनाव प्रणाली तथा पार्टी का संचालन और प्रभाव, और मतदान व्यवहार पर सामाजिक और राजनीतिक संस्थानों

के प्रभाव। राजनीतिक सिद्धांतकार राजनीतिक समुदाय और राजनीतिक प्राणी को समझने के लिए चिंताशील, और अंततः सटीक और सामान्य वक्तव्य के माध्यम से उन्हें समझना चाहते हैं (एल्डर्सवेल्ड, 1951)। राजनीति विज्ञान विषय द्वारा मतदान व्यवहार और रुख के माप ने कोई निष्कर्ष या स्वरूप नहीं बनाया है, जो व्यापक स्तर पर सिद्धांतित किया जा सकता है, लेकिन निश्चित शब्दों में मतदाताओं के राजनीतिक व्यवहार को समझाने में सफल रहे हैं। इन दोनों आम दृष्टिकोणों के अलावा, मतदान के व्यवहार और रुख को मापने के लिए पारिस्थितिकी या समग्र सांख्यिकीय दृष्टिकोण और तर्कसंगत विकल्प के दृष्टिकोण जैसे चुनाव अध्ययन के अन्य तरीके हैं। पारिस्थितिक या समग्र सांख्यिकीय दृष्टिकोण, वार्ड या ग्राम पंचायत, निर्वाचन क्षेत्र और राज्य जैसे भौगोलिक क्षेत्र की विशेषता के साथ मतदान स्वरूपों और प्रवृत्तियों के संबंध का पता लगाता है।

तर्कसंगत विकल्प या संस्थागत संदर्भ दृष्टिकोण, व्यक्ति द्वारा सहायक लागत लाभ गणनाओं की शृंखला के परिणाम के रूप में मतदान के व्यवहार को समझाने का प्रयास करता है, विभिन्न पार्टियों या उम्मीदवारों द्वारा संबोधित मुद्दों तथा अपनाई गई नीतियों के संदर्भ में विशिष्ट निर्वाचन परिणामों की सापेक्ष वांछनीयता का मूल्यांकन करता है। संस्थागत संदर्भ विशिष्ट संस्थागत संरचनाओं, नियमों और प्रक्रियाओं को संदर्भित करता है जो औपचारिक रूप से या अनौपचारिक रूप से व्यक्तियों के बीच रिश्तों को परिभाषित करते हैं और बदले में व्यक्तिगत व्यवहार को प्रभावित करते हैं। मतों के एकत्रीकरण को नियंत्रित करने वाले चुनावी नियम, प्रतिनिधिमंडल की विधि और मताधिकार का दायरा चुनावों के परिणाम और एकल मतदाताओं के व्यवहार और रुख सीधे और पर्याप्त रूप से प्रभावित करने के लिए पाए गए हैं (जॉनसन और अन्य, 1999)। इस दृष्टिकोण का अनुसरण करने वाले चुनाव अध्ययन विभिन्न संस्थानों पर मतदाताओं के मत और विचारों को मापते हैं और कैसे निर्वाचक नियम और विनियमन एकल मतदाताओं और चुनाव परिणामों के विकल्पों को प्रभावित करने के लिए एक सरल व्याख्या प्रदान करते हैं। इस कवायद के फलस्वरूप परिणाम संभावित परिणामों, व्यक्तिगत वरीयता और कवायद को नियंत्रित करने वाले नियमों पर निर्भर करता है (प्लोत्त, 1978)। नियमों को व्यक्तिगत व्यवहार के लिए बाहरी रूप में लिया जाता है और संस्थागत नियमों को मापने का स्तर पूरी तरह से ईकाई और चुनाव अनुसंधान के विश्लेषण के स्तर से निर्धारित होता है। मतदाताओं के मतदान व्यवहार और रुख को मापने के लिए विभिन्न सामाजिक विज्ञान दृष्टिकोणों ने हाल के दिनों में प्रभावित करने वाली वस्तुओं का एक अंतर्विषयी आदान प्रदान देखा है जिन्हें पहले प्रत्येक दृष्टिकोण के लिए विशिष्ट और अलग माना जाता था। इस प्रकार जाति, समुदाय,

धर्म और सामाजिक-आर्थिक वर्ग जैसे प्रभावित करने वाली वस्तुओं का पहले केवल समाजशास्त्रियों द्वारा उपयोग किया जाता था लेकिन ये प्रभावित करने वाली वस्तुएं अब लोकतांत्रिक देशों के राजनीतिक सिद्धांतकारों द्वारा मतदान के व्यवहार और मतदाताओं के रुख को मापने के लिए उपयोग में लाए जाते हैं।

हम मतदान व्यवहार को क्यों मापते हैं

चुनावों में मतदान लोकतांत्रिक देशों में राजनीतिक भागीदारी का सबसे दृश्यमान रूप है और पूरे विश्व में विद्वान और शोधकर्ता मतदाताओं के मतों के व्यवहार और रुख को मापने का प्रयास करते हैं। मतदाताओं के व्यवहार और रुख के आधार पर मतदान के नतीजों और झुकाव का पता लगाना चुनाव अध्ययन का कुल उद्देश्य है। चुनाव अध्ययन का उद्देश्य न केवल चुनावों के दौरान होने वाली विभिन्न घटनाओं का विवरण प्रस्तुत करना है, बल्कि मतदाताओं की राय और प्रतिक्रिया के आधार पर उस चुनाव की विशेष घटनाओं के अंतर्गत आवर्ती करणीय गतिशीलता को वैज्ञानिक रूप से पहचानना और समझाना है। चुनाव निकायों के साथ उपलब्ध मतदान प्रक्रिया के आंकड़े मतदाताओं के मतदान के व्यवहार और रुख को मापने के लिए जनमत सर्वेक्षणों के माध्यम से और अधिक चुनावी आंकड़ों को इकट्ठा करने के लिए चुनाव विश्लेषकों को प्रोत्साहित करते हैं। मतदान व्यवहार को मापने के कारण अनेक हैं, लेकिन मुख्य मुद्दे जैसे लोग मतदान क्यों करते हैं या क्यों मतदान नहीं करते हैं, मतदान के निर्णय पर वह कैसे पहुंचते हैं और चुनाव में मतदाताओं की वचनबद्धता तथा भागीदारी से जुड़े प्रश्नों के माध्यम से मुख्य फोकस चुनावों में मतदान स्वरूपों को समझना है। चुनावों का मुख्य रूप से मतदाताओं के संक्षेत्र के माध्यम से अध्ययन किया जाता है। क्या मतदाताओं को प्रभावित करता या नहीं करता है, यह उसी चुनाव में दूसरे समूह के साथ किसी विशेष चुनाव में मतदाताओं के एक समूह के व्यवहार और रुख की तुलना करके निर्धारित होता है। यह माना जाता है कि यदि हम समझ सकें कि चुनाव में मतदाताओं के बीच मतभेदों के क्या कारण हैं, हम समझ सकते हैं कि पूरे के पूरे चुनावों के परिणाम और प्रमुख विशेषताओं के क्या कारण हैं (कर्टिस, 2000)।

चुनाव अध्ययनों के प्रमुख उद्देश्यों में से एक चुनावों में रुझान को ढूंढना है जो जीतने वाले दलों के औसत लाभ और हारने वाले दलों की औसत हानि जैसा कि कुल और असंतुलित स्तरों पर सभी मतों के अपने प्रतिशत के संदर्भ में व्यक्त किया गया है। वोटों में रुझान दो तरह से चुनाव के फैसले को समझाते हुए मदद करता है: (अ) मुख्य विजयी

दलों के पक्ष में लोकप्रिय चुनावी समर्थन के संचलन के परिमाण की सामान्य माप और (ब) लोकप्रिय मतदानों में किसी पार्टी के लाभ या हानि के बीच संबंधों को व्यवस्थित रूप से मापने में और सीटों की संख्या में जीत या हार में इसकी लाभ या हानि। एक समयावधि के दौरान मतदान व्यवहार को मापने के लिए नमूना सर्वेक्षण, अनुक्रमिक चुनावों की समय शृंखला आंकड़े प्रदान करते हैं, जिनका उपयोग मतदान व्यवहार और रुख के तुलनात्मक विश्लेषण में किया जाता है और बदलते निर्वाचन स्वरूप और झुकाव का खुलासा करता है। चुनाव अध्ययन अपने प्रारूप में समय को व्यवहार में लाया है, या तो मतदान के पूर्व/बाद के एक प्रारूप सर्वेक्षण की तैनाती करके, जिसमें मतदाताओं के उसी समूह से मतदान के दिन के पहले और बाद में बातचीत के द्वारा या एक अंतर-चुनाव सूची प्रारूप जिसमें आखिरी चुनाव में जिन मतदाताओं से बातचीत की गई थी, उनसे फिर संपर्क करने और बातचीत करने के द्वारा (कर्टिस और सेमेटको, 1994; मिलर और शैंक्स, 1996)। जबकि संभाव्य सूची प्रारूप अनुकूलन और संघर्षण की समस्याओं के अधीन है, तो इन सूची प्रारूपों का फायदा भी होता है कि वे उत्तरदाता के पिछले रुख या व्यवहार पर हमारी निर्भरता को कम कर देते हैं, इस तरह हमें देते हैं, उदाहरण के लिए, मतदान व्यवहार की अस्थिरता के अधिक विश्वसनीय अनुमान (हिमल्वेत और अन्य, 1978)।

मतदान व्यवहार और भारत के चुनाव के पहलुओं की जांच को मापने का उद्देश्य लगभग समान है जैसा कि यह दुनिया के अन्य देशों में है, कुछ विशेषताओं के साथ जो एक देश के लिए विशिष्ट हैं। भारत में सर्वेक्षण आधारित चुनाव का अध्ययन करने की आवश्यकता पर पहुंचने से पहले, यह पता लगाना उचित होगा कि आधिकारिक चुनाव संबंधी सूचना क्या है और किस तरह के आंकड़े उपलब्ध हैं और कब से भारत के चुनाव आयोग (ईसीआई) में संग्रहित हैं। भारत का चुनाव आयोग स्वतंत्रता के बाद से भारत में आयोजित होने वाले सभी सामान्य चुनावों और विधानसभा चुनावों के नतीजे और आंकड़े रखता है। आंकड़े सार्वजनिक अधिकारक्षेत्र में उपलब्ध हैं और इसकी इलेक्ट्रॉनिक प्रतियां उनकी आधिकारिक वेबसाइट पर उपलब्ध हैं। भारतीय निर्वाचन आयोग में उपलब्ध जानकारी के प्रकार हैं: (अ) संसदीय या विधानसभा चुनावों में मतदान करने वाले लोगों की संख्या जिसे मतदान दर कहा जाता है; (ब) राष्ट्रीय/राज्य स्तर पर चुनाव लड़ने वाले उम्मीदवारों की सूची, विजेता, उपविजेता और सभी उम्मीदवारों को प्राप्त मतों का प्रतिशत; (स) राजनीतिक दलों की संख्या जो चुनाव लड़े और उनके द्वारा मत। यह पार्टियों द्वारा उतारे गए उम्मीदवारों की संख्या और जीतने वाले उम्मीदवारों की संख्या भी बताता है; (द) उम्मीदवार जो चुनाव लड़े और जीते, उनके लिंग विश्लेषण के आंकड़े। यह एक विशेष

चुनाव में निर्वाचित उम्मीदवारों की अनुसूचित जाति (एससी) और अनुसूचित जनजाति (एसटी) स्थिति के बारे में जानकारी भी प्रदान करता है और (य) यह चुनाव लड़ने वाले उम्मीदवारों द्वारा दायर एफ़ेडेविट्स को भी संग्रहित करता है जिसमें उनके खिलाफ दर्ज न्यायिक मामलों, उनके अधीन संपत्ति, और सार्वजनिक जांच के लिए अन्य व्यक्तिगत जानकारी जैसे विवरण शामिल हैं।

भारत निर्वाचन आयोग से उपलब्ध जानकारी चुनाव में मतदान प्रक्रिया की तथ्यात्मक जानकारी और परिमाणात्मक शब्दावली में विस्तृत कुल परिणाम प्रदान करती है। हालांकि, यह मतदाताओं के मतदान व्यवहार और रुख के बारे में कोई भी जानकारी उपलब्ध नहीं कराती है जैसे कि विभिन्न सामाजिक-आर्थिक और जाति समुदायों के लोगों ने चुनाव में मतदान किया, उन्होंने किसे मतदान किया या किसके लिए मतदान नहीं किया और क्यों उन्होंने किसी विशेष पार्टी या उम्मीदवार के लिए मतदान किया। क्या बुजुर्गों की तुलना में युवा मतदाताओं की अलग-अलग राजनीतिक प्राथमिकताएं थीं? क्या ज्यादातर महिला मतदाता अपने मतदान का निर्णय लेने में अपने पति द्वारा निर्देशित होती हैं? किसी विशेष चुनाव के दौरान मतदाताओं के दिमाग में कौन सा चुनाव का मुद्दा हावी रहा? इस प्रकार के कई सवाल हैं, जिनका उत्तर भारत निर्वाचन आयोग से उपलब्ध परिणामों/आंकड़ों से नहीं दिया जा सकता है। उपलब्ध सूचना चुनावों से संबंधित ऐसे प्रश्नों का जवाब नहीं दे सकती जैसे: क्या भारत में मुसलमानों ने दक्षिणपंथी राजनीतिक दल भाजपा को वोट दिया है या वे चुनाव में उसे हराने के लिए सामूहिक और रणनीतिक तौर पर वोट देते हैं? अगड़ी जाति को राष्ट्रीय दलों जैसे कांग्रेस या भाजपा का पारंपरिक समर्थक माना जाता है, हमेशा उनके लिए वोट देते हैं या कुछ राज्यों में वे क्षेत्रीय दलों के लिए भी वोट देते हैं? भारत में दलितों और आदिवासियों जैसे समुदायों के मतदान का पैटर्न क्या हैं? क्या अनुसूचित जाति/जनजातीय पहचान पर आधारित दलों का उद्भव उनके पक्ष में अनुसूचित जाति/जनजातीय मतों के समेकन में है। राष्ट्रीय स्तर पर और विभिन्न राज्यों में राजनीतिक दलों का समर्थन आधार क्या है और उनके मतदाताओं की प्रोफाइल कैसी दिखती है? क्या विभिन्न पृष्ठभूमि (शिक्षित/अशिक्षित, ग्रामीण/शहरी और समृद्ध/गरीब) के मतदाताओं में चुनावी विकल्प महत्त्वपूर्ण रूप से भिन्न हैं? भारतीय चुनावों में मतदान के व्यवहार संबंधी या संदर्भगत पहलुओं का अध्ययन महत्त्वपूर्ण और प्रासंगिक हो जाता है क्योंकि इनका उत्तर प्रायोगिक चुनावों के अध्ययनों के जरिए पाया जा सकता है। बिना किसी प्रमाण के इन सवालों के जवाब देने का प्रयास अटकलपच्चू या प्रभाववादी होगा और वास्तविक सत्य से दूर हो सकता है।

लोकनीति, तुलनात्मक लोकतंत्र के लिए विकासशील संस्थाओं के अध्ययन केंद्र के लिए कार्यक्रम, द्वारा संचालित चुनाव-पश्चात सर्वेक्षणों पर आधारित राष्ट्रीय चुनाव अध्ययन (एनईएस) शृंखला, भारतीय आम चुनावों और संभवत: दुनिया में किसी भी चुनाव का सबसे बड़ा और सबसे व्यापक सामाजिक वैज्ञानिक सर्वेक्षण है। एनईएस शृंखला न केवल भारतीय मतदाताओं के मतदान व्यवहार का एक अध्ययन है बल्कि विभिन्न राष्ट्रीय चुनावों में भारतीयों ने कैसे मतदान किया, इसके बारे में सबसे मजबूत जानकारी भी इकट्ठा करती है। एनईएस चुनावों को भारतीय मतदाताओं के राजनीतिक व्यवहार, रुख, और राय का सबसे सटीक तस्वीर लेने की एक खिड़की के रूप में मानता है। 2009 में संचालित पिछले एनईएस ने भारतीय अर्थव्यवस्था, राष्ट्रीय सुरक्षा, लोकतंत्र और विविधता से संबंधित मुद्दों पर जागरूकता का स्तर और भारतीय नागरिकों की राय का पता लगाया। राष्ट्रीय चुनाव अध्ययन भारत में सामाजिक और राजनीतिक परिवर्तन का सबसे व्यापक जानकारी वाला डेटाबेस है और अंतरराष्ट्रीय तुलनात्मक अध्ययनों के लिए एक स्रोत के रूप में इसका उपयोग किया गया है। भारत में चुनावी सर्वेक्षण आयोजित करने का उद्देश्य मतदान पैटर्न और मतदाताओं के रुझान, उनकी चुनावी प्राथमिकताओं और पसंद, मुद्दे जिन्हें मतदाताओं ने महत्त्वपूर्ण माना, और चुनाव में उनकी भागीदारी या गैर-भागीदारी के कारणों को मापना है। यह चुनाव में मतदाताओं के व्यवहार के पहलुओं के बारे में विस्तृत और व्यापक जानकारी एकत्र करने में मदद करता है। इस प्रकार चुनावी सर्वेक्षण राजनीतिक दलों के वोट की हिस्सेदारी और सीट की भविष्यवाणी के आकलन मात्र से काफी ज्यादा हैं, जैसा कि आमतौर पर समझा जाता है।

2 भारत में चुनाव अध्ययनों का ऐतिहासिक सिंहावलोकन

भारतीयों के मतदान व्यवहार और राजनीति के प्रति उनके नजरिये व रुख को परिमाणित करने के लिए किए जाने वाले चुनाव सर्वेक्षण अब भारत में काफी लोकप्रिय हो रहे हैं। पिछले एक दशक में चुनाव के दौरान भारतीय मतदाताओं के बीच बड़ी संख्या में किए गए जनमत सर्वेक्षण इस बात का प्रमाण हैं कि देश में चुनाव सर्वेक्षण और निर्वाचन उद्योग की लोकप्रियता बढ़ रही है। वर्ष 2004 और 2009 में आम चुनाव के दौरान भारतीय मीडिया में चुनावपूर्व सर्वेक्षण और एग्ज़िट पोल कराने के लिए भीषण प्रतियोगिता देखने को मिली। यद्यपि मीडिया के बीच की दौड़ चुनाव के नतीजों की यथासंभव सटीक भविष्यवाणी करने या राजनीतिक दलों को मिलने वाली सीटों की सटीक जानकारी देने और प्रमुख राजनीतिक दल की कितनी सीटों पर जीत होगी, के बारे में भविष्यवाणी करने की होती है, इन सब के अलावा अपने श्रोताओं या पाठकों तक बड़े से बड़ा नमूना पेश करने और परिणामों का तेजी से प्रसार करने की भी होड़ लगी रहती है। इसमें भारतीय मतदाताओं के मतदान संबंधी इरादों का खुलासा करने के अलावा मतदाताओं की राय और रुचि पर आधारित नतीजे और उनका चुनावी व्यवहार भी देखने को मिला। वर्ष 2009 में हुए आम चुनाव के दौरान चुनावपूर्व सर्वेक्षण में "यूपीए दौड़ में आगे लेकिन पूर्ण बहुमत में विफल," "यूपीए को बढ़त, एनडीए थोड़ा पीछे" और "युवा वोट करेंगे राजनीतिक दलों के भाग्य का फैसला" जैसे शीर्षक न केवल राजनीतिक बल्कि समाज के विभिन्न वर्गों के चुनावी व्यवहार को भी दर्शाते हैं। मतदान सर्वेक्षकों और चुनाव विश्लेषकों ने राजनीतिक गठबंधन यूपीए, एनडीए, वाम मोर्चा और अन्य पार्टियों को मिलने वाली सीटों की जानकारी देने में न केवल अहम भूमिका निभाई बल्कि वे मतदाताओं के मतदान व्यवहार और रुख को समझाने और इसके चुनावी भाग्य पर पड़ने वाले असर को समझाने में भी जुटे रहे।

इन सबके मद्देनजर यह पता लगाना उचित हो जाता है कि क्या मतदाताओं के मतदान व्यवहार और रुख के विश्लेषण के लिए आयोजित किए जाने वाले जनमत सर्वेक्षण 21वीं

सदी में ही विकसित हुए हैं या इनकी जड़ें पिछली सदी से निकलती हैं। भारत में मतदाताओं की राय और व्यवहार को जानने के लिए पहली बार कब कोशिश की गई थी और इसके पीछे क्या तर्क और उद्देश्य रहा होगा? क्या भारत में मतदान व्यवहार को जानने की विधि पश्चिमी देशों की नकल है या इसे भारतीय समाज के विभिन्न वर्गों को ध्यान में रखकर अपनाया गया है? मतदाताओं की राय जानने के लिए चुनाव सर्वेक्षण के विभिन्न चरण कौन से हैं और समय के साथ-साथ इनमें क्या नई पद्धतियां और नवीनता देखने को मिली? भारत में अन्य अध्ययन जैसे निर्वाचन क्षेत्र अध्ययन, अभिजात वर्ग का अध्ययन, केस स्टडी, या नृवंशविज्ञान अध्ययन की अपेक्षा मतदान व्यवहार को मापने के लिए सर्वेक्षण विधि इतना लोकप्रिय क्यों है।

इस अध्याय में इन प्रश्नों और ऐतिहासिक परिप्रेक्ष्य में उनसे संबंधित मुद्दों पर गहराई से एवं वस्तुपरक उत्तर दिए गए है। यह तीन व्यापक खंडों में विभाजित है: पहला खंड भारत में मतदान व्यवहार के अध्ययन की ऐतिहासिक उत्पत्ति और प्रेरणा की जानकारी देता है। यह उन अगुआओं की एक झलक दिखाता है जिन्होंने अमेरिका और भारत में चुनाव सर्वेक्षण की शुरुआत की और भारत में विभिन्न सामाजिक और सांस्कृतिक जड़ों से जुड़े वर्गों के चलते आने वाली बाधाओं का डटकर सामना किया। यह भारतीय जनमत सर्वेक्षणों के दिलचस्प निष्कर्षों को भी दर्शाता है और बताता है कि देश में किस प्रकार चुनाव अध्ययन की व्यवस्था बनाने के लिए और अधिक विकास और विस्तार की उसने नींव रखी। दूसरा खंड ऐतिहासिक दृष्टिकोण प्रदान करता है जब 1990 के दशक में चुनावी सर्वेक्षण मीडिया में लोकप्रिय हो गए थे और एग्ज़िट पोल्स तथा चुनावपूर्व सर्वेक्षण काफी प्रचलित। यह, भारत में मतदान व्यवहार मापने के प्रति मीडिया के आकर्षण और समर्थन के कारण इसकी वृद्धि और विकास प्रक्षेप पथ के बारे में भी बताता है। मीडिया द्वारा संचालित चुनावी सर्वेक्षणों के अतिरिक्त संस्थागत अकादमिक सर्वेक्षण जो 1980 के दशक में बंद कर दिए गए थे, उन्हें भी इस दौरान फिर से शुरू कर दिया गया। इस दौरान अकादमिक सर्वेक्षण में मतदाताओं की पसंद का पता लगाने के लिए नई विशेषताओं को शामिल किया गया जिनमें बड़े नमूना साइज, पैनल डिजाइन के साथ बहु-लहर सर्वेक्षण और डमी सीक्रेट बैलेट और डमी बैलेट बक्सों का उपयोग शामिल है। अंतिम खंड में शोधकर्ताओं और अकादमिक सदस्यों द्वारा निर्वाचन क्षेत्र के मतदाताओं का मतदान व्यवहार और रुख जानने के लिए इस्तेमाल की गई अन्य पद्धतियों जैसे निर्वाचन क्षेत्र अध्ययन, केस स्टडी और नृवंशविज्ञान अध्ययन की चर्चा की गई है। निर्वाचन क्षेत्र अध्ययन, मामलों का अध्ययन और चुनावी राजनीति का

नृवंशविज्ञान अध्ययन अधिकतर स्थानीय स्तर पर किए गए जिनमें शहर, नगर, कस्बा और गांव की आबादी को शामिल किया गया। ये अध्ययन पर्यवेक्षण और स्थानीय स्तर पर भागीदारी की जांच पर आधारित हैं। निर्वाचन क्षेत्र अध्ययन, मामलों का अध्ययन और नृवंशविज्ञान अध्ययन की प्रकृति अधिक गुणवत्तापूर्ण है और ये चुनावी राजनीति के प्रतीकात्मक पहलुओं के आकलन के लिए किए जाते हैं। इस खंड में विस्तृत विश्लेषण किया जाएगा कि ये सभी अध्ययन मतदाता के चुनावी व्यवहार और रुख के मात्रात्मक आकलन में कितने सहायक होते हैं।

1950 का दशक: चुनाव सर्वेक्षण की उत्पत्ति

भारत में जनमत सर्वेक्षण पर आधारित चुनाव सर्वेक्षणों की उत्पत्ति का पता लगाने से पहले वैश्विक परिप्रेक्ष्य में जनमत सर्वेक्षण और चुनाव अध्ययन की शुरुआत को जानना उचित है। जनमत सर्वेक्षण की शुरुआत तब हुई जब 1935 में डॉ. गैलप ने अमेरिका के प्रिंसटन, न्यू जर्सी में अमेरिकन इंस्टीट्यूट ऑफ पब्लिक ओपीनियन की स्थापना की। इस संस्था का उद्देश्य वस्तुनिष्ठता और निष्पक्षता के साथ लोगों की राय सुनिश्चित करना था। वस्तुनिष्ठता और विश्वसनीयता सुनिश्चित करने के लिए यह फैसला किया गया कि ऐसा कोई भी चुनाव सर्वेक्षण आयोजित नहीं किया जाएगा जिसके लिए धनराशि का भुगतान किया गया हो या जिसे अमेरिका के प्रमुख दो राजनीतिक दलों, रिपब्लिकन और डेमोक्रेटिक पार्टी ने गुप्त या खुले तौर पर प्रायोजित किया हो। अमेरिकी राष्ट्रपति चुनाव के दौरान 'गैलप पोल्स' के तहत गैलप की पहली भविष्यवाणी, फ्रैंकलिन रूजवेल्ट एल्फ्रेड लंडन को हरा देंगे, आज भी अपनी सटीकता के लिए जानी जाती है। उनके रिकॉर्ड में केवल दो अपवाद उल्लेखनीय रहे। पहला, 1948 में थॉमस डेवे-हैरी एस ट्रूमैन के चुनाव के दौरान उन्होंने अन्य मतदान सर्वेक्षकों की तरह डेवे के जीतने की भविष्यवाणी की जो कि गलत साबित हुई। चुनाव में डेवे हार गए। दूसरी गलत भविष्यवाणी वर्ष 1976 में हुई जब गैलप पोल्स ने जेराल्ड फोर्ड के जीतने के संकेत दिए जबकि वह बहुत कम अंतर से जिम्मी कार्टर से चुनाव हार गए। अमेरिकी राष्ट्रपति चुनाव में गैलप ओपिनियन पोल्स न केवल चुनाव जीतने और हारने वालों के बारे में भविष्यवाणी करता है बल्कि अमेरिकी मतदाताओं के मतदान व्यवहार का एक व्यापक और विस्तृत विवरण भी प्रस्तुत करता है।

भारत में चुनाव सर्वेक्षण की शुरुआत हाल ही में नहीं हुई बल्कि इसकी उत्पत्ति 1950 में मानी जाती है जब भारतीय मतदाताओं की राय और रुख जानने के लिए पहला संस्थागत जनमत सर्वेक्षण किया गया। डॉ. एरिक दा कोस्टा ने 1950 के दशक की शुरुआत में इंडियन

इंस्टीट्यूट ऑफ पब्लिक ओपिनियन (आईआईपीओ) की स्थापना की, जो अमेरिकन इंस्टीट्यूट ऑफ पब्लिक ओपिनियन के मॉडल पर आधारित था। इस संस्थान ने चुनाव अध्ययन में अग्रणी भूमिका निभाई और इसे भारत में जनमत सर्वेक्षण का जनक माना जाता है। प्रशिक्षण प्राप्त एक अर्थशास्त्री जिसका मुख्य मकसद उपभोक्ता संबंधी अध्ययन करना था, ने भी भारत के आर्थिक और राजनीतिक मुद्दों पर जनमत सर्वेक्षण शुरू कर दिया। आईआईपीओ ने दिल्ली, पश्चिम बंगाल और केरल में राजनीतिक अध्ययन किए और इनके परिणामों को 1955 में आईआईपीओ की पत्रिका *मंथली पब्लिक ओपिनियन स्टडीज* (एमपीओएस) के पहले अंक में प्रकाशित किया गया जिनसे चुनाव सर्वेक्षण का रास्ता तैयार हुआ। आईआईपीओ भारत में चुनाव सर्वेक्षण आयोजित करने वाला पहला संस्थान था। दूसरे लोकसभा चुनाव से पहले वर्ष 1957 में पूरे भारत में पहला जनमत सर्वेक्षण किया गया। इस सर्वेक्षण के आधार पर पहली बार की गई चुनाव संबंधी भविष्यवाणी काफी हद तक सटीक निकली। सर्वेक्षण में भारतीयों के मतदान व्यवहार का अध्ययन करने और आय, धर्म और मतदाताओं की व्यावसायिक पृष्ठभूमि किस तरह मतदाताओं के चुनाव संबंधी इरादों को प्रभावित करती है, के खुलासे पर ध्यान केंद्रित किया गया। सर्वेक्षण में राजनेताओं की लोकप्रियता की दर और पार्टी नेताओं के लोकप्रियता सूचकांक को भी आंका गया। इस प्रकार आईआईपीओ के चुनाव सर्वेक्षण मतदान के इरादे और जाति, समुदाय व देश के प्रमुख राजनीतिक मुद्दों और नेतृत्व की दरों पर आधारित इसकी विविधताओं की जानकारी हासिल करने पर जोर दिया गया।

आईआईपीओ के संचालन की समीक्षा करते हुए 1980 में एरिक दा कोस्टा ने कहा:

> उस समय यह ज्ञात नहीं था कि क्या वास्तव में एक अखिल भारतीय सर्वेक्षण संभव और व्यवहार्य था। भारत में कई जगह निरक्षरता और यादृच्छिक नमूनों संबंधी बाधाएं व्याप्त थीं। वर्ष 1957 में पहले राष्ट्रीय सर्वेक्षण का प्रकाशन होने तक यह प्रयोग एक अभूतपूर्व सफलता के रूप में साबित नहीं हो सका था।

आईआईपीओ ने न केवल अखिल भारतीय चुनाव सर्वेक्षण किया बल्कि चुनाव परिणामों की भविष्यवाणी भी शुरू कर दी। दा कोस्टा ने कहा:

> तब यह पहली बार देखा गया कि विदेश में मतदान के इरादे और परिणाम जानने के लिए किए गए जनमत शोध और संवेदनशील विषयों पर लोगों के विचार भारत पर भी लागू होते हैं और इससे एक नई भारतीय खोज सामने आई।

इस प्रकार आईआईपीओ ने 1980 के दशक तक चुनाव सर्वेक्षण किए लेकिन डॉ. कोस्टा के जाने के बाद चुनाव सर्वेक्षण एजेंडे के उच्च आंकड़े हासिल नहीं कर सके और इन्हें बंद कर दिया गया।

आईआईपीओ के अतिरिक्त 1950 के दशक में एक अन्य उल्लेखनीय अध्ययन एसवी कोजेकर और रिचर्ड पार्क ने किया और उन्होंने इसके परिणामों को *रिपोर्ट ऑन द इंडियन जनरल इलेक्शंस* में प्रकाशित किया। इस समय किए गए अध्ययन की प्रकृति मुख्य रूप से वर्णनात्मक और जातिगत थी और कोजेकर व पार्क का अध्ययन कोई अपवाद नहीं था (नारायण, 1978)। उनके शोध में भारतीय चुनाव प्रक्रियाओं का राज्यवार अध्ययन किया गया और इसमें पार्टी गठबंधन, उम्मीदवारों का चयन, मीडिया की भूमिका और चुनाव परिणामों के सारांश जैसे महत्त्वपूर्ण विषयों को कवर किया गया। इन विषयों पर डाटा एकत्रित करने के लिए कोजेकर और पार्क ने एक योजना तैयार की जिसने उस सर्वेक्षण को रेखांकित किया जिसका उपयोग वे अपने शोध में करना चाहते थे (नारायण, 1978)। इस योजना को विभिन्न राज्यों के राजनीतिक विशेषज्ञों के पास भेजा गया और उन्हें एकत्रित की गई जानकारी के आधार पर अपने राज्यों की एक रिपोर्ट बनाने के लिए कहा गया। इससे मतदाताओं के जागरूकता स्तर, पार्टी वरीयता और विभाजित मत सिद्धांत की प्रासंगिकता का महत्त्वपूर्ण निरीक्षण किया जा सका। (नारायण, 1978)।

हालांकि अनुसंधान के ऐसे भी पहलू थे जिन्होंने समग्र अध्ययन पर नकारात्मक प्रभाव डाला। (अ) पैसे की कमी के चलते कोजेकर और पार्क को ही अध्ययन के लिए समय देने की अनुमति मिली। (ब) राज्यों के बीच व्यापक कवरेज नहीं थी और कई क्षेत्रीय अध्ययन शामिल नहीं किए जा सके। (स) कोजेकर और पार्क ने राज्यों के राजनीतिक विशेषज्ञों से जो रिपोर्ट मांगी थी, उन रिपोर्टों की शैली एक समान नहीं थी। अंततः इनमें सभी रिपोर्ट निष्पक्ष नहीं थी। हालांकि इकबाल नारायण का मानना था कि कोजेकर और पार्क ने डाटा एकत्र करने के लिए जिन विधियों और तकनीकों का उपयोग किया, वे उनके अध्ययन की सबसे बड़ी गिरावट साबित हुईं। नारायण ने उनकी सर्वेक्षण पद्धति और सांख्यिकी उपकरणों के उपयोग को 'प्राथमिक' बताया। कोजेकर और पार्क के अध्ययन का संपूर्ण योगदान यह रहा कि इसने मतदान व्यवहार को प्रभावित करने वाली कुछ सामाजिक-आर्थिक शक्तियों पर प्रकाश डाला और राष्ट्रीय स्तर पर राजनीति को समझने के लिए राज्य स्तरीय राजनीति की महत्ता को भी चिन्हित किया।

वर्ष 1967 में आम चुनाव के दौरान पूना लोकसभा निर्वाचन क्षेत्र में वीएम सिरसीकर के नमूना सर्वेक्षण पर आधारित अध्ययन में अन्य लोग भी हिस्सा बने। इस अध्ययन

में संसदीय क्षेत्र के सूक्ष्म स्तर पर लोकतंत्र, चुनाव, मतदाताओं की राजनीतिक पसंद और मतदाताओं के व्यवहार संबंधी कई दिलचस्प बातें सामने आईं। इसके निष्कर्ष थे: (अ) भारत में अधिकतर लोग लोकतंत्र, चुनाव और राजनीतिक दलों में विश्वास रखते हैं। हालांकि, लोकतंत्र में विश्वास और इसकी प्रक्रियाओं का सीधा संबंध मतदाताओं के शैक्षणिक अवसरों से था। उच्च शिक्षा प्राप्त मतदाता लोकतंत्र में कम विश्वास रखते थे जबकि कम पढ़े-लिखे मतदाताओं को ज्यादा भरोसा था। (ब) जाति समुदायों पर आधारित अल्पसंख्यक वर्गों के मतदाताओं की पहली पसंद कांग्रेस पार्टी थी। (स) उच्च शिक्षित परिवारों के बजाय कम पढ़े-लिखे वर्ग के परिवारों में मुखिया परिवार के सदस्यों के मतदान संबंधी फैसले को प्रभावित करता था। (द) मतदान संबंधी फैसले में उम्मीदवार, पार्टी और जाति समुदाय की अहम भूमिका रहती थी। (य) मतदाताओं की उम्र, आय और व्यवसाय का उनके मतदान व्यवहार और रुख पर असर नहीं पड़ता।

वर्ष 1967 में आम चुनाव के दौरान, किनी ने व्यक्तिगत तौर पर नागपुर में विस्तृत साक्षात्कार अनुसूची का उपयोग कर पैनल सर्वेक्षण किया। उन्होंने लोकसभा और विधान सभा चुनावों में जनता की पसंदीदा पार्टी की जानकारी हासिल करने के लिए विभाजित वोट तकनीक का इस्तेमाल किया। हालांकि पूना अध्ययन की तरह नमूना छोटा था लेकिन यह चुनाव और मतदाताओं के मतदान व्यवहार को लेकर महत्त्वपूर्ण निष्कर्ष सामने लाया। इससे पता चला कि लोग मजबूत नेतृत्व के मुद्दे पर कांग्रेस पार्टी को वोट देना चाहते हैं और राष्ट्रीय व स्थानीय मुद्दों का इस फैसले पर कोई प्रभाव नहीं पड़ता। अध्ययन ने मतदाता व्यवहार के एक महत्त्वपूर्ण पहलू को आगे बढ़ाया क्योंकि चुनाव अभियान और पार्टी प्रचार में शामिल होने वाले मतदाता अपने मतदान व्यवहार को लेकर ज्यादा परिवर्तनशील थे और बदलाव चाहते थे। लिंग, जाति, धर्म, शिक्षा और आय जैसे सामाजिक आर्थिक चर राजनीतिक जागरूकता और इसके प्रभाव के निर्धारण में महत्त्वपूर्ण भूमिका निभाते थे।

एल्डर्सवेल्ड और बशीरुद्दीन ने वर्ष 1967 और 1971 के आम चुनाव में पूरे भारत में सर्वेक्षण कर मतदाताओं का मतदान व्यवहार मापने के प्रयासों को आगे बढ़ाया। एकत्रित किए गए आंकड़ों का उपयोग संपूर्ण भारत के मतदाताओं के मतदान व्यवहार और रुख की तुलना करने में किया गया। चुनाव अध्ययन के निष्कर्षों ने पूना अध्ययन के परिणामों की पुष्टि की जो पूरे भारत के लिए साधारण नतीजे लाया और देश के लोगों के मतदान व्यवहार को लेकर नए और पथप्रवर्तक दृष्टिकोण जोड़े। नए अवलोकन इस प्रकार हैं (अ) स्थान के आधार पर मतदान व्यवहार और राजनीतिक प्राथमिकताओं पर ज्यादा असर नहीं होता क्योंकि ग्रामीण और शहरी क्षेत्र के लोगों की समान राय

थी। दूसरी ओर, अलग-अलग राज्यों के मतदाताओं की राजनीतिक प्राथमिकताएं और मतदान व्यवहार अलग-अलग थे। (ब) वामदलों और जनसंघ के पारंपरिक समर्थक अन्य दलों के मतदाताओं की तुलना में अपने दल द्वारा उठाए गए मुद्दों के साथ ज्यादा सहमत थे। (स) ऊंची जाति से संबंधित और उच्च शिक्षा प्राप्त मतदाताओं की चुनाव राजनीति में भागीदारी कम थी जबकि कम पढ़े-लिखे और अन्य जाति समुदायों से संबंधित मतदाताओं की भागीदारी ज्यादा रही।

वर्ष 1977 में डॉ. श्रीराम माहेश्वरी ने एक उल्लेखनीय अध्ययन किया। अपनी पुस्तक *इलेक्टोरल पॉलिटिक्स इन द नेशनल मेट्रोपोलिस* में उन्होंने दिल्ली में चार महानगरीय क्षेत्रों के चुनाव पर नजर डाली। इन निर्वाचन क्षेत्रों में मटिया महल, दंजा गंज, त्रिलोकपुरी और हौज खास शामिल थे। उनके शोध को इंडियन काउंसिल ऑफ सोशल साइंस से फंड मिला और यह इन चार निर्वाचन क्षेत्रों के लोगों के सर्वेक्षण पर आधारित था। इसके लिए उन्होंने शोध अनुसंधानकर्ताओं को लोगों के साक्षात्कार में लगाया और खुद पार्टी उम्मीदवारों और प्रभावशाली घटकों के अध्ययन में जुटे रहे। कुल मिलाकर उन्होंने 393 लोगों का सर्वेक्षण किया और सर्वेक्षण पद्धति का उपयोग कर आंकड़े एकत्र किया। सर्वेक्षण पद्धति के तहत, उन्होंने एक प्रश्नावली का इस्तेमाल किया जो प्रत्याशियों और मतदाताओं के लिए अलग थी, एक कार्यक्रम, भागीदार और गैर भागीदार पर्यवेक्षण तथा अनौपचारिक बातचीत की तरह थी (माहेश्वरी, 1982)। इसमें पूछे गए सवालों का प्रमुख उद्देश्य चारों निर्वाचन क्षेत्रों के मतदाताओं का मतदान व्यवहार जानना था। हालांकि इनमें निजी और राय आधारित सवाल भी शामिल थे जिनकी मदद से माहेश्वरी मतदाताओं की सामाजिक आर्थिक पृष्ठभूमि तथा राजनीतिक ज्ञान को समझ सके। निर्वाचन क्षेत्रों की समझ के लिए डॉ. माहेश्वरी ने मेट्रोपोलिटन काउंसिल से भी सामग्री एकत्रित की। उन्होंने आंकड़ों को एक तालिका में सारणीबद्ध किया और सामान्य सांख्यिकी प्रतिशत प्रणाली का उपयोग करते हुए आंकड़ों का विश्लेषण किया। उनके अध्ययन में सामने आए महत्त्वपूर्ण निष्कर्ष यह थे कि शहरी क्षेत्रों की तुलना में ग्रामीण क्षेत्रों के लोग अधिक मतदान करते हैं, पुरुष मतदाताओं की अपेक्षा महिला मतदाताओं की संख्या कम रही और दिल्ली का उच्च वर्ग राजनीतिक प्रक्रिया के प्रति "उदासीन" था।

एक व्यक्ति जिसने भारत में चुनाव के अध्ययन के लिए सर्वेक्षण विधि का प्रयोग नहीं किया वह थे हैरी डब्ल्यू ब्लेयर। उन्होंने अपनी पुस्तक *वोटिंग, कास्ट, कम्युनिटी, सोसाइटी: एक्सप्लोरेशंस इन एग्रेगेटेड डाटा एनालिसिस इन इंडिया एंड बांग्लादेश*, में बिहार के कई निर्वाचन क्षेत्रों पर गौर किया और एकीकृत आंकड़ा विश्लेषण या पारिस्थितिकी विश्लेषण

नाम की तकनीक का प्रयोग किया (ब्लेयर, 1979)। वह एकीकृत आंकड़ा विश्लेषण को सर्वेक्षण पद्धति से बेहतर मानते थे क्योंकि यह आंकड़े एकत्रित करने के लिए चुनावी वर्ष पर निर्भर नहीं था। इसीलिए उन्होंने अपने आंकड़े नमूना निर्वाचन क्षेत्र के मतदान केंद्रों, निर्वाचन क्षेत्रों और राज्य के जिलों से एकत्र किए। सर्वेक्षण पद्धति यादृच्छिक नमूना के चयन और सैकड़ों–हजारों लोगों के साक्षात्कार पर निर्भर करती है (ब्लेयर, 1979)। इसलिए ब्लेयर के पास वो सारी जानकारी थी जिसकी उन्हें जरूरत थी। ब्लेयर एकीकृत आंकड़ा विश्लेषण को इसलिए भी सर्वेक्षण पद्धति से बेहतर मानते थे क्योंकि इसे लागू करना ज्यादा सस्ता था। हालांकि इसके कुछ नुकसान भी थे क्योंकि शोधकर्ता के प्रश्न सीमित थे और विश्लेषण से पूरी आबादी का केवल चुनाव व्यवहार उजागर होता था, व्यक्तिगत चुनाव व्यवहार नहीं। ब्लेयर ने ऐसे कई चरों पर ध्यान दिया जो मतदान व्यवहार को प्रभावित कर सकते हैं। उदाहरण के लिए, एक अध्ययन में ब्लेयर ने विधानसभा के एक निर्वाचन क्षेत्र पर ध्यान केंद्रित किया। उन्होंने मतदान केंद्र पर दबंग जाति की जानकारी मात्र से वहां के मतदाताओं और पार्टी वोट की विविधता निर्धारित करने की कोशिश की। उन्होंने पाया कि दबंग जाति पूरे गांव का मतदान व्यवहार प्रभावित करती है (ब्लेयर, 1979)। वह आबादी और प्रतिनिधित्व के बीच असमानता दर्शाने वाली लॉरेंज कर्व की मदद से इस निष्कर्ष पर पहुंचे। पुस्तक लेखन में इस लॉरेंज कर्व ने ब्लेयर के एक नए उद्देश्य को उजागर किया। वह दक्षिण एशियाई चुनाव में मात्रात्मक विश्लेषण के लिए नई रणनीति और योजना पेश करना चाहते थे। परिणामस्वरूप, ब्लेयर ने भारत और बांग्लादेश में मतदान व्यवहार का वर्णन करते हुए सांख्यिकीय तरीकों पर चर्चा की। इनमें कुछ विधियों में शुरुआत करने वाले की शून्य-क्रम सहसंबंध और प्रतिगमन पर महारत और भिन्नता का एकतरफा विश्लेषण शामिल है (ब्लेयर, 1979)। ब्लेयर ने केवल मतदान व्यवहार पर ही नई रोशनी नहीं डाली बल्कि उन्होंने ऐसे जटिल मात्रात्मक तरीकों का भी उपयोग किया जिनका उस समय तक शायद ही कभी दक्षिण एशियाई चुनाव अध्ययन व विश्लेषण में उपयोग किया गया था।

वर्ष 1960 के दशक में दिल्ली के सेंटर फॉर द स्टडी ऑफ डेवलपिंग सोसाइटीज (सीएसडीएस) में अखिल भारतीय नमूना सर्वेक्षण पर आधारित आम चुनाव के अकादमिक अध्ययन की शुरुआत की गई। नेशनल इलेक्शन स्टडी (एनईएस) के नाम से लोकप्रिय अध्ययन पहली बार 1976 में किया गया था। यह भारत में मतदाताओं के व्यवहार, धारणा और प्रवृत्ति को जानने के लिए किया गया एक वैज्ञानिक अध्ययन था। इसका प्रमुख मकसद भारतीय मतदाता के मतदान व्यवहार और राय का आकलन कर

चुनाव परिणाम समझने में मदद करना था। परन्तु इसके कई अन्य उद्देश्य भी थे जो भारत के भीतर और बाहर लोकतांत्रिक राजनीति के विद्यार्थियों के लिए प्रासंगिक बने रहे। एनईएस 1967 ने सीएसडीएस में सर्वेक्षण शोध की परंपरा शुरू की जिसमें चुनाव को लोकतांत्रिक राजनीति के रुझान और पैटर्न जानने के एक अवसर के रूप में देखा गया। 1967 में किए गए सर्वेक्षण आधारित राष्ट्रीय अध्ययन एनईएस को भारत में व्यापक स्तर पर राजनीतिक राय और प्रवृत्ति जानने के अध्ययन का श्रेय दिया जाता है। इसके बाद 1971 के आम चुनाव में एक और राष्ट्रस्तरीय अध्ययन किया गया। वर्ष 1980 के आम चुनाव के दौरान जहां एक ओर सीएसडीएस ने अखिल भारतीय सर्वेक्षण तैयार किया वहीं आईआईपीओ दिल्ली ने क्षेत्र में जाकर काम किया। हालांकि एनईएस शृंखला का भाग न होते हुए भी इस सर्वेक्षण को शृंखला के अंतराल को पूरा करने के लिए इस्तेमाल किया जा सकता है। इन चुनावी सर्वेक्षणों को सीएसडीएस के पहली पीढ़ी के सर्वेक्षणों के रूप में वर्गीकृत किया जा सकता है।

इस समयावधि के दौरान किए गए सर्वेक्षणों को सीएसडीएस में सर्वेक्षण परंपरा के विकास के रूप में देखा जा सकता है। इस दौरान संभावना आधारित नमूना-चयन, गहन प्रश्नपत्र और कठोर मैदानी-कार्य इन सर्वेक्षणों की विशिष्टता रही। 1967 में किए गए सबसे पहले सर्वेक्षण ने भारत में एनईएस परंपरा का आधार मजबूत किया क्योंकि इसमें स्वयं-भारित राष्ट्रीय संभावना आधारित नमूना पर ध्यान केंद्रित किया गया जो बहुस्तरीय यादृच्छिक नमूनों के आधार पर रेखांकित भारतीय निर्वाचन क्षेत्र की सभी विविधताओं का प्रतिनिधित्व करती है। पार्टी प्रतियोगिता के आधार पर इन्हें स्तरबद्ध कर कुल 55 लोकसभा निर्वाचन क्षेत्रों का चयन किया गया था। प्रोबेबिलिटी प्रपोशनेट टु साइज (पीपीएस) अर्थात आकार के लिए आनुपातिक संभावना प्रक्रिया को अपनाते हुए इन निर्वाचन क्षेत्रों में विधानसभा क्षेत्रों और मतदान केंद्रों का चयन किया गया था। आखिरकार, उत्तरदाताओं को नमूनाकृत मतदान केंद्रों की मतदाता सूची से यादृच्छिक नमूना-चयन से चुना गया और इनके गैर-प्रतिस्थापन पर जोर दिया गया।

इस सर्वे में एक सबसे बड़ी कमी यह थी कि एनईएस 1967 में महिला मतदाताओं को शामिल नहीं किया गया था। ऐसा क्षेत्रीय कठिनाइयों और उस मत के चलते किया गया जिसमें यह माना जाता है कि पुरुष और महिला मतदाताओं की राय में कोई खास अंतर नहीं था। हालांकि यह कमी बहुत जल्द पूरी कर दी गई और एनईएस 1971 में महिलाओं को भी नमूनों में शामिल किया गया। चूंकि अब एकत्रित किए गए नमूनों का आकार पहले की अपेक्षा बड़ा था इसलिए यह अध्ययन अन्य राष्ट्रीय अध्ययन की तुलना में

बड़ा था और राष्ट्र स्तर पर राजनीतिक व्यवहार और रुख जानने के उद्देश्य को पूरा करने के लिए पर्याप्त था। इसके अलावा नमूने को काफी सख्ती से तैयार किया गया था और इससे राष्ट्रीय स्तर का प्रतिनिधि नमूना मिला। इस दौरान किए गए सर्वेक्षणों का एक विशिष्ट गुण यह भी था कि ये संभ्रांत सर्वेक्षण के साथ अनुभागीय सर्वेक्षण का संयोजन थे। नमूना-चयन के अलावा, एनईएस 1967 और 1971 ने शोध दस्तावेजों और कार्यक्षेत्र परंपरा की शुरुआत की।

सीएसडीएस एनईएस के शोध दस्तावेजों की खासियत यह थी कि 250 से 300 मदों के साथ लंबे सर्वेक्षण कार्यक्रमों में एक घंटे से अधिक समय के लिए आमने-सामने बातचीत भी शामिल थी। कार्यक्रम केवल चुनाव ही नहीं बल्कि राजनीतिक मुद्दों की समझ को लेकर तैयार किए गए थे। स्थायी मूल्यों पर कुछ सवालों के साथ राजनीतिक व्यवहार, राय और रुख की विस्तृत विषयवस्तु पर जोर दिया गया। उत्तरदाताओं के सामाजिक प्रोफाइल का दस्तावेजीकरण करने के लिए पृष्ठभूमि परिवर्तकों का व्यापक इस्तेमाल किया गया। सर्वे कार्यक्रमों का भारत में बोली जाने वाली प्रमुख भाषाओं में सतर्कता के साथ अनुवाद किया गया। क्षेत्र जांचकर्ता की नियुक्ति, प्रशिक्षण, क्षेत्र कार्य, आंकड़े संग्रह और क्षेत्रीय कार्य की देखरेख के सभी कार्यों का सीधे सीएसडीएस ने संचालन किया। 1980 के दशक के दौरान चुनाव और मतदान व्यवहार को लेकर किए गए सर्वेक्षण शोध केंद्र के बौद्धिक एजेंडे पर खरे नहीं उतरे और न ही किसी अन्य संस्थान ने शृंखला को अपनाया। इसके परिणामस्वरूप समय शृंखला आंकड़ों में लंबा अंतराल आ गया और 1990 के दशक के मध्य में सीएसडीएस ने एनईएस परंपरा को पुनर्जीवित किया और यह भारत में मतदान व्यवहार का सबसे प्रतिष्ठित अकादमिक अध्ययन बना रहा।

एक संस्थान की ओर से मेरोन वेनर और जॉन ऑस्गुड फील्ड ने अन्य अध्ययन किया। उन्होंने एमआईटी सेंटर फॉर इंटरनेशनल स्टडीज के लिए कई चुनावी अध्ययन किए। परियोजना को एमआईटी इंडियन इलेक्शन डाटा प्रोजेक्ट का नाम दिया गया और 1968 की शुरुआत में इसकी स्थापना की गई। उन्होंने आंकड़ों को अपनी पुस्तक *स्टडीज इन इलेक्टोरल पॉलिटिक्स इन द इंडियन स्टेट* में संकलित किया। उनके प्रोजेक्ट का मुख्य उद्देश्य भारत में 1952 से हुए चुनावों के कंप्यूटर आधारित अध्ययन की शृंखला तैयार करना था। उन्होंने भारतीय राज्यों की विधानसभाओं, जिनमें तीन हजार से ज्यादा निर्वाचन क्षेत्र शामिल हैं, पर ध्यान केंद्रित किया (फील्ड, जॉन ओसगुड और वेनर, 1977)। चूंकि यह एक कंप्यूटर विश्लेषण था, इसके लिए फील्ड और वेनर ने फाइलों में आंकड़े एकत्र किया, अवधारणाओं को माप में परिवर्तित किया गया और निर्वाचन क्षेत्रों की तुलना का तरीका

निकाला गया। हालांकि कुछ तकनीकी समस्याओं ने उन्हें अपने लक्ष्य के पुन: मूल्यांकन के लिए मजबूर किया। अब वे सुनिश्चित करना चाहते थे कि उनके द्वारा इकट्ठा किया गया आंकड़ा एक उपयुक्त फॉर्म में परिवर्तित हो गया है और इसे अमेरिका और भारत में विद्वानों को उपलब्ध कराया जा सकता है।

इसके अतिरिक्त, उन्होंने संकेंद्रित कर्णधार अध्ययन का निर्णय लिया जो भारत के उन क्षेत्रीय विशेषज्ञों और व्यक्तियों की रुचि के अनुसार किया जाना था जो विकासशील देशों में मतदान व्यवहार जानने में दिलचस्पी लेते थे। ये कर्णधार अध्ययन दो समूहों में विभाजित किया गया- चुनावी व्यवहार व आधुनिकीकरण के कुछ पहलुओं के संबंध का अध्ययन और भारतीय राजनीति, दलों और चुनावी अभिव्यक्ति के प्रमुख मतभेदों की जांच करना (पूर्वोक्त)। पहले समूह के लिए फील्ड और वेनर ने जनगणना और अन्य सामाजिक आर्थिक आंकड़ों का उपयोग किया। उन्होंने यह भी अध्ययन किया कि कैसे राष्ट्रीय चुनावी रुझान क्षेत्रीय चर से अतिव्यापी हो जाते हैं और कैसे निर्वाचन क्षेत्र भोगौलिक स्थिति के चलते प्रभावित होते हैं। दूसरे समूह में मतभेद जानने के लिए उन्होंने जाति, वर्ग, क्षेत्र, धर्म, शहरी-ग्रामीण मतभेद और भाषा जैसे चर पर गौर किया। फील्ड और वेनर के कर्णधार अध्ययन में तीन मतभेदों की जांच की गई: विचारधारा मतभेद, क्षेत्रीय मतभेद, जातीय मतभेद जिनमें तमिलनाडु में सांस्कृतिक राष्ट्रवाद, पंजाब में धर्म आधारित पार्टियां और उत्तर प्रदेश व मैसूर में जातीय और तथ्यात्मक मतभेद पर फोकस किया गया। इन अध्ययनों के साथ उन्होंने भागीदारी और प्रतियोगिता के आकलन में एकभाव बनाए रखने का प्रयास किया। उन्होंने जून 1972 में इन अध्ययनों का एक प्रारंभिक संस्करण प्रस्तुत किया।

1990 का दशक: चुनावी सर्वेक्षण के विकास का प्रक्षेपवक्र

जनमत सर्वेक्षण की लोकप्रियता की शुरुआत 1980 के दशक में हुई जब डॉ. प्रणय रॉय ने चुनावों के दौरान भारतीय मतदाताओं का मूड जानने के लिए जनमत सर्वेक्षण कराया। डॉ. रॉय का प्रयास जनमत सर्वेक्षण को संख्यात्मक संगणना और सीटों की भविष्यवाणी के साथ वैज्ञानिक तरीके से किया गया चुनावी अध्ययन बनाना था। इस प्रकार 1989 में डॉ. रॉय ने मार्केटिंग एंड रिसर्च ग्रुप (एमएआरजी) के साथ संयुक्त रूप से एग्ज़िट पोल कराया जिसमें मतदान केंद्र में वोट डालकर बाहर आते 77,000 मतदाताओं से बातचीत की गई थी। इस सर्वेक्षण में कांग्रेस की जीत की भविष्यवाणी की गई थी। बाद में आए चुनाव परिणामों ने

सर्वेक्षण की सटीकता की पुष्टि कर दी। पिछले चुनाव की तुलना में इस बार लाभ-हानि के आधार पर डाला गया वोट यानी "मत परिवर्तन", एक ऐसा शब्द था जो खूब लोकप्रिय हुआ और भारत में टीवी दर्शकों के बीच डॉ. रॉय की पहचान कायम हो गई। डॉ. रॉय द्वारा शुरू की गई पहल अपना ली गई और जनमत सर्वेक्षण ने इलेक्ट्रॉनिक मीडिया के प्रसार के साथ 1990 के दशक में विकास की नई ऊंचाई को छुआ। इसी अवधि में मतदाताओं की राय और व्यवहार जानने के लिए चुनावी सर्वे और एग्ज़िट पोल देश भर में काफी लोकप्रिय हो गए।

1990 के दशक में कई कारकों ने भारत में चुनावी सर्वेक्षणों की बढ़ती लोकप्रियता में योगदान दिया, लेकिन यह तीन कारकों के कारण बहुत तेजी से बढ़ा: (अ) इसने वास्तविक चुनाव से पहले ही मतदाताओं और राजनीतिक दलों में जिज्ञासा पैदा कर दी कि चुनाव में किसकी जीत होगी और प्रमुख राजनीतिक दलों की झोली में कितनी सीटें जाएंगी। (ब) चुनाव पूर्व सर्वेक्षण से राजनीतिक दलों को विभिन्न वर्गों के मतदाताओं के मतदान व्यवहार और उनकी राजनीतिक पसंद के बारे में जानकारी मिल गई। चुनावी आंकड़ों से अलग-अलग निर्वाचन क्षेत्रों में जीतने की संभावनाओं के शुरुआती रुझान और उम्मीदवारों के मूल्यांकन संबंधी जानकारी मिली। यह जानकारी विभिन्न सीटों के लिए उम्मीदवार तय करने और चुनाव प्रचार की योजना बनाने में भी मददगार साबित हुई। (स) इसने मीडिया को मतदाताओं के मतदान व्यवहार और रुख के संबंध में काफी जानकारी उपलब्ध कराई तथा चुनावी विश्लेषण और विस्तृत तरीके से सीटों का पूर्वानुमान लगाने में भी मदद की। चुनाव परिणाम जानने में मीडिया की जिज्ञासा के चलते सीटों के पूर्वानुमान के साथ चुनावी अध्ययन और चुनाव के दौरान सीटों की भविष्यवाणी लगातार लोकप्रिय और प्रचलित होती चली गई।

21 वीं सदी की शुरुआत में भारत में जनमत सर्वेक्षण उद्योग में विस्तार देखा गया और मीडिया ने विभिन्न मार्केट रिसर्च संगठनों को चुनाव के दौरान सर्वेक्षण में संलग्न कर लिया। ये सर्वेक्षण मतदाताओं का मूड जानकर चुनाव परिणामों की भविष्यवाणी के लिए कराए जाते थे। मार्केट रिसर्च एजेंसियों एसी नीलसन और ओआरजी एमएआरजी के अलावा सेंटर फॉर मीडिया स्टडीज, डेवलपमेंट एंड रिसर्च सर्विसेज, सी वोटर जैसे नए संस्थानों ने भी भारतीय मतदाताओं का व्यवहार और रुख जानने के लिए इस उद्योग में प्रवेश किया। एग्ज़िट पोल्स प्रचलित हो गए और चुनाव संबंधी पूर्वानुमान और सीटों की संख्या की भविष्यवाणी के साथ-साथ राष्ट्रीय और क्षेत्रीय स्तर पर पार्टियों के गठजोड़ संबंधी जानकारी इस दशक की प्रमुख खासियत रही। प्रिंट मीडिया में *इंडिया टुडे* ने 1989

में सबसे पहला जनमत सर्वेक्षण प्रकाशित किया था और उसके बाद से यह लगातार हर प्रमुख चुनाव की भविष्यवाणी करता आ रहा है। इस अवधि में किए गए चुनाव पूर्व सर्वेक्षण में मतदाताओं की चुनावी पसंद, नेताओं की लोकप्रियता की स्थिति, राजनीतिक मुद्दों पर मतदाताओं की राय और सीटों की भविष्यवाणी पर ध्यान केंद्रित किया गया। वर्ष 2004 और 2009 में हुए आम चुनावों के दौरान लगभग सभी नामी न्यूज चैनलों ने प्रिंट मीडिया के साथ मिलकर मार्केट रिसर्च एजेंसियों और अन्य पोलिंग एजेंसियों की मदद से जनमत सर्वेक्षण कराए। सर्वेक्षण आंकड़ों, चुनावकर्ता और चुनाव विश्वलेषकों की विशेषज्ञता का उपयोग कर सीटों संबंधी की गई भविष्यवाणी 2004 में बिल्कुल सही नहीं रही और वर्ष 2009 में भले ही अचूक नहीं थी, परिणाम सही दिशा में दिखाए गए।

1990 के दशक में मतदाताओं की राय और रुख जानने के लिए कराए जाने वाले चुनावी सर्वेक्षण से राजनीतिक दल भी अछूते नहीं रहे और जमीनी स्तर पर मौजूदा राजनीतिक वास्तविकताओं की रिपोर्ट के लिए पार्टियां भी पोलिंग एजेंसियों की मदद लेने लगी। वर्ष 1996 में कांग्रेस ने अपनी चुनावी संभावनाओं की जानकारी के लिए गुप्त रूप से अखिल भारतीय सर्वेक्षण कराया जो बाद में मीडिया में लीक हो गया और इसे लेकर कई विवाद खड़े हो गए। हालांकि भाजपा ने पार्टी के लिए एक आंतरिक सर्वेक्षण कराया और इसे सार्वजनिक तौर पर स्वीकार भी किया। राजनीतिक दलों द्वारा जनमत सर्वेक्षण कराए जाने के पीछे का कारण दिवंगत भाजपा नेता प्रमोद महाजन ने विस्तार से समझाया था। उन्होंने कहा कि चुनाव में बाजार सर्वेक्षण का तेजी से इस्तेमाल किया जाएगा। ऐसे सर्वेक्षण आवश्यक जानकारी एकत्र करने की स्वतंत्र और वैज्ञानिक विधि हैं। ये सर्वेक्षण पार्टी नेटवर्क से ज्यादा स्वतंत्र हैं जो उस बात की पुष्टि करते हैं जिसे पार्टी पहले से जानती है। बाजार सर्वेक्षण हमें उन मुद्दों के बारे में बताता है जो चुनाव में महत्त्वपूर्ण हैं, गठबंधन वाले निर्वाचन क्षेत्रों की मैपिंग और ऐसे निर्वाचन क्षेत्रों की जानकारी देता है जहां पार्टियों की राजनीतिक उपस्थिति कमजोर है। इन भविष्यवाणियों के आधार पर पार्टियां जनसभाओं का आयोजन करती हैं और विज्ञापन अभियान चलाए जाते हैं (घोष, 1996)।

हालांकि राजनीतिक दलों द्वारा जनमत सर्वेक्षण कराए जाने के बारे में योगेंद्र यादव के विचार प्रमोद महाजन से अलग और विरोधाभासी हैं। यादव का कहना है कि जब राजनीतिक दल विफल होते हैं तब बाजार आगे आता है। लोकतांत्रिक राजनीति की नियमित प्रक्रियाओं ने ठीक से काम करना बंद कर दिया है और पार्टी तंत्र न होने के चलते राजनेता लोगों के बारे में कम से कम जानते हैं। जमीन से जुड़ी जानकारी देने वाले स्रोत

अब कम होते जा रहे हैं। ऐसे में सच्चाई जानने के लिए एक निष्पक्ष सर्वेक्षण कराए जाने की आवश्कता है (घोष, 1996)। इस प्रकार कई राजनीतिक दलों ने जमीनी हकीकत जानने के लिए सर्वेक्षण कराना शुरू कर दिया और हाल ही के कुछ साल में नेताओं ने व्यक्तिगत तौर पर अपने निर्वाचन क्षेत्र में सर्वेक्षण कराने शुरू कर दिए हैं। कई बार सर्वेक्षण में सामने आए परिणामों का इस्तेमाल अपनी लोकप्रियता दिखाकर पार्टी से टिकट पाने में भी किया जाता है। हालांकि, राजनीतिक दलों और नेताओं द्वारा कराए जाने वाले जनमत सर्वेक्षण में हेरफेर कर इसका दुरुपयोग भी किया जाता है। सेंटर फॉर मीडिया स्टडीज के भास्कर राव का कहना है कि जनमत सर्वेक्षण उद्योग में हेरफेर और इसके दुरुपयोग की भी काफी संभावना है। राजनेताओं द्वारा मनचाहा निष्कर्ष पाने के लिए अक्सर ऐसे सर्वेक्षण का एक साधन की तरह इस्तेमाल किया जाता है। ये व्यावसायिक प्रकिया के बजाय पैसा ऐंठने का तरीका बन गए हैं। सर्वेक्षण में जिन पद्धतियों का इस्तेमाल किया जाता है उनमें सुधार करने की आवश्यकता है। कई बार सर्वेक्षण नमूना का आकार भी नहीं बता पाते और एक छोटे से अध्ययन के आधार पर देश भर का परिणाम बताने की कोशिश करते हैं। असल में, सत्ता के दलाल पार्टी को लाभ में दिखाने के लिए ऐसे अध्ययनों के लिए मोटी रकम देते हैं (घोष 1996)।

1980 के दशक में सीएसडीएस ने जो चुनाव अध्ययन बंद कर दिए थे, उन्हें 1990 के दशक के मध्य में बड़े पैमाने पर पुनर्जीवित किया गया। सीएसडीएस में तुलनात्मक लोकतंत्र के लिए कार्यक्रम लोकनीति के निर्माण और 1995 में राजनीति शास्त्रियों के अखिल भारतीय नेटवर्क ने 1996 में एनईएस का मार्ग प्रशस्त किया। अध्ययन में तीन बातों को शामिल किया गया: पैनल डिजाइन नमूना का उपयोग करते हुए चुनाव-पूर्व, मध्य-अभियान और मतदान के बाद का अध्ययन। पैनल नमूना का मतलब है राय जानने के लिए उन्हीं उत्तरदाताओं के पास दोबारा वापस जाना। इसके अतिरिक्त, लोकनीति ने 17,604 लोगों के बहुत बड़े नमूना के साथ एग्ज़िट पोल किया। इस अध्ययन को अकादमिक हलकों और मीडिया ने विस्तार से रिपोर्ट किया। यह कई अनुसंधान प्रकाशनों पर आधारित था और कई विद्वान विशेषकर भारत की सामान्य व चुनावी राजनीति के विश्लेषण में इसका जिक्र करते हैं। 1998 में लोकसभा चुनाव के दौरान एनईएस में दो लहर—चुनाव से पूर्व और चुनाव के बाद का सर्वेक्षण—एनईएस 1998 के एक हिस्से के तौर पर किया गया। 1996 में एनईएस नमूना का हिस्सा रह चुके उत्तरदाताओं को इसमें दोबारा शामिल किया गया। हालांकि 1999 में फिर से आम चुनाव हो गए तो केंद्र ने पहले की तरह केवल चुनाव के बाद वाला

सर्वेक्षण कराया और इसे सबसे लंबा शेल्फ वैल्यू वाला डाटा मिला। एनईएस 1999 के दौरान, एनईएस 1996 और 1998 में शामिल उत्तरदाताओं का दोबारा साक्षात्कार किया गया। इस प्रकार, तीन साल के छोटे अंतराल में राष्ट्रीय प्रतिनिधित्व नमूना के सर्वेक्षण की छह लहरों पर काम किया गया।

सीएसडीएस की उभरती परंपरा को समझने का एक उपयोगी तरीका है कि इसे भारत में आयोजित एनईएस शृंखला को तीन पीढ़ियों में विभाजित कर दिया जाए। एनईएस सर्वेक्षण की पहली पीढ़ी 1967, 1971 और 1980 थी जिसे सीएसडीएस में चुनाव अध्ययन की शुरुआत कहा जा सकता है। एनईएस 1996–99 श्रृंखला को अध्ययन की दूसरी पीढ़ी कहा गया है जबकि एनईएस 2004 और 2009 सीएसडीएस परंपरा की तीसरी पीढ़ी का हिस्सा हैं। एनईएस की दूसरी पीढ़ी (1996–1999) ने कुछ नई विशेषताएं परिभाषित कर पहली पीढ़ी के चुनाव सर्वेक्षणों की विरासत को आगे बढ़ाया। पहला और सबसे ज्यादा महत्त्वपूर्ण बिंदू नमूना के आकार में बदलाव करना था जो कि पहली पीढ़ी के अध्ययन की अपेक्षा दोगुना कर दिया गया। एक स्वयं-भारित राष्ट्रीय संभावना नमूना तैयार किया गया जिसका बड़ा आकार राष्ट्रीय प्रतिनिधित्व के साथ देश के प्रमुख राज्यों का प्रतिनिधित्व करने वाले नमूना को सुनिश्चित करता था। अतीत में संसदीय और विधानसभा खंडों की सैंपलिंग के लिए पीपीएस प्रक्रिया का उपयोग किया जाता था। दूसरे बदलाव को पैनल डिजाइन के साथ मल्टीवेव सर्वेक्षण के लिए इस्तेमाल किया गया। एनईएस 1996 में चुनाव की तीन तरंगों को शामिल किया गया: पूर्व चुनाव, मध्य-अभियान, और चुनाव के बाद सर्वेक्षण। दो लोकसभा चुनाव बहुत कम अंतराल में हो गए, इसलिए एनईएस 1998 और 1999 में उसी पैनल को आगे बढ़ाया गया। तीसरा अहम बदलाव मतदान प्रक्रिया से संबंधित था। दूसरी पीढ़ी के एनईएस ने मतदाताओं की मतदान संबंधी पसंद जानने के लिए डमी गुप्त मतपत्र और डमी बैलेट बक्सों का उपयोग किया। इस पहल से पहली पीढ़ी की तुलना में वोट शेयर के कई सटीक परिणाम सामने आए।

दूसरी पीढ़ी के साथ एनईएस अकादमिक अनुदान पर निर्भर नहीं रहा और इसे मीडिया से पैसा मिलने लगा। कुछ बड़े मीडिया प्रकाशन समूह जैसे द हिंदू, इंडिया टुडे, फ्रंटलाइन और द इकोनोमिस्ट ने 1996 से 1999 के बीच एनईएस का समर्थन किया। मीडिया समर्थन से एनईएस शृंखला के लिए अधिक से अधिक दृश्यता सुनिश्चित हो गई। एनईएस 2004 सीएसडीएस सर्वेक्षण की तीसरी पीढ़ी के रूप में चिन्हित किया गया है। यह अध्ययन चुनाव के बाद का सर्वे था जिसमें वोट डालने के बाद और परिणाम घोषणा से पहले उत्तरदाताओं से साक्षात्कार किया गया। नमूना का आकार बड़ा होने के कारण

राष्ट्रीय संभावना नमूना तैयार करने के बजाय राज्य स्तर पर संभावना नमूना तैयार किया गया। राष्ट्रीय स्तर पर प्रतिनिधि नमूना के साथ राजनीति की बदल रही वास्तविकता को उजागर करता हुआ नमूना-चयन ढांचा राज्य स्तर पर एकत्रित संभावना नमूना से प्राप्त किया गया था।

फलस्वरूप, छोटे राज्यों के प्रतिनिधि नमूना के लिए दूसरी पीढ़ी के एनईएस की तुलना में नमूना साइज को तीन गुना ज्यादा बढ़ा दिया गया। क्लस्टर प्रभाव को कम करने के लिए मतदान केंद्र क्षेत्र की प्राथमिक नमूना-चयन इकाई में नमूना साइज कम करने से बेहतर प्रतिनिधित्व सामने आया। विश्लेषणात्मक शब्दों में स्वयं-भारित नमूने को छोडऩे का अर्थ है आंकड़ों के सेट के राष्ट्रस्तरीय विश्लेषण की महत्ता जानना। एनईएस कवरेज के विस्तार में कई परिणाम थे। जिन भाषाओं में प्रश्नावली का अनुवाद किया गया, उनकी संख्या बढ़ा दी गई। पहली बार, प्रमुख भाषाओं की बोलियों पर भी व्यवस्थित रूप से ध्यान दिया गया था। एनईएस शृंखला में पहली बार प्रश्नावली में स्थानीय राजनैतिक मुद्दों को ध्यान में रखते हुए प्रश्न तैयार किए गए थे ताकि इनसे राज्य स्तरीय आंकड़ों के विश्लेषण में मदद मिल सके।

सीएसडीएस द्वारा आयोजित एनईएस 2009 भारतीय आम चुनाव और शायद दुनिया भर का सबसे बड़ा सामाजिक और वैज्ञानिक सर्वेक्षण है। इसमें कुल 59,650 लोगों से संपर्क किया गया और 37,365 साक्षात्कार पूरे किए जा सके। अपने सबसे बड़े नमूना साइज के अलावा, 2009 में इसमें कुछ नई पहल भी शामिल की गई। यह थी: (अ) पहली बार राष्ट्रीय स्तर के सर्वेक्षण में नमूना मतदाता को "खंडित नमूना" के साथ प्रश्नावली के पांच सेट यादृच्छिक रूप से दिए गए। (ब) अतिरिक्त सर्वेक्षण वाली प्रश्नावली में विभिन्न विषयों जैसे आर्थिक, सुरक्षा, समुदाय, लोकतंत्र और सामाजिक मूल्यों को शामिल किया गया (स) उत्तरदाताओं के प्रतिस्थापन की अनुमति नहीं दी गई जबकि 2009 के दौरान इस पर कोई पाबंदी नहीं थी।

1990 के दशक की एनईएस शृंखला और 21 वीं सदी की शुरुआत में कई नवाचार और अनुसंधान तकनीकें सामने आई जिन्होंने इसे मानदंड और भारतीय चुनाव का कला अध्ययन बना दिया। भारत में मतदाता की राजनीतिक राय, रुख और मतदान व्यवहार को न केवल समाजशास्त्रीय और राजनैतिक उदाहरणों से मापा जा सकता है बल्कि विभिन्न आयामों और असंतुलन की परतों के साथ विश्लेषण किया जा सकता है। चुनाव सर्वेक्षण की एनईएस सीरीज के अतिरिक्त, सीएसडीएस ने पिछले दशक से विधानसभा चुनाव के दौरान भी सर्वेक्षण शुरू कर दिए। 1996 से 2009 के बीच चुनाव सर्वेक्षण की कम से

कम एक लहर में कुछ राज्यों को छोडक़र बाकी सभी प्रमुख राज्यों में लोगों का मतदान व्यवहार जानने के लिए चुनाव सर्वेक्षण किया गया। मतदाताओं के मतदान व्यवहार और रुख को मापने के लिए गहन चुनाव अध्ययन के अतिरिक्त सीएसडीएस ने 2004 से 2009 तक के सर्वेक्षण विधि शोध पर काम किया। सीएसडीएस द्वारा अंतिम पांच साल में की गई भविष्यवाणी एक मिला-जुला अनुभव थी जिसमें सीटों का पूर्वानुमान लगाने में 70 फीसदी तक सफलता हासिल कर ली गई।

केस अध्ययन और चुनाव नृवंशविज्ञान अध्ययन

चुनाव अध्ययन के ऐतिहासिक सिंहावलोकन से पता चलता है कि भारत में मतदाताओं का मतदान व्यवहार और रुख जानने के लिए सर्वेक्षण पद्धति सबसे लोकप्रिय साधन रही है। इस पद्धति के अलावा, कुछ निर्वाचन क्षेत्र स्तरीय और नृवंशविज्ञान अध्ययन भी किए गए। राजनीति शास्त्रियों ने मतदाताओं को जानने के लिए अधिकतर निर्वाचन क्षेत्र अध्ययन किए जबकि भारत के समाजशास्त्रियों ने प्रतिभागी अवलोकन विधि पर आधारित नृवंशविज्ञान अध्ययन किए। 1977 और 1980 में उत्तर प्रदेश चुनाव के दौरान पॉल ब्रास ने पहली बार केस स्टडी विधि का उपयोग किया। उन्होंने राज्य के पांच विधानसभा निर्वाचन क्षेत्रों में व्यापक स्तर पर काम करके अवलोकन किया। 1979 में सुब्रत मित्रा ने उड़ीसा के एक गांव में लोकसभा व विधानसभा चुनाव की केस स्टडी की। इन दोनों केस स्टडी से यह सामने आया कि स्थानीय स्तर पर मतदाताओं की बेहतर जानकारी के लिए यह पद्धति अधिक कारगर है।

प्रमुख समाजशास्त्री एमएन श्रीनिवास और एएम शाह ने 1960 के दशक के अंत में चुनावी व्यवहार की भागीदारी का अवलोकन किया। समाजशास्त्रियों ने चुनाव के प्रतीकात्मक पहलुओं व संबंधित विभिन्न अनुष्ठानों के मतदाताओं के चुनावी व्यवहार पर असर पर ध्यान केंद्रित करते हुए चुनावी नृवंशविज्ञान अध्ययन किया। 1980 के दशक में बिहार में दो चुनाव के दौरान हौसर और सिंगर ने पर्यवेक्षण अध्ययन किया। 2007 में पश्चिम बंगाल में हुए विधानसभा चुनाव के दौरान मुकुलिका बनर्जी ने नृवंशविज्ञान अध्ययन किया। इन अध्ययनों में मतदाताओं के मतदान व्यवहार के प्रतिभागी पर्यवेक्षण और चुनाव के गुणात्मक पहलुओं पर ध्यान केंद्रित किया गया। इन स्थानीय मानवविज्ञान अध्ययन के निष्कर्ष सीमित थे क्योंकि यह व्यापक स्तर पर चुनाव प्रक्रियाओं और गतिशीलता को समझाने में असमर्थ रहे। यह अध्ययन चुनाव के प्रमुख हितधारकों की राय और मतदान

व्यवहार जानने में असफल रहे। नृविज्ञानियों ने जब क्षेत्र विशेष अध्ययन को चुना तब उन्होंने मात्रात्मक आंकड़ों की उपेक्षा की। यहां तक कि इन अध्ययन में आबादी के आकार और आर्थिक सामाजिक स्तर की आधारभूत जानकारी भी गायब कर दी गई (शाह और श्रीनिवास, 2007)।

वर्ष 2009 में हुए आम चुनाव के दौरान, चुनाव अध्ययन का एक नया दृष्टिकोण सामने आया जो देश भर में 12 जगह पर विस्तृत चुनाव नृवंशविज्ञान अध्ययन पर आधारित था। यूनिवर्सिटी कॉलेज लंदन से डॉ. मुकुलिका बनर्जी ने दिल्ली के सीएसडीएस संग मिलकर "तुलनात्मक चुनावी नृवंशविज्ञान परियोजना" शुरू किया। इस अध्ययन में व्यापक स्तर पर हुए सर्वेक्षण और स्थानीय स्तर पर भागीदारी की जांच को समाहित करते हुए भारतीय चुनाव के तुलनात्मक अध्ययन पर ध्यान केंद्रित किया गया। डॉ. बनर्जी के अनुसार तुलनात्मक चुनावी नृवंशविज्ञान अध्ययन इस तथ्य से दृष्टिगोचर होता है कि यह भारतीय चुनाव अध्ययन में मात्रात्मक और गुणात्मक दोनों दृष्टिकोण की अनुशासनिक शक्तियों और पद्धतिगत दृष्टिकोण को मिलाता है। जबकि सर्वेक्षण महत्त्वपूर्ण पैटर्न और स्पष्ट विरोधाभासों, नृवंशविज्ञानी की सतर्कता, सुधार की पहचान करते हैं, और व्यापक विचार-विमर्श मतदाताओं के अनुभव तथा उसके संपूरक, और कभी कभी चुनौतीपूर्ण अंतर्दृष्टि उत्पन्न करने वाले पर प्रकाश डालता है। अलग दृष्टिकोण और विशेषताओं के लिए भारतीय चुनावों के अध्ययन में दोनों पद्धतियां सर्वश्रेष्ठ हैं।

डॉ. बनर्जी के अनुसार भारतीय चुनाव को संख्यात्मक खेल और परिणाम पर ध्यान केंद्रित करने वाले एक शुष्क सांख्यिकी कार्यक्रम की तरह लेने के बजाय सांस्कृतिक और ब्रह्मवैज्ञानिक अर्थ के साथ इसका अध्ययन भी किया जाएगा क्योंकि यह लोकतांत्रिक भारत का अति महत्त्वपूर्ण आधुनिक और धर्मनिरपेक्ष पर्व है। इस प्रकार यह अध्ययन क्षेत्र विशेष के बजाय पूरे भारत के सामाजिक, राजनीतिक और सांस्कृतिक जीवन में नई तुलनात्मक समझ और सामूहिक अंतर्दृष्टि पैदा करता है और इससे समकालीन भारत में लोकतंत्र की नई समझ विकसित होगी। इस अध्ययन का उद्देश्य पूरे चुनावी अनुभव की विविधता को साथ लेकर चलना है जिसके तहत एक टीम में प्रतिभागी पर्यवेक्षकों द्वारा देश के अलग-अलग हिस्सों में एक साथ अध्ययन के माध्यम से निर्वाचन प्रक्रिया के सभी पहलुओं और आबादी की सहभागिता पर गौर किया जाता है। इसमें नामांकन प्रक्रिया, प्रचार और मतदान व चुनाव परिणामों को लेकर मीडिया कवरेज जैसे सभी पहलुओं पर ध्यान दिया जाता है। अध्ययन में निम्न शोध प्रश्न शामिल होते हैं: (अ) लोग मतदान क्यों करते हैं? (ब) मतदान केंद्रों की संस्कृति क्या है? (स) मतदान की भाषा क्या है और राजनीतिक व सहभागिता की

शब्दावली क्या है? (द) भारत में ठेठ चुनाव प्रचार अभियान क्या है? (य) चुनाव में मीडिया की क्या भूमिका है?

अध्ययन में अनुसंधान के कई साधनों का प्रयोग किया गया। इनमें शामिल हैं: (अ) मतदाताओं और प्रमुख उम्मीदवारों के गहन साक्षात्कार (ब) बैठकों में उम्मीदवारों द्वारा दिए भाषणों के श्रवण और दृश्य रिकॉर्ड (स) भाषण की विषय सामग्री और स्टाइल को लेकर मौके पर ही श्रोताओं का साक्षात्कार (द) राजनीतिक संदेशों की विषयवस्तु का विस्तृत विश्लेषण (य) खबरें एकत्र करने और बनने तक की प्रक्रिया जानने के लिए एक स्ट्रिंगर द्वारा टीवी कवरेज (र) मतदाताओं के एक समूह की रेडियो, टीवी और अखबार की खपत का रिकॉर्ड जानने के लिए साक्षात्कार।

3 मतदान विकल्पों को मापने के विभिन्न तरीके

कितना सही तरीके से मतदान व्यवहार को माप सकते हैं काफी हद तक इस पर निर्भर करता है कि मतदान के व्यवहार को मापने के लिए कौन-से उपकरणों का उपयोग किया गया था। ऐसे कई तरीके हैं जिनका उपयोग मतदान व्यवहार को मापने के लिए किया जाता है, प्रत्येक के अपने फायदे और नुकसान होते हैं। मतदान व्यवहार को मापने के लिए सर्वेक्षण विधि को सबसे अच्छे तरीकों में से एक माना जाता है जब इसका उद्देश्य एक विशाल क्षेत्र, राज्य या बहुत बड़े भौगोलिक क्षेत्र में फैले मतदाताओं से मतदान व्यवहार को मापने के लिए होता है। यदि प्रयास केवल एक निर्वाचन क्षेत्र, एक गांव, शहर या कुछ ही निर्वाचन क्षेत्रों के लिए मतदान व्यवहार को मापना है, तो एक निर्वाचन क्षेत्र में मतदान व्यवहार को मापने के लिए निर्वाचन क्षेत्र का अध्ययन भी एक अच्छा तरीका हो सकता है। उस क्षेत्र में मतदान व्यवहार के गतिविज्ञान को समझने के लिए शोधकर्ता का उस विशेष स्थान पर अधिक समय बिताना उपयोगी हो सकता है। लेकिन प्रयास अगर मतदाताओं के एक व्यापक प्रतिनिधित्व के मतदान व्यवहार को मापने के लिए है, एक, दो, या कुछ निर्वाचन क्षेत्रों में नहीं, लेकिन बड़ी संख्या में निर्वाचन क्षेत्रों के लिए, शोधकर्ता के लिए उन सभी निर्वाचन क्षेत्रों में अधिक समय बिताना असंभव हो सकता है। ऐसी परिस्थितियों में, शोधकर्ता अपनी ओर से जानकारी एकत्र करने के लिए किसी दूसरे पर निर्भर करता है, जिसे वह मतदान व्यवहार का विश्लेषण करने के लिए उपयोग कर सकता है। अब उसके सामने मुद्दा यह है कि क्या उसकी ओर से जानकारी इकट्ठा करने वाले अपने हिसाब से जानकारी इकट्ठा करें या उन सभी को किसी समान पद्धति का पालन करना होगा। यह वांछनीय है कि मतदाता व्यवहार के बारे में जानकारी इकट्ठा करने वाले सभी लोगों को एक समान स्वरूप में इसे इकट्ठा करना चाहिए, जिसे जानकारी इकट्ठा होने के बाद समझना, तुलना करना और विश्लेषण करना आसान हो। आंकड़े संग्रह और विश्लेषण में मानकीकरण बनाए रखने की आवश्यकता है। मतदान

व्यवहार को मापने के लिए सर्वेक्षण विधि का उपयोग होने के बाद यह मानकीकरण प्राप्त किया जा सकता है। इस प्रकार, मतदाता व्यवहार और रुख को मापने के लिए, मतदाताओं के सर्वेक्षण का व्यापक प्रतिनिधित्व सबसे प्रभावी शोध पद्धति बना हुआ है।

मतदान व्यवहार को मापने के लिए इस्तेमाल किए जाने वाले विभिन्न सर्वेक्षण तरीकों में से, मतदान के दिन आयोजित किए जाने वाले एग्ज़िट पोल्स का भारत में सबसे लोकप्रिय तरीका होना जारी है। एग्ज़िट पोल्स अन्य लोकतांत्रिक देशों में भी लोकप्रिय हैं और बड़े पैमाने पर चुनाव का विश्लेषण करने और मतदान व्यवहार को मापने के लिए उपयोग किए जाते हैं। हालांकि, चुनावी व्यवहार और मतदान के इरादों को मापने के लिए चुनाव से पहले किए गए चुनाव-पूर्व सर्वेक्षणों ने भारतीय शैक्षणिक समुदाय और मीडिया को भी आकर्षित किया है। भारत में पिछले आधे दशक में हुए चुनाव से पता चलता है कि चुनाव-पूर्व सर्वेक्षण और एग्ज़िट पोल्स मतदाताओं के मतदान व्यवहार के प्रतिरूप को स्पष्ट करने के लिए अधिक व्यापक रूप से इस्तेमाल किए गए थे। इसका मतदाताओं की मतदान प्राथमिकताओं के आधार पर चुनाव के पूर्वानुमान लगाने में भी उपयोग किया गया था। लेकिन चुनाव-पूर्व सर्वेक्षण और एग्ज़िट पोल-आधारित चुनाव भविष्यवाणियां पिछले दो महत्त्वपूर्ण आम चुनावों में निशाने से चूक गईं जिसने भारत में मतदान के व्यवहार को मापने के लिए सर्वेक्षण विधि की विश्वसनीयता के बारे में संदेह उठाया है। दूसरी ओर, अन्य देशों में एग्ज़िट पोल, विशेषकर अमेरिका में मतदाताओं के मतदान इरादे और व्यवहार का सही तरीके से अध्ययन किया है और सही चुनाव पूर्वानुमान किए हैं। इस प्रकार भारत में मतदान के व्यवहार को सही तरीके से मापने के लिए चुनावों में विफलता के कारणों को जानने के लिए अमेरिका में एग्ज़िट पोल के साथ भारत में मतदान के तरीकों का तुलनात्मक रूप से विश्लेषण करना प्रासंगिक हो जाता है।

यह इसके साथ जुड़े प्रतिस्पर्धात्मक प्रश्नों को भी पूछता है—क्या मतदान व्यवहार को मापने के लिए एग्ज़िट पोल्स सर्वश्रेष्ठ सर्वेक्षण विधि है या चुनाव-पूर्व तथा चुनाव के बाद के सर्वेक्षण चुनावी व्यवहार को मापने के लिए अधिक उपयुक्त हैं? क्या चुनावी व्यवहार का अध्ययन करने के लिए भारत में एग्ज़िट पोल्स के संचालन के लिए इस्तेमाल की जाने वाली विधि सुव्यवस्थित ढंग से समान है, जैसा कि दुनिया के अन्य हिस्सों में इस्तेमाल होती है या क्या वहाँ असमानता और देश-विशिष्ट विलक्षणताएं हैं? चुनाव-पूर्व सर्वेक्षण, चुनाव के बाद के सर्वेक्षण, या एग्ज़िट पोल्स जैसे मतदाताओं के व्यवहार को मापने के लिए इस्तेमाल किए जाने वाले विभिन्न तरीकों में, कौन सी विधि सुव्यवस्थित ढंग से अधिक सुदृढ़ है? यह अध्याय इन सवालों को संबोधित करने की कोशिश करेगा और भारत में

मतदान व्यवहार को मापने के लिए इस्तेमाल किए जाने वाले विभिन्न प्रकार के तरीकों का विस्तृत विश्लेषण करेगा।

इस अध्याय को तीन खंडों में विभाजित किया गया है: पहला खंड, मतदान व्यवहार को मापने के लिए जानकारी एकत्र करने के लिए मतदाताओं के साथ साक्षात्कार करने के लिए उपयोग की जाने वाली विभिन्न साक्षात्कार तकनीक पर विस्तार से चर्चा करता है। यह ईमेल, फोन पर साक्षात्कार, आमने-सामने साक्षात्कार, ड्रॉप-ऑफ सर्वेक्षण और ऑनलाइन सर्वेक्षण जैसे विभिन्न साक्षात्कार तकनीकों पर ध्यान केंद्रित करता है। यह अध्याय मुख्य विशेषताओं और विलक्षणताओं के साथ-साथ इन साक्षात्कार तकनीकों की कमजोरी पर भी प्रकाश डालता है। दूसरा खंड मतदान के व्यवहार को मापने के लिए प्रथम विश्व में उपयोग किए जाने वाले विभिन्न चुनावी सर्वेक्षण का गहराई से महत्त्व बताता है। दुनिया के कई देशों में लोकप्रिय एग्ज़िट पोल्स के अलावा, अमेरिका और यूरोप में स्नैप पोल्स, ट्रैकिंग पोल्स और रोलिंग पोल्स सर्वेक्षण के सबसे प्रमुख प्रकार हैं। इस खंड में इनके फायदे और नुकसान के साथ इन चुनावों की अनूठी विशेषताओं पर भी विचार-विमर्श किया जाएगा और अंतिम खंड में दुनिया के अन्य देशों में चुनाव सर्वेक्षण की समानताओं और असमानताओं को जानने के एक विचार के साथ भारत में मतदान के व्यवहार को मापने के लिए इस्तेमाल किए जाने वाले चुनाव सर्वेक्षणों के लोकप्रिय प्रकार पर ध्यान केंद्रित किया जाएगा। यह ये भी पता लगाने का प्रयास करता है कि क्या भारत में मतदान के व्यवहार को मापने के लिए इस्तेमाल किए गए सर्वेक्षण पश्चिम में मतदान व्यवहार को मापने के लिए इस्तेमाल की जाने वाली विधि की उत्कृष्ट प्रतिकृति है या भारतीय परिस्थितियों के लिए उन विधियों का कोई अनुकूलन है। यह खंड तुलनात्मक रूप से भारत में इस्तेमाल किए गए सर्वेक्षणों की ताकत और कमजोरियों का विश्लेषण करता है जो विकास और उन्नति के मामले में भारत में सर्वेक्षण उद्योग की मौजूदा स्थिति का आकलन करने में मदद करेगा।

मतदान व्यवहार को मापने के लिए साक्षात्कार तकनीकों के प्रकार

मतदान व्यवहार को मापने के लिए एक चुनाव सर्वेक्षण के दौरान साक्षात्कार करने के लोकप्रिय प्रकार ईमेल का उपयोग कर साक्षात्कार, टेलीफोन पर साक्षात्कार आयोजित करना, आमने-सामने साक्षात्कार, साक्षात्कार की ड्रॉप-ऑफ सर्वेक्षण तकनीकें और ऑनलाइन सर्वेक्षण हैं। विकासशील देशों में चुनाव सर्वेक्षणों के दौरान साक्षात्कार का प्रमुख प्रकार आमने-सामने होने के मुकाबले प्रथम विश्व देशों में, चुनाव सर्वेक्षणों को अक्सर

टेलीफ़ोनिक रूप से आयोजित किया जाता है। विकसित देशों में टेलीफ़ोनिक साक्षात्कार करने का कारण यह है कि आमने-सामने साक्षात्कार में बहुत जनशक्ति की आवश्यकता पड़ती है और यह बहुत महंगा है। टेलीफ़ोनिक साक्षात्कारों के प्रकार में कई नवाचारों का प्रवेश और तकनीकी प्रगति हुई है और टेलीफ़ोन का उपयोग करके साक्षात्कार आयोजित करना अपेक्षाकृत अधिक विश्वसनीय और सटीक बन गया है। लेकिन भारत में मतदाताओं के व्यापक प्रतिनिधित्व के मतदान व्यवहार को मापने के लिए, आज भी आमने-सामने साक्षात्कार मुख्य रूप से सबसे लोकप्रिय साक्षात्कार प्रकार है क्योंकि सभी मतदाताओं की टेलीफ़ोन तक पहुंच नहीं होने के कारण टेलीफ़ोन का इस्तेमाल कर रहे मतदाताओं का यादृच्छिक नमूना चुनना मुश्किल हो सकता है। आमने-सामने प्रकार अभी भी साक्षात्कार का सबसे लोकप्रिय तरीका बना हुआ है, हालांकि चुनाव सर्वेक्षण करते समय टेलीफ़ोन और ऑनलाइन सर्वेक्षणों जैसे साक्षात्कार के अन्य तरीके भी मीडिया और बाजार अनुसंधान एजेंसियों के साथ लोकप्रिय होने लगे हैं।

आमने-सामने साक्षात्कार

इस प्रकार की साक्षात्कार विधि में, मतदाताओं के एक बड़े समूह का उपयोग करके मतदाताओं को चुना जाता है—शायद मतदाता सूची से, सीधे टेलीफ़ोन से, या यहां तक कि सरल यादृच्छिक विधि का उपयोग करके भी—और उसके बाद चुने गए मतदाताओं से उनके घर पर या उनके काम के स्थान पर साक्षात्कार के लिए संपर्क किया जाता है। भारत में चुनाव सर्वेक्षण के लिए, भारत के निर्वाचन आयोग द्वारा प्रदान की गई मतदाता सूची सभी पंजीकृत मतदाताओं के पते और अन्य विवरण प्रदान करती है। एक संरचित साक्षात्कार अनुसूची का उपयोग कर मतदाताओं से सवाल पूछा जाता है और मतदाताओं से उन सवालों के जवाब देने की उम्मीद की जाती है। आमने-सामने की स्थिति में साक्षात्कार के दौरान, किसी भी स्थिति में प्रश्नावली मतदाताओं को सौंपी नहीं जाती है। प्रशिक्षित कार्यक्षेत्र अन्वेषक स्वयं प्रतिवादी का साक्षात्कार करते हैं और एक सर्वेक्षण अनुसूची या प्रश्नावली पर जवाब अंकित करते हैं।

इंटरव्यू आयोजित करने की आमने-सामने विधि का उपयोग करने में कई लाभ हैं। पिछले कुछ वर्षों में, विशेषकर शहरी स्थानों में चुनाव सर्वेक्षण में मतदाताओं की रुचि में कुछ कमी आई है। चुनाव सर्वेक्षण में मतदाताओं की रुचि में कुछ गिरावट आने के कारण, यदि कोई मेल सर्वेक्षण, ईमेल सर्वेक्षण या टेलीफ़ोन पर साक्षात्कार जैसे साक्षात्कार के अन्य तरीकों का

साक्षात्कार आयोजित करने के लिए उपयोग किया जाता है, तो प्रतिक्रिया न देने की संभावना बहुत अधिक होगी। आमने-सामने साक्षात्कार की स्थिति प्रतिक्रिया न देने की समस्या को कम करने में मदद करती है। अगर साक्षात्कार के समय अन्वेषक उपस्थित न हो तो इसकी तुलना में अगर अन्वेषकों के साथ आमने-सामने साक्षात्कार होता है तो इच्छुक मतदाताओं की साक्षात्कार देने की संभावना ज्यादा होती है। आमने-सामने साक्षात्कार की स्थिति में, कार्यक्षेत्र अन्वेषक प्रतिवादी पर अधिक नियंत्रण रखता है। अन्वेषक, सर्वेक्षण के उद्देश्य को बता कर, वह कैसे चुने गए, उनकी राय क्यों महत्त्वपूर्ण है और नमूनाकृत मतदाताओं को उनकी प्रतिक्रियाओं के बारे में गोपनीयता का आश्वासन देकर साक्षात्कार देने के लिए सहमत कर सकते हैं। आमने-सामने के साक्षात्कार की स्थिति में, कार्यक्षेत्र अन्वेषक साक्षात्कार के दौरान दृश्य या तस्वीर जैसे विभिन्न उपादानों का उपयोग कर सकते हैं। यह साक्षात्कार के दौरान नमूनाकृत मतदाताओं की एकरसता को तोड़ने में मदद करता है।

जबकि आमने-सामने साक्षात्कार के कई फायदे हैं, साथ ही साथ इसकी विभिन्न सीमाएं भी हैं। मेल, पोस्ट या टेलीफ़ोनिक जैसे साक्षात्कार के अन्य रूपों की तुलना में आमने-सामने साक्षात्कार में प्रचुर पूंजी और जनशक्ति लगती है। साक्षात्कार के अन्य प्रकार के विपरीत, आमने-सामने की स्थिति में आयोजित साक्षात्कार में बहुत समय लगता है और यह एक लंबी प्रक्रिया है। इसके लिए प्रशिक्षित कार्यक्षेत्र अन्वेषकों और पर्यवेक्षकों की आवश्यकता होती है जो सर्वेक्षण अनुसंधान और साक्षात्कार तकनीक में प्रशिक्षित होते हैं। आमने-सामने साक्षात्कार, साक्षात्कारकर्ताओं के पक्षपात और व्यक्तिपरकता से पीड़ित हैं, जिसका परिणाम मापन में उच्च त्रुटि हो सकता है। साथ ही आमने-सामने साक्षात्कार की स्थिति में, अन्वेषक आसानी से साक्षात्कारकर्ता के प्रमुख प्रश्नों से प्रभावित हो सकते हैं। प्रगणकों के चेहरे का भाव, इशारा, और शरीर की भाषा उत्तरदाताओं को जवाब की ओर ले जा सकती है कि वे क्या सोचते हैं जो साक्षात्कारकर्ता सुनना चाहता है। इस तरह कई मतदाता जवाब देने के लिए मजबूर महसूस करते हैं कि वे क्या सोचते हैं जो राजनीतिक रूप से सही और सामाजिक रूप से स्वीकार्य हो।

मेल/डाक का प्रयोग करके साक्षात्कार

साक्षात्कार की विधि के रूप में मेल या डाक का इस्तेमाल करना, लक्षित समूह के पते या मतदाता सूची का उपयोग करके उनके पते के विवरण के साथ मतदाताओं को पहले चुना जाता है। एक बार जब साक्षात्कार करने के लिए मतदाताओं का नमूना लिया जाता है, तो

आमतौर पर नमूने वाले उत्तरदाताओं को एक अग्रिम सूचना पत्र भेज दिया जाता है जो उन्हें सूचित करता है कि उन्हें सर्वेक्षण के लिए चुना गया है। अग्रिम सूचना के बाद सभी चयनित उत्तरदाताओं को वास्तविक सर्वेक्षण प्रश्नावली मेल/डाक द्वारा भेजी जाती है। यह उम्मीद की जाती है कि नमूने वाले मतदाता पूर्व-मुद्रांकित लिफाफे जो आमतौर पर प्रश्नावली से संलग्न होता है, का उपयोग करते हुए शोधकर्ता या संस्था को भरी हुई प्रश्नावली वापस मेल करेंगे। यदि नमूनाकृत मतदाता निर्धारित समय के भीतर भरी हुई प्रश्नावली को वापस नहीं भेजता है, तो एक अनुरोध के साथ एक अनुस्मारक पोस्टकार्ड उसको प्रश्नावली लौटाने के लिए भेजा जाता है। यदि नमूनाधारित मतदाता पहला अनुस्मारक प्राप्त करने के बाद भरी हुई प्रश्नावली वापस नहीं भेजते हैं, तो उन्हें आमतौर पर दूसरा अनुस्मारक भेजा जाता है। हालांकि ऑनलाइन साक्षात्कार तेजी से लोकप्रिय होते जा रहे हैं, अधिकांश देशों में मेल की व्यापक पहुंच और कार्यक्षेत्र व्याप्ति के कारण साक्षात्कार का यह तरीका अब भी व्यापक रूप से इस्तेमाल किया जा रहा है।

मतदान व्यवहार को मापने के लिए सर्वेक्षण के दौरान मेल विधि का उपयोग करते हुए साक्षात्कार आयोजित करने के गुण हैं: पहला, इसे कम वित्तीय संसाधनों की आवश्यकता होती है और अपेक्षाकृत कम मानव संसाधन की भी। इसलिए साक्षात्कार की यह विधि लागत और जनशक्ति दोनों के लिए प्रभावी है। इसका कारण यह है कि मतदाताओं को स्वयं प्रश्नावली को भरना पड़ता है और ऐसी स्थिति में प्रतिक्रियाओं को दर्ज करने के लिए कार्यक्षेत्र गणनाकारों की उपस्थिति की मांग नहीं रहती है। साक्षात्कार की मेल विधि का उपयोग करने का लाभ यह है कि साक्षात्कारों को प्रशिक्षित कार्यक्षेत्र जांचकर्ताओं जो साक्षात्कार आयोजित करने में पेशेवर विशेषज्ञता रखते हैं, के बिना आयोजित किया जा सकता है। मेल साक्षात्कार का एक और लाभ यह है कि मतदाता को अपने उत्तरों के बारे में गोपनीयता बनाए रखने की अधिक से अधिक गुंजाइश रहती है क्योंकि वह किसी और की उपस्थिति के बिना प्रतिक्रियाओं को भर सकते हैं। यह संवेदनशील या सामाजिक रूप से अवांछनीय प्रश्नों या प्रश्न जो प्रकृति में गोपनीय हैं, का उत्तर देने के लिए बहुत उपयोगी होता है। अंत में, क्योंकि इसमें कोई भी जांचकर्ता शामिल नहीं है, यह साक्षात्कारकर्ता के पक्षपात और व्यक्तिपरकता को दूर रखने में मदद करता है जो कठोर प्रशिक्षण के बावजूद आमतौर पर आमने-सामने साक्षात्कार की स्थिति में हो ही जाता है।

हालांकि, अन्य साक्षात्कार तकनीक के मुकाबले मेल साक्षात्कार में कुछ अंतर्निहित कमजोरियां भी हैं। मेल साक्षात्कार के परिणामस्वरूप एक गैर-कार्यक्षेत्र व्याप्ति की त्रुटि हो सकती है, क्योंकि कभी-कभी पते की सूची के मतदाता सूची में जहां से मतदाताओं

का नमूना तैयार किया गया हो, उद्दिनांकित नहीं किया गया होता है। इस प्रकार, मतदाता जो पते की सूची में या मतदाता सूची जहां से नमूना तैयार किया जाता है में सूचीबद्ध नहीं हैं, कार्यक्षेत्र व्याप्ति की त्रुटि के परिणामस्वरूप स्वतः सर्वेक्षण से बाहर हो जाते हैं। किसी भी समय पते की पूरी अद्यतन सूची प्राप्त करना थोड़ा मुश्किल है। मेल सर्वेक्षणों को उच्चतर गैर-प्रतिक्रिया भी भुगतनी पड़ती है क्योंकि यदि साक्षात्कार के लिए मतदाताओं से स्वयं संपर्क किया जाता है तो इसकी तुलना में मतदाता आमतौर पर मेल से भेजी गई प्रश्नावली पर प्रतिक्रिया कम देते हैं। प्रश्नावली भरने और उन्हें वापस भेजने के लिए चुने गए मतदाताओं को भेजे गए अनुस्मारक भी इस समस्या का पूरी तरह से समाधान नहीं करते हैं। तीसरा, नमूना चयन में निहित पूर्वाग्रह का एक तत्व है, क्योंकि मेल साक्षात्कार केवल उन मतदाताओं के लिए ही आयोजित किए जा सकते हैं जो शिक्षित होते हैं, जो पढ़ और लिख सकते हैं। साक्षात्कार की मेल विधि का इस्तेमाल मतदाताओं के एक व्यापक प्रतिनिधित्व के मतदान व्यवहार को मापने के उद्देश्य से साक्षात्कार आयोजित करने के लिए नहीं किया जा सकता। इसके अलावा साक्षात्कार की यह विधि, जिन्होंने वास्तव में सवालों का जवाब भरा/उत्तर दिया, पर कोई नियंत्रण नहीं होने की कमजोरी से ग्रस्त है। नमूने वाले मतदाताओं की बजाय किसी और के जवाब देने की संभावनाएं हैं। मेल साक्षात्कारों में, कभी भी यह सुनिश्चित नहीं किया जा सकता कि प्रश्नावली पर चिन्हित प्रतिक्रियाएं वास्तव में उन मतदाताओं की राय हैं जिन्हें नमूना दिया गया था या क्या उस घर में किसी और की प्रतिक्रियाएं थीं। चूंकि अधिकांश मतदान व्यवहार अध्ययन थोड़े समय में साक्षात्कारों के आयोजन की मांग करते हैं, इसलिए साक्षात्कार की मेल विधि, चुनाव सर्वेक्षणों के लिए साक्षात्कार करने के लिए पूरी तरह उपयोगी नहीं हैं।

टेलीफ़ोन सर्वेक्षण

साक्षात्कार की इस विधि में, चयनित मतदाताओं के साथ साक्षात्कार टेलीफ़ोन पर आयोजित किए जाते हैं। एक टेलीफ़ोन निर्देशिका या येल्लो पेजेस से या इसी तरह की सूची से मतदाताओं का नमूना लिया जाता है। नमूने का चयन एक यादृच्छिक संख्या सॉफ्टवेयर तकनीक से किया जाता है जिसे टेलीफ़ोन सहायता सर्वेक्षण के लिए विकसित किया गया है और वो मतदाताओं की सूची का उपयोग करके नमूना चयन की हस्तचालित यादृच्छिक विधि जैसी सुदृढ़ है। जिन लोगों को नमूने में चुना गया है, उनका पहले फोन कॉल के समय या किसी अन्य समय पर उनकी सुविधा के अनुसार साक्षात्कार लिया जाता

है। साक्षात्कारकर्ता मतदाताओं के उत्तरों को किसी सर्वेक्षण प्रारूप पर अंकित करते हैं या सीधे कंप्यूटर में अंकित करते हैं। मतदाता व्यवहार और रुख को मापने के लिए प्रथम विश्व में टेलीफ़ोन सर्वेक्षण बहुत लोकप्रिय है, लेकिन भारत में यह अभी भी संभव नहीं है, क्योंकि अधिकांश मतदाताओं के पास टेलीफ़ोन संयोजकता नहीं है।

साक्षात्कार के इस प्रकार की ताकत इस प्रकार है: (अ) यदि चुनाव के अध्ययन का विषय उत्तरदाताओं के लिए सामयिक और दिलचस्प है, तो गैर-प्रतिक्रिया त्रुटि बहुत कम होती है; (ब) टेलीफ़ोन सर्वेक्षण का सबसे बड़ा लाभ यह है कि यह त्वरित परिणाम पेश करने की क्षमता रखता है। आमने-सामने साक्षात्कार तकनीकों का उपयोग करते हुए साक्षात्कार की संख्या की तुलना में साक्षात्कारकर्ता किसी निश्चित समय अवधि में अधिक टेलीफ़ोनिक साक्षात्कारों को पूरा कर सकते हैं। चूंकि साक्षात्कारों को टेलीफ़ोन पर मुख्य रूप से आयोजित किया जाता है, इसलिए साक्षात्कार बेहतर नियंत्रित हो सकते हैं क्योंकि पर्यवेक्षक किसी भी समस्या से निपट सकते हैं जो तुरंत मौके पर पैदा हो सकती हैं। यह प्रतिवादी/मतदाताओं पर बेहतर नियंत्रण की सुविधा भी देता है क्योंकि साक्षात्कारकर्ता उन्हें सभी सवालों के जवाब देने के लिए प्रोत्साहित कर/मना सकता है। यह दूसरों के प्रभाव और हस्तक्षेप से बचने में भी सहायक होता है जैसा कि प्रतिवादी के निवास या काम के स्थान पर घटित होता है; और (स) आमने-सामने साक्षात्कार के साथ तुलना में यह अनुभवजन्य सर्वेक्षण करने के लिए एक बहुत सस्ता तरीका है।

टेलीफ़ोन साक्षात्कार की कुछ अंतर्निहित कमजोरियां भी हैं जैसे: (अ) अध्ययन के ब्रह्मांड में हर किसी (मतदाताओं) के पास टेलीफ़ोन नहीं हो सकता है। इसलिए लोगों के एक उपसमूह को सर्वेक्षण से यंत्रवत् बाहर रखा गया है जिसके परिणामस्वरूप गंभीर कार्यक्षेत्र व्याप्ति की त्रुटि होती है; (ब) इस सर्वेक्षण की कमजोरी यह है कि कुछ लोगों की अन्य के मुकाबले टेलीफ़ोन साक्षात्कार में प्रतिक्रिया देने की संभावना कम है। इस प्रकार गैर-प्रतिक्रिया त्रुटि एक गंभीर समस्या हो सकती है; (स) समस्या यह है कि अधिकांश मामलों में टेलीफ़ोन निर्देशिका जहां से नमूना-चयन किया जाता है, पुरानी या अपूर्ण है और नियमित रूप से अद्यतन नहीं है; (द) इस तरह के साक्षात्कार की कमजोरी इसे आयोजित करने के लिए एक अनुभवी पर्यवेक्षक का अवश्य होना है। इस प्रकार टेलीफ़ोन साक्षात्कार में सटीक परिणाम प्राप्त करने के लिए प्रशिक्षित और वास्तव में अनुभवी शोधकर्ताओं की आवश्यकता होती है; (य) साक्षात्कार की इस विधि में, विभिन्न मुखर त्रुटियों के परिणामस्वरूप मापन त्रुटियों की उच्च संभावनाएं होती हैं, प्रतिवादी प्रतिक्रिया को पढ़ने और सुनने में गलती कर सकता है, अन्वेषक द्वारा क्या पूछा गया था, मतदाता

सुनने में गलती कर सकता है। टेलीफ़ोन साक्षात्कारों के दौरान, कुछ निर्वाचन मुद्दों पर कई नमूनाकृत मतदाता अपनी वास्तविक राय शायद प्रकट नहीं करें और ऐसे उत्तर देते हैं जो उन्हें राजनीतिक रूप से सही और सामाजिक रूप से स्वीकार्य लगते हों।

चुनावी व्यवहार को मापने के लिए चुनाव सर्वेक्षण के दौरान साक्षात्कार करने के इन तीन तरीकों के अलावा, अन्य प्रकार के सर्वेक्षण जैसे ड्रॉप-ऑफ और ऑनलाइन सर्वेक्षण भी हैं। ड्रॉप-ऑफ चुनावी सर्वेक्षण एक सुविधाजनक दृष्टिकोण से आमने-सामने साक्षात्कार और मेल सर्वेक्षण की विशेषताओं को संयुक्त करते हैं। सर्वेक्षण के इस प्रकार में, कार्यक्षेत्र अन्वेषक नमूने वाले मतदाताओं को उनके निवास या काम के स्थान पर अपने हाथों से प्रश्नावली देता है। प्रतिवादी खुद से प्रश्नावली पूरी करते हैं और फिर या तो मेल द्वारा उन्हें वापस भेजते हैं या उन्हें ले जाने के लिए कार्यक्षेत्र अन्वेषक के लिए रखे रहते हैं। ऑनलाइन चुनाव सर्वेक्षण इंटरनेट के माध्यम से नमूना प्रतिवादियों के लिए प्रश्नावली भेजकर और दर्ज किए गए उत्तरों द्वारा आयोजित किए जाते हैं। हालांकि, भारत में मतदाताओं के व्यापक प्रतिनिधित्व की राय और रुख को मापने के लिए सर्वेक्षण का यह प्रकार इस्तेमाल नहीं किया जा सकता क्योंकि इंटरनेट का उपयोग अब भी बहुत कम है।

प्रथम विश्व में लोकप्रिय चुनाव पोल

विभिन्न प्रकार के जनमत सर्वेक्षण हैं, जो चुनाव के अध्ययन और मतदान के व्यवहार को मापने के लिए दुनिया के विभिन्न देशों में उपयोग किए जाते हैं। आमतौर पर इस्तेमाल किए जाने वाले जनमत सर्वेक्षणों के प्रकार प्री-पोल, एग्ज़िट पोल, ट्रैकर पोल, स्नैप पोल और रोलिंग पोल हैं। हालांकि, ट्रैकर पोल, स्नैप पोल, और रोलिंग पोल सर्वेक्षण हैं जो प्रथम विश्व में लोकप्रिय हैं और इन्हें विकासशील देशों में इतना इस्तेमाल नहीं किया जाता है। इन चुनावों का एक त्वरित रेखाचित्र, उनको करने का उद्देश्य, और उनकी प्रक्रियात्मक बारीकियों को दुनिया के अन्य भागों तथा अधिक विशेष रूप से भारत में उपयोग किए जाने वाले चुनाव सर्वेक्षणों के साथ उनकी विशिष्टता और विभेदन को समझने में सहायक होगा। यह अध्याय बाद में भारत में लोकप्रिय रूप से उपयोग किए जाने वाले चुनावों का विश्लेषण करने के लिए एक समग्र और तुलनात्मक परिप्रेक्ष्य भी प्रदान करेगा।

स्नैप पोल: जैसा कि शब्दावली बतलाती है कि स्नैप पोल आमतौर पर महत्त्वपूर्ण मुद्दों पर लोगों के मिजाज़ की जांच करने के लिए एक अल्प अवधि सूचना के भीतर किया जाता है, जो राजनीतिक, आर्थिक आदि हो सकते हैं, और अवलंबी सरकार के

चुनावी भाग्य को प्रभावित कर सकते हैं। चुनाव का उद्देश्य लोगों या मतदाताओं से तुरंत संपर्क करना और उन मुद्दों पर जो एक विशेष समय पर तेजी से बदलते हैं और निष्कर्ष प्रकट करते हैं, पर उनकी राय पता करना है। स्नैप पोल शीघ्रता से तुरंत उपयोग के लिए जानकारी एकत्र करते हैं और आमतौर पर अंततः मतदाताओं की राय और रुख पर नज़र रखने के उद्देश्य से नहीं होते हैं। इस प्रकार तकनीकी रूप से यह शब्दावली के सही अर्थ में मतदान व्यवहार को मापने के लिए एक चुनाव सर्वेक्षण नहीं है। यह लोगों के हित के लिए महत्त्वपूर्ण किसी भी मुद्दे पर मतदाता की राय का आशुचित्र प्राप्त करने के लिए व्यापक रूप से मतदान सर्वेक्षक द्वारा उपयोग किया जाता है। यह सर्वेक्षण अन्य प्रकार के चुनाव सर्वेक्षणों के सभी मानदंडों का पालन करता है जैसे यादृच्छिक नमूना, पर्याप्त नमूना आकार और औपचारिक प्रश्नावली।

भारत में हुए 2007 में भारत-अमेरिका परमाणु समझौते पर संसदीय चर्चा के दौरान हुआ स्नैप पोल्स इसका एक अच्छा उदाहरण था, जब यूपीए सरकार का समर्थन करने वाले वाम दल ने अवलंबी यूपीए सरकार से समर्थन वापस लेने का फैसला किया। सीएसडीएस-सीएनएन-आईबीएन द्वारा एक स्नैप पोल आयोजित किया गया ताकि परमाणु समझौते के मुद्दे पर लोगों के विचार और तर्कसंगत समस्याओं जैसे कि क्या वामपंथियों द्वारा समर्थन वापस लेने की धमकी सही या गलत है, आदि का पता लग सके। इस स्नैप पोल के लिए साक्षात्कार कार्यक्रम की लंबाई आमतौर पर कुछ प्रश्नों के साथ कम होती है, ताकि साक्षात्कार को जल्दी से पूरा किया जा सके। इस सर्वेक्षण के फायदों में से एक यह है कि यदि आवश्यकता हो, तो मुद्दों पर मतदाताओं के बदलते मिज़ाज का पता लगाने के लिए इसे भविष्य में फिर से दोहराया जा सकता है यदि वह अभी भी प्रासंगिक है और एक ट्रैकिंग पोल में परिवर्तित हो गया है। अन्य प्रकार के सर्वेक्षणों की तुलना में, इसका एक टिकाऊ अचल जीवन नहीं है, क्योंकि जिन मुद्दों पर ऐसे सर्वेक्षण आयोजित किए जाते हैं, वे आमतौर पर वर्तमान मुद्दे होते हैं, जो अंततः महत्त्व खो सकते हैं। अन्य तरीकों की तुलना में स्नैप पोल मीडिया में अधिक लोकप्रिय हैं।

ट्रैकिंग पोल्स: यह सर्वेक्षण की एक विधि है, जो आमतौर पर कुछ मुद्दों पर लोगों की बदलती राय को मापने के लिए की जाती है। इस तरह का सर्वेक्षण अमेरिका में बहुत लोकप्रिय है, जिसका उपयोग मतदाता की राय और विकल्पों के आधार पर राजनीतिक नेताओं और पार्टियों की बदलती लोकप्रियता रेटिंग पर नज़र रखने के लिए किया जाता है। साक्षात्कार संक्षिप्त अंतराल के बाद आयोजित किए जाते हैं, हालांकि इस अंतराल को किस प्रकार निर्धारित किया जाना चाहिए, इसका कोई निर्धारित समय नहीं है। कोई भी हर

हफ्ते, पखवाड़े, हर महीने, हर छह महीने के बाद, या बहुत अधिक समय अवधि के बाद भी इसे दोहरा सकता है। समय अंतराल अलग-अलग हो सकता है, लेकिन जो प्रश्न हम पूछना चाहते हैं, उन्हें बदला जाना चाहिए। इस तरह के सर्वेक्षण आमतौर पर चुनाव में उम्मीदवारों, विभिन्न नेताओं की लोकप्रियता रेटिंग, राजनीतिक दलों के बदलते हुए समर्थन आधार, मतदाताओं के मतदान के इरादों को मापने, आदि के लिए लोकप्रिय समर्थन को मापने के लिए उपयोग किये जाते हैं। ट्रैकिंग पोल एक निर्धारित समय के लिए राय और रूझानों की बदलती प्रकृति को मापने में सहायक होते हैं। यह कई कारकों जिनपर मतदाताओं ने समर्थन करने का अपना निर्णय लिया और जो समय की अवधि के बाद बदल जाता है पर निर्भर करते हुए समर्थन की ऊपरी या निम्न प्रवृत्तियों का पता लगाता है। इस प्रकार अमेरिका के राष्ट्रपति पद के उम्मीदवार के ट्रैकिंग पोल्स की शुरुआत प्राथमिक स्तर पर होती है और अमेरिकी राष्ट्रपति के चुनावों के लिए अंतिम मतदान के साथ समाप्त होती है।

ट्रैकिंग पोल्स दीर्घावधि तक नजर रखने के आधार पर मत की हिस्सेदारी के रुझान दिखाते हैं जिसमें नमूना प्रतिवादियों के एक ही समूह से राय एकत्रित की जाती है और अंत में चुनाव के विजेता की भविष्यवाणी की जाती है। ये सर्वेक्षण अलग-अलग राय सर्वेक्षण संगठनों द्वारा किया जाता है। ट्रैकिंग पोल्स वैज्ञानिक सर्वेक्षणों पर आधारित हैं और किसी मानक चुनाव सर्वेक्षण के लिए सभी निर्धारित क्रमाचार का पालन करते हैं। कुछ प्रश्न सभी सर्वेक्षणो में समान रहते हैं लेकिन हर दौर में नए प्रश्न जो विषय-क्षेत्र-संबंधी व वर्तमान होते हैं, जोड़े जाते हैं और उम्मीदवारों के लिए रुझानों में उतार-चढ़ाव की व्याख्या में मदद करते हैं। इस सर्वेक्षण का सबसे महत्त्वपूर्ण पहलू यह है कि यह चुनाव बहस और महत्त्वपूर्ण राष्ट्रीय मुद्दों पर पार्टियों द्वारा उठाए गए कदम तथा अगर सत्ता में आ गए तो उन्हें संबोधित करने के तरीकों के आधार पर लंबे समय तक उम्मीदवारों और पार्टियों के लिए लाभ और हानियों का विवरण देता है।

रोलिंग पोल्स: इस तरह के चुनाव का इस्तेमाल भी आमतौर पर दुनिया के कई लोकतांत्रिक देशों में मीडिया द्वारा मतदान व्यवहार और रुख को मापने के लिए किया जाता है। जैसा कि शब्दावली से पता चलता है, सर्वेक्षणो के कई दौर हैं, जो एक क्रमबद्ध तरीके से आयोजित किए जाते हैं, जिसको अंत में एक बड़े सर्वेक्षण में शामिल किया जाता है। रोलिंग पोल्स एक समयावधि के दौरान कराए गए कई सर्वेक्षण हैं और हर दौर में आंकड़े मतदाताओं के प्रतिनिधि नमूने से एकत्र किए जाते हैं। प्रत्येक दौर में, प्रतिनिधि मतदाताओं के एक छोटे से नमूने के माध्यम से साक्षात्कार आयोजित किए जाते हैं, दोबारा तैयार करके और प्रत्येक दौर से निष्कर्षों पर अलग से और नमूना आकार और बड़ा बनाने वाले पिछले

नमूनों के साथ नए नमूने को विलीन करने के बाद भी निष्कर्ष सूचित किया जाता है। इस प्रकार सर्वेक्षणों के हर दौर के बाद, आंकड़ों को जोड़ दिया जाता है और इसकी समाप्ति पर यह अंततः एक एकल सर्वेक्षण हो जाता है। ट्रैकिंग पोल्स की तरह इस सर्वेक्षण में पार्टियों की लोकप्रियता, उम्मीदवारों, मतदाताओं की पसंद जैसे कुछ सवाल शामिल होते हैं, जो आम हैं और चुनाव के हर दौर में पूछे जाते हैं लेकिन यह उन सभी दौरों में प्रश्नों को शामिल करने के लिए खुले रहते हैं, जो वर्तमान मुद्दे हैं और सामयिक हैं। इस सर्वेक्षण में लाभ यह है कि यह शोधकर्ता को हर दौर के सर्वेक्षण में नए प्रश्न जोड़ने के लिए सक्षम बनाता है जो एक अभियान की प्रगति के रूप में सामने आ सकता है। यदि हम एक बार में एक बड़ा सर्वेक्षण करने की योजना बनाते हैं, तो सवाल शुरु से ही तय हो जाएंगे और सर्वेक्षण में कोई भी नया प्रश्न जोड़ने की कोई संभावना नहीं होगी।

इस सर्वेक्षण का सबसे बड़ा फायदा यह है कि यह समय-समय पर चुनाव के रुझान का पता लगा सकता है और प्रत्येक चुनाव के बाद इकट्ठा किए गए आंकड़ों का इस्तेमाल किया जा सकता है और अंतिम रोल के अंत के बाद इसे एक बड़ा सर्वेक्षण बनाने के लिए जोड़ा जा सकता है जिसका उपयोग मतदान व्यवहार को मापने और चुनाव परिणामों की सटीक भविष्यवाणी करने के लिए किया जाता है। हालांकि, ट्रैकिंग पोल और रोलिंग पोल के बीच एक बड़ा अंतर है। एक निर्धारित समय के लिए समान प्रतिवादियों के बीच ट्रैकिंग पोल आयोजित किए जाते हैं और प्रत्येक पोल एक अलग सर्वेक्षण है। दूसरी ओर, रोलिंग पोल के प्रत्येक दौर को विभिन्न नमूनों के बीच आयोजित किया जाता है और यह भी एक अलग सर्वेक्षण है, लेकिन अंत में एक एकल सर्वेक्षण बनाने के लिए इसे विलय किया जा सकता है। इस प्रकार चुनावी व्यवहार और रुख की गणना के लिए इसमें ट्रैकिंग पोल्स और एक ही समय पर एक बड़े सर्वेक्षण दोनों के फायदे भी होते हैं।

भारत में चुनाव सर्वेक्षण के प्रकार

भारतीय मतदाताओं के मतदान व्यवहार और रुख को मापने के लिए, चुनावों के दौरान चुनाव-पूर्व सर्वेक्षण और एग्ज़िट पोल्स का इस्तेमाल मीडिया और बाजार अनुसंधान संगठन द्वारा लोकप्रिय रूप से किया जाता है। भारत में, हालांकि एग्ज़िट पोल चुनाव सर्वेक्षण की सबसे लोकप्रिय विधि है, इसे मतदान के व्यवहार की गणना करने के लिए सबसे अशुद्ध माना जाता है। सीएसडीएस द्वारा भारत में चुनाव-पश्चात मतदान सर्वेक्षण नामक एक अभिनव प्रकार के पोल का विकास किया गया, जिसमें निर्वाचक वर्ग के व्यवहार

और रुख का पता लगाने के लिए सांख्यिकीय सटीकता के उच्चतम स्तर की पुष्टि की गई। सीएसडीएस द्वारा विकसित चुनाव-पश्चात सर्वेक्षण ने भारत और विदेशों में शिक्षाविदों और शोधकर्ताओं की कल्पना को आकर्षित किया है और भारतीय निर्वाचक वर्ग के मतदान व्यवहार का अध्ययन करने के लिए अक्सर इसका इस्तेमाल किया जाता है।

चुनावों के प्रकार जिनके साथ लोग भारत में बहुत परिचित हैं वो चुनाव-पूर्व और एग्ज़िट पोल्स सर्वेक्षण हैं। एक चुनाव-पूर्व सर्वेक्षण जैसा कि नाम इंगित करता है, एक चुनाव सर्वेक्षण है जिसे राजनीतिक दलों, चुनाव लड़ने वाले उम्मीदवारों, और राजनीतिक नेताओं के बारे में लोकप्रिय विकल्प को मापने के लिए चुनावों से पहले आयोजित किया जाता है। यह मतदाताओं के विभिन्न वर्गों के बीच मतदान व्यवहार को मापने में भी मदद करता है। चुनाव-पूर्व सर्वेक्षण चुनाव से पहले आयोजित किए जाते हैं, लेकिन चुनाव-पूर्व सर्वेक्षण के आयोजन का कोई निश्चित समय नहीं है। ये चुनाव से कुछ महीने पहले, चुनाव से एक महीने पहले हो सकता है, या चुनावों के कुछ हफ्ते पहले हो सकता है। विस्तार से यह देखा गया है कि नेताओं की लोकप्रियता का आकलन करने और संभावित मुद्दों का आकलन करने के लिए राजनीतिक नेता और राजनीतिक दल चुनाव-पूर्व सर्वेक्षण चुनाव से कुछ महीने पहले करा देते हैं। दलों के लिए, चुनाव-पूर्व सर्वेक्षण चुनाव में दल की संभावनाओं का एक सही चित्र दिखाता है, उन मुद्दों को खोजता है जो चुनावों में असर डालते हैं, उन सीटों की पहचान करते हैं जहां वे मजबूत या कमजोर हैं और सबसे महत्त्वपूर्ण बात यह है कि विभिन्न जाति समुदायों में उनका समर्थन आधार। जबकि कुछ महीने पहले किए गए चुनाव-पूर्व सर्वेक्षण से उम्मीदवारों और राजनीतिक दलों के मुद्दों, ताकत और कमजोरियों को चिन्हित करने में मदद मिलती है, ऐसे चुनाव-पूर्व सर्वेक्षण से राजनीतिक दल के समर्थन के आधार का सही मूल्यांकन करने में शायद ही कोई मदद मिलती है। यह मुख्य रूप से इसलिए क्योंकि मतदाताओं का एक बड़ा हिस्सा इस तरह के एक उन्नत स्तर पर किस पार्टी को मत दें, इसपर अपना मन नहीं बनाता है। ऐसे जनमत सर्वेक्षणों पर बहुत अधिक भरोसा रखने वाले राजनीतिक दल, यह महसूस करने के लिए बाध्य हैं कि ये जनमत सर्वेक्षण गलत थे।

संरचित साक्षात्कार अनुसूची का उपयोग करते हुए आमने-सामने साक्षात्कार स्थिति में साक्षात्कार आयोजित होने के साथ मतदान के व्यवहार को मापने के लिए मीडिया घरानों द्वारा चुनाव-पूर्व सर्वेक्षण का आयोजन मतदाताओं के बड़े नमूनों के आधार पर किया जाता है। हालांकि नमूना विवरण का हमेशा खुलासा नहीं किया जाता है, चुनाव विशेषज्ञ और मतदान सर्वेक्षक मानते हैं कि न तो वे मतदाता क्षेत्र में स्थानों का चयन करने के लिए नमूना

चयन की वैज्ञानिक विधि का उपयोग करते हैं और न ही वे सर्वेक्षण के लिए मतदाताओं का चयन करने के लिए वैज्ञानिक विधि का उपयोग करते हैं। वे आमतौर पर कोटा नमूना-चयन नामक नमूने के एक आसान तरीके का सहारा लेते हैं। मीडिया द्वारा किए गए सर्वेक्षण मुख्यतः मतदाता राय के आधार पर राजनीतिक दलों और उम्मीदवारों की लोकप्रियता को जानने के उद्देश्य के लिए होते हैं। मीडिया के लिए, चुनाव-पूर्व सर्वेक्षण के निष्कर्ष एक जानकारी है, जो राजनीतिक परिचर्चा और बहस के लिए चर्चा का विषय बनते हैं। कुछ ऐसे चुनावों के निष्कर्ष कुछ राजनीतिक दलों और उम्मीदवारों के लिए अभियान के एजेंडे को निर्धारित करने में भी मदद करते हैं।

दूसरी ओर, सीएसडीएस जैसे अकादमिक संस्थाएं, भारतीय मतदाताओं के समग्र मतदाता रुझानों, स्वरूपों और मिज़ाज को जानने के लिए चुनाव-पूर्व सर्वेक्षण का आयोजन करते हैं। यह सर्वेक्षण निर्वाचक वर्ग के मतदान के इरादों को जानने, शासन से जुड़े मुद्दों पर मतदाताओं की राय को मापने, राज्य सरकार द्वारा किए गए कार्य के साथ संतोष का स्तर, विभिन्न नेताओं के लोकप्रियता पैमाने और इसी तरह के मुद्दों का पता लगाने पर केंद्रित है। यह अपने पूर्ववर्तियों, मतदाताओं की जागरूकता, चुनावी मुद्दों के स्तर, और मतदाताओं के मतों के फैसले पर उनके संभावित प्रभाव के साथ अवलंबी सरकार के प्रदर्शन की तुलना करता है। सीएसडीएस के चुनाव-पूर्व सर्वेक्षण की एक महत्त्वपूर्ण विशेषता जो इसे अन्य सर्वेक्षणों से अलग बनाती है, वह "बहुस्तरीय व्यवस्थित यादृच्छिक नमूना-चयन" नामक नमूना-चयन तकनीक की एक वैज्ञानिक विधि का उपयोग है। यह नमूना-चयन तकनीक काफी सुदृढ़ है और सीएसडीएस द्वारा एकत्रित राय रुखों के आंकड़े अन्य संगठनों/एजेंसियों द्वारा एकत्र आंकड़ों के मुकाबले काफी प्रतिरूप और सटीक हैं।

मतदान व्यवहार को मापने के लिए चुनाव-पूर्व सर्वेक्षण के आयोजन के लाभ हैं: पहला, यह चुनावों से पहले मौजूदा राजनीतिक परिदृश्य की एक झलक देता है, मुद्दे जो आम मतदाताओं से संबंधित हैं, लोग कैसे सरकार के काम का मूल्यांकन करते हैं, लोग कैसे विभिन्न राजनीतिक नेताओं का मूल्यांकन करते हैं और ऐसे कई तरह के संबंधित मुद्दे। यदि चुनाव-पूर्व सर्वेक्षणों के निष्कर्ष को गंभीरता से लिया जाता है तो एक तरह से यह चुनाव अभियान के सुर को स्थापित करने में मदद करता है। यह राजनीतिक नेताओं की लोकप्रियता, राजनीतिक दलों की ताकत, कमजोरी का आकलन करने और मतदान के इरादों का आकलन करने में भी मदद करता है। कभी-कभी मत हिस्सेदारी आकलन का भी अनुमान लगाया जाता है कि कौन सी पार्टी के कितने सीट जीतने की संभावना है। हालांकि चुनाव से पहले मतदाताओं के मतदान व्यवहार और रुख का अध्ययन करने में

चुनाव-पूर्व सर्वेक्षण उपयोगी होता है, इसके दो प्रमुख ही नुकसान इसके खिलाफ हैं: यह उन मतदाताओं को ढूंढने में विफल रहता है, जिनकी मतदान करने की संभावना नहीं होती, विभिन्न राजनीतिक दलों के लिए मत हिस्सेदारी का अनुमान लगाने के लिए इस विधि को गलत और त्रुटि प्रवण बनाती है, जिसके परिणामस्वरूप एक गलत सीट पूर्वानुमान लगाया जाता है। दूसरा, चरणबद्ध चुनावों के युग में और नए दिशानिर्देशों के साथ जब चुनाव-पूर्व सर्वेक्षण को चुनावों के दो दिन पहले सार्वजनिक करने की इजाजत नहीं दी जाती है, तो कई निर्वाचन क्षेत्रों में यहां तक कि उम्मीदवारों की घोषणा होने से भी पहले मतदाताओं के साथ साक्षात्कार बहुत पहले आयोजित किए जाते हैं। ऐसी परिस्थितियों में, बड़ी संख्या में मतदाता शायद ही अपना मन बनाते हैं, जब उनके साथ साक्षात्कार किए जा रहे हों और उनके मतदान वरीयताओं को व्यक्त करने के लिए कहा जा रहा हो। ऐसी परिस्थितियों में, साक्षात्कार जो चुनाव के कुछ दिन पहले आयोजित किए जाते हैं, की तुलना में मतों का अनुमानित आकलन गलत होने की संभावना अधिक है। यह कहने की ज़रूरत नहीं है कि सर्वेक्षण, जो मतदान व्यवहार का आकलन अधिक सटीकता से करता है, के मुकाबले मतदान व्यवहार के आकलन में त्रुटि की संभावना अधिक होगी। इसके अलावा ऐसे चुनाव-पूर्व सर्वेक्षण मतदान के इरादों, यदि कोई हो, में आखिरी मिनट के परिवर्तनों को मापने में विफल रहते हैं, जिसके परिणामस्वरूप मतदान व्यवहार की गलत माप मिलती है।

एग्ज़िट पोल्स जैसा कि इसके नाम से स्पष्ट रूप से पता चलता है कि यह एक चुनाव सर्वेक्षण हैं, जो मतदाताओं के बीच आयोजित किए जाते हैं जब वह मतदान के दिन मतदान करने के बाद मतदान केंद्र से बाहर निकलते या प्रस्थान करते हैं। इस सर्वेक्षण को चुनाव दिवस सर्वेक्षण के रूप में भी जाना जाता है क्योंकि मतदान के दिन ही सर्वेक्षण को आयोजित और संपन्न किया जाता है। मतदाताओं के राजनीतिक विकल्प, राजनीतिक राय और मतदाताओं के रुख को मापने के लिए एक उपकरण के रूप में, दुनिया के कई लोकतांत्रिक देशों में काफी लोकप्रिय हैं और इनका व्यापक रूप से निर्वाचक वर्ग के मतदान व्यवहार को मापने के लिए एक उपकरण के रूप में उपयोग किया जाता है। भारत में स्थिति अलग नहीं है क्योंकि चुनाव के मतदान उद्योग की त्वरित जांच से पता चलता है कि भारत में चुनावी व्यवहार को मापने के लिए एग्ज़िट पोल सबसे आम उपकरण है। भारत में चुनावों का अध्ययन करने के लिए उपकरण के रूप में एग्ज़िट पोल को आमतौर पर अमेरिका से प्रत्यक्ष आयात माना जाता है और प्रक्रियात्मक तकनीकों और विशेषताओं में कोई भी बदलाव किए बिना इसे दोहराया जाता है। ऐसी स्थिति में, अमेरिका में एग्ज़िट पोल के साथ भारत में मतदान के व्यवहार का अध्ययन करने के लिए एक उपकरण के रूप में एग्ज़िट पोल

का तुलनात्मक अध्ययन करना उपयुक्त होता है, यह पता लगाने के लिए कि क्या ये रूप व विशेषताओं में समान या भिन्न हैं।

इस संदर्भ में, अमेरिका में एग्ज़िट पोल के विकास का पता लगाना उचित होगा, उद्देश्य जिसके लिए इसका उपयोग किया गया था, और भारत में एग्ज़िट पोल्स के साथ तुलना करने से पहले पद्धतिगत तकनीकों का उपयोग। 1964 में अमेरिका में एग्ज़िट पोल एक प्रयोगात्मक अभ्यास के रूप में पहली बार आयोजित किया गया था जिसमें चुनाव पूर्वानुमान के लिए कुछ जिलों के वास्तविक मतदान परिणामों के साथ चुनाव निष्कर्ष का बहिर्वेशन किया गया था। 1970 के दशक में, चुनावों का पूर्वानुमान देने के बजाय अमेरिकियों के मतदान व्यवहार और चुनाव के परिणामों की व्याख्या करने के लिए एग्ज़िट पोल्स अधिक व्यापक रूप से आयोजित किए गए थे। यह केवल 1980 में हुआ कि एक प्रारंभिक एग्ज़िट पोल किया गया था और आंकड़ों का अनुमान लगाया गया था कि रोनाल्ड रीगन, जिमी कार्टर को हराकर अमेरिकी राष्ट्रपति चुनाव जीतने जा रहे थे। एग्ज़िट पोल आधारित चुनाव की भविष्यवाणियां सही साबित हुईं, जबकि इस चुनाव के दौरान किए गए चुनाव-पूर्व सर्वेक्षणों में से ज्यादातर अमेरिकी निर्वाचक वर्ग के मिज़ाज का पता लगाने में विफल रहे और गलत साबित हुए। इस प्रकार अमेरिका में न केवल परिणामों की भविष्यवाणी करने के उद्देश्य के लिए, बल्कि अमेरिकी मतदाताओं की विशेषताओं, रुख, व्यवहार और मतदान इरादों को मापने के लिए मतदान के व्यवहार और राजनीतिक विकल्प को मापने के लिए एग्ज़िट पोल्स आदर्श उपकरण बन गए।

अमेरिका में एग्ज़िट पोल आयोजित करने की विधि बहुत ही वैज्ञानिक है क्योंकि नमूने को कई स्तरों जिसे वे व्यवस्थित यादृच्छिक आधार पर सीमाप्रांत कहते हैं, का उपयोग करके चुना जाता है। इन सर्वेक्षणों के आयोजन की विधि बहुत नवीन है क्योंकि मतदाताओं के चयन के लिए सख्त अनुपालन प्रक्रियाओं वाले प्रांतों में अपेक्षित उपस्थिति के आधार पर मतदान केंद्रों के बाहर साक्षात्कार करने के लिए लुप्त अंतराल तय किए जाते हैं। राजनीतिक विचारधारा और पक्षपात, मतदान के इरादों, उम्मीदवारों का चयन व इसके कारण और लिंग, आयु, शिक्षा, व्यवसाय और आय जैसे जनसांख्यिकीय चर को प्रभावित करने वाली वस्तुओं पर एग्ज़िट पोल के लिए उपयोग की जाने वाली प्रश्नावली में लगभग 20 से 50 समापन प्रश्न होते हैं। भारत के विपरीत, प्रश्नावली स्वयं मतदाताओं द्वारा भरी जाती हैं और मत की पवित्रता और गोपनीयता को बनाए रखने के लिए गणनाकार द्वारा थामी गई एक मत पेटी में डाल दी जाती हैं। एग्ज़िट पोल को अमेरिका में चुनावों का अध्ययन करने की सबसे प्रभावी विधि माना जाता है क्योंकि यह अमेरिकी मतदाताओं के मतदान के इरादों

का सबसे सटीक उत्तर प्रदान करता है और चुनाव परिणामों का त्वरित आकलन करता है। इसके अलावा यह अकादमिक समुदाय के लिए मतदान के व्यवहार और रुख का अध्ययन करने के लिए सर्वोत्तम आंकड़ों का संग्रह भी बनाता है।

दूसरी तरफ, भारत में चुनावों का अध्ययन करने के लिए एक उपकरण के रूप में एग्ज़िट पोल का विकास एक अलग स्तर पर विकसित हुआ और अमेरिका और दुनिया के अन्य लोकतांत्रिक देशों में आयोजित एग्ज़िट पोल्स से काफी भिन्न दिखता है। वास्तविक मतगणना से पहले सीट पूर्वानुमान लगाने के उद्देश्य से भारत में एग्ज़िट पोल को बाजार अनुसंधान संगठनों और मतदान एजेंसियों द्वारा इस्तेमाल किए गए उपकरण के रूप में विकसित किया गया है ताकि प्रमुख राजनीतिक दलों की मत हिस्सेदारी का पता लगाया जा सके। एग्ज़िट पोल्स ने शायद ही कभी मतदान के व्यवहार को मापने और मतदाताओं के राजनीतिक विचारों और रुख का विश्लेषण करने का कोई गंभीर प्रयास किया है। भारत में एग्ज़िट पोल आयोजित करने के लिए इस्तेमाल की जाने वाली विधि में अपना मतदान देकर मतदान केंद्र से बाहर निकलते हुए यादृच्छिकता से चयनित मतदाताओं के साथ आमने-सामने साक्षात्कार आयोजित करना शामिल था। यादृच्छिकता से चयनित मतदाताओं का कुछ प्रश्नों के साथ एक छोटी प्रश्नावली का उपयोग करके उनके राजनीतिक विकल्पों और अन्य संबंधित प्रश्नों के बारे में साक्षात्कार लिया जाता है। शुरू में उपयोग की जाने वाली नमूना-चयन तकनीक पूर्व-निश्चित यादृच्छिक संख्या के आधार पर मतदाताओं को यादृच्छिक रूप से संपर्क करने और एक निश्चित निर्धारित समय के भीतर एक निश्चित संख्या में साक्षात्कार आयोजित किए जाने पर आधारित था। बाद में नमूना-चयन तकनीक में बदलाव आए और चुने गए मतदान केंद्रों पर साक्षात्कार करने के लिए एग्ज़िट पोल्स का आयोजन करने वाले अधिकांश संगठन अब लिंग, आयु समूहों, श्रेणी आदि के आधार पर कुछ भाग तय करते हैं। नमूना-चयन विधि जो भारत में ज्यादातर एग्ज़िट पोल में उपयोग की जाती है, कभी अमेरिका जैसे वैज्ञानिक तरीके से विकसित नहीं हुई। अमेरिका में जहां, अंतराल जिसपर मतदाता का चयन किया जाना चाहिए, उस विशेष मतदान केंद्र में संभावित मतदान के तुलनात्मक रूप से सुदृढ़ अनुमान पर तय किया जाता है, लेकिन भारत में, बिना किसी तर्क के यादृच्छिकता से तय किया जाता है। साथ ही कई बार अन्वेषक निर्धारित अंतराल का पालन करने की भी परेशानी नहीं उठाते और बस जितने संभव हो उतने मतदाता साक्षात्कार करने की कोशिश करते हैं, ताकि अंत में उनके पास साक्षात्कारों की बहुत अधिक संख्या हो। साथ ही भारत में ज्यादातर एग्ज़िट पोल का प्रयोजन, अलग-अलग दलों के वोटों का अनुमान लगाने और कौन सा दल कितनी सीट जीतेगा के बारे में भविष्यवाणी करने

का पता लगाने के लिए किया गया है। एग्ज़िट पोल्स के आधार पर मतदान व्यवहार का गंभीर विश्लेषण करने के लिए शायद ही कोई प्रयास किया गया था। गंभीर मतदान व्यवहार विश्लेषण करने के लिए एग्ज़िट पोल एक उपकरण के रूप में पूरी तरह से विकसित होने में विफल रहा है।

इस प्रकार भारत में किए गए एग्ज़िट पोल अमेरिका और अन्य देशों में एग्ज़िट पोल से अलग हैं, न केवल उस उद्देश्य के लिए जिसके लिए ये किए जाते हैं, बल्कि सर्वेक्षण संचालित करने के नमूना-चयन तकनीकों और तरीकों में भी। एग्ज़िट पोल्स के निष्कर्ष का केवल एक त्वरित मूल्य है, इसलिए वे केवल मीडिया को आकर्षित करते हैं। अकादमिक समुदाय और शोधकर्ता उनमें दिलचस्पी नहीं रखते, क्योंकि छोटी प्रश्नावली का उपयोग अधिक प्रश्न पूछने की अनुमति नहीं देता है। यह विधि मतदाताओं के चुनावी व्यवहार और राजनीतिक विकल्पों की व्याख्या करने के लिए पर्याप्त जानकारी एकत्र करने की अनुमति नहीं देता है। भारत में एग्ज़िट पोल्स आयोजित करने के फायदे हैं: (अ) यह चुनाव सर्वेक्षण करने और आंकड़ों का विश्लेषण करने के लिए सबसे तेज़ तरीकों में से एक है और (ब) इसमें वित्त की कम से कम राशि की आवश्यकता होती है और यह चुनाव सर्वेक्षण करने के लिए सबसे अधिक लागत प्रभावी तरीका है। हालांकि, भारत में एग्ज़िट पोल्स आयोजित किए जाने के तरीके में बहुत सी बाधाएं भी हैं, जैसे: पहला, क्योंकि मतदान केंद्रों के बाहर लोगों का साक्षात्कार किया जाता है, बहुत से मतदाता, खासकर गरीब, बहुत सारे लोगों की उपस्थिति से भयभीत महसूस करते हैं, जैसे मतदान केंद्र के बाहर पार्टी कार्यकर्ता, सुरक्षा बल और सरकारी अधिकारी और जहां उनका साक्षात्कार किया जा रहा है। नतीजतन, इस अनुभाग के मतदाता मतदान प्रश्न का जवाब देने में डरते हैं या भ्रामक उत्तर देते हैं; दूसरा, अन्वेषक नमूना लेने की भाग विधि का सख्ती से पालन नहीं करता क्योंकि वह जितना संभव हो उतना साक्षात्कार पूरा करने की जल्दी में रहता है। जिन मतदाताओं का साक्षात्कार एग्ज़िट पोल के अधिकांश मामलों में हुआ वो वास्तविक जनसांख्यिकी का प्रतिनिधित्व नहीं करते हैं जिसके परिणामस्वरूप गलत मतदान का आकलन होता है।

भारत में विकसित मतदान के व्यवहार को मापने के लिए चुनाव-पश्चात सर्वेक्षण एक स्वदेशी विधि है। चुनाव-पश्चात सर्वेक्षण चुनाव सर्वेक्षण की एक अद्वितीय विधि है जिसे 1960 के दशक में सीएसडीएस द्वारा पेश किया गया था, जिसमें मतदान के बाद मतदाताओं का उनके घरों की सुगम सीमा में साक्षात्कार लिया गया था। 1960 के दशक के बाद के अध्ययन की पहली पीढ़ी में, पूरी चुनाव प्रक्रिया समाप्त होने के कुछ महीने बाद सर्वेक्षण किया गया। इससे एक समस्या उभरी: चूंकि सर्वेक्षण चुनाव खत्म होने के कुछ महीनों

बाद आयोजित किया गया था, मतदाताओं की बड़ी संख्या भूल गई थी कि उन्होंने किसे मतदान दिया था जिसके कारण मत आकलन 20 प्रतिशत अधिक या कम दर्ज होता था। आमतौर पर, मत का आकलन अधिक दर्ज होना जीतने वाले दल के पक्ष में था और कम दर्ज होना हारने वाले दल के लिए था। सीएसडीएस के चुनाव-पश्चात सर्वेक्षणों की दूसरी पीढ़ी में यह समस्या हल हो गई थी, जो कि मतदान के तुरंत बाद आयोजित किए जाते थे और चुनाव परिणाम घोषित होने से पहले संपन्न हो जाते थे। इसके परिणामस्वरूप, चुनाव-पश्चात के सर्वेक्षण में राजनीतिक दलों की मत हिस्सेदारी का आकलन, निर्वाचक वर्ग के मतदान व्यवहार और रुख की गणना में सटीकता के उच्च स्तर की पुष्टि करने वाले दलों की वास्तविक मत हिस्सेदारी के करीब था। मत आकलन में त्रुटि को कम करने में किसने मदद की, ये मतदान के सवाल पूछने के लिए उपयोग की गई गुप्त विधियां थीं। इससे पहले इस प्रश्न को किसी भी अन्य प्रश्न के रूप में पूछा गया, जिसे मतदाता प्रश्न पूछने के लिए एक प्रतिरूपी मतपत्र और प्रतिरूपी मत पेटी का उपयोग करने के लिए बदल दिया गया था। इसने मतदाता को मतदान की अपनी गोपनीयता बनाए रखने में सक्षम किया और उसे ज्यादा ईमानदार उत्तर देने के लिए प्रोत्साहित किया।

मतदान के व्यवहार को मापने के लिए चुनाव-पश्चात सर्वेक्षण स्पष्ट रूप से चुनावों के पोस्टमार्टम विश्लेषण करने के उद्देश्य से किया गया एक अकादमिक अभ्यास है। मतदाताओं के मतदान व्यवहार और रुख, किनके लिए उन्होंने मतदान किया और मतदान करने के विचार, मुद्दे जिन्होंने उनके मतदान निर्णयों पर प्रभाव डाला तथा चुनाव परिणामों से संबंधित प्रश्न की जांच के लिए सर्वेक्षण किया जाता है। उपयोग की जाने वाली नमूना-चयन विधि और आंकड़ों के संग्रह की विधि समान होती है, जो सीएसडीएस द्वारा आयोजित चुनाव-पूर्व सर्वेक्षण के लिए इस्तेमाल होती है। प्रश्नावली अभिकल्पन, क्षेत्र कार्य व आंकड़ों का संग्रह, और इस सर्वेक्षण का गुणवत्ता नियंत्रण, अंतरराष्ट्रीय चुनाव सर्वेक्षण में उपयोग किए जाने वाले सर्वोत्तम अभ्यास और प्रोटोकॉल से मेल खाते हैं।

चुनाव-पश्चात सर्वेक्षण के फायदे हैं: पहला, यह मतदाताओं और उनके मतदान इरादों की चुनावी भागीदारी का अच्छा अनुमान प्रदान करता है क्योंकि चुनाव समाप्त होने के तुरंत बाद इसका आयोजन किया जाता है; दूसरा, एग्ज़िट पोल्स के विपरीत, जो मतदान केंद्र के बाहर ही आयोजित किए जाते हैं, यह उन मतदाताओं के निवास पर किया जाता है जहां वे मतदान के व्यवहार और चुनाव विकल्पों पर प्रश्नों के जवाब देने के लिए तनाव मुक्त व स्वतंत्र महसूस करते हैं; तीसरा, इस विधि के माध्यम से एकत्रित चुनावी आंकड़ों में बहुत सारे आंतरिक मूल्य हैं और अकादमिक समुदाय और शोधकर्ताओं द्वारा भविष्य के उपयोग

के लिए एक अच्छे संग्रह के रूप में सेवा प्रदान करते हैं; और अंत में, चुनाव-पश्चात के सर्वेक्षण, सर्वेक्षण के अन्य तरीकों की तुलना में जो चुनावों के पूर्वानुमान के लिए उपयोग किए जाते हैं, में सबसे सटीक मत आकलन उपलब्ध कराते हैं। सर्वेक्षण की यह विधि चुनावों का अध्ययन करने और चुनावी व्यवहार की गणना करने के लिए सबसे अच्छा तरीका है, लेकिन इसमें कुछ कमियां भी हैं: पहला, यह चुनाव सर्वेक्षण करने का एक महँगा तरीका है और इस तरह के अध्ययन के लिए वित्तीय सहायता प्राप्त करना बहुत कठिन है, क्योंकि मीडिया चुनाव-पूर्व सर्वेक्षण त्तथा एग्ज़िट पोल्स का समर्थन करने में अधिक उत्सुक है और दूसरा, यह सर्वेक्षणों को आयोजित करने की एक बहुत कठोर और अधिक समय लेने वाली विधि है जो कि वर्तमान समय में शोधकर्ताओं को आकर्षित नहीं करती है जो क्षेत्रीय कार्य को जल्दी और तुरंत पूरा करना चाहते हैं।

भारत में इन तीन प्रकार के चुनाव सर्वेक्षणों के अलावा जो लोकप्रिय हैं, उनमें सीएसडीएस द्वारा 1990 के दशक में मध्य-अभियान-सर्वेक्षणों जैसे कुछ नव चुनाव सर्वेक्षण भी आयोजित किए गए थे। मतदाताओं के राजनीतिक विकल्पों पर चुनाव प्रचार के प्रभाव का पता लगाने के उद्देश्य से चुनाव अभियान के अंत में मध्य-अभियान-सर्वेक्षण किया गया। यह एक पूर्ण पैमाने पर सर्वेक्षण था जो राजनीतिक दलों और उम्मीदवारों द्वारा अभियान के परिणामस्वरूप निर्वाचक वर्ग के मतदान व्यवहार में परिवर्तन का आकलन करने के उद्देश्य से किया गया था। हालांकि, यह चुनाव सर्वेक्षण भारत में बहुत लोकप्रिय नहीं हुआ क्योंकि इसने एक सीमित अर्थ में मतदान व्यवहार को मापा और शोधकर्ताओं और शिक्षाविदों तक ही सीमित रहा।

4 चुनाव सर्वेक्षण में वैज्ञानिक नमूना-चयन का महत्त्व

यह अध्याय जनमत सर्वेक्षण के नमूना कवरेज से संबंधित कुछ मिथकों और गलत धारणाओं को दूर करने से शुरू होता है। क्या मतदान व्यवहार को मापने के लिए राज्य के सभी निर्वाचन क्षेत्रों में जनमत सर्वेक्षण या एग्ज़िट पोल किए गए हैं? अगर राष्ट्रीय चुनाव में मतदान व्यवहार को मापना है तो क्या कोई सभी लोकसभा निर्वाचन क्षेत्रों में जनमत सर्वेक्षण या एग्ज़िट पोल करा रहा है। क्या चुनाव पूर्व सर्वेक्षण और चुनाव के बाद सर्वेक्षण में सभी मतदाताओं का साक्षात्कार किया गया है। आमतौर पर सरल उत्तर है, नहीं, जब मतदान व्यवहार को मापने की कोशिश की जाती है तो सभी निर्वाचन क्षेत्रों में चुनाव पूर्व सर्वेक्षण या चुनाव के बाद सर्वेक्षण नहीं किए जाते हैं और न ही सभी मतदाताओं का साक्षात्कार लिया गया होता है। केवल कुछ निर्वाचन क्षेत्रों और कुछ-एक पंजीकृत मतदाताओं से सामान्य तौर पर सूचना एकत्रित कर ली गई। अनुवर्ती प्रश्न ये हैं कि हम चुनाव से पूर्व और चुनाव के बाद सर्वेक्षण सभी निर्वाचन क्षेत्रों में क्यों नहीं करते और सभी पंजीकृत मतदाताओं का साक्षात्कार क्यों नहीं लेते। क्या ऐसा करना गलत है? नहीं, सभी निर्वाचन क्षेत्रों में चुनाव पूर्व सर्वेक्षण या एग्ज़िट पोल आयोजित करना और सभी मतदाताओं का साक्षात्कार करना गलत नहीं है, लेकिन सभी पंजीकृत मतदाताओं की जानकारी एकत्र करने का प्रयास करना भी संभव नहीं है। यह सब करने के लिए काफी समय और साधनों की आवश्यकता होगी और सूचना के संग्रह का काम आसानी से पूरा नहीं किया जा सकता।

सवाल और जिज्ञासा इस चरण पर नहीं रुकते, तत्काल संबंधित सवाल यह उठता है कि किसका साक्षात्कार लिया जाना चाहिए, मतदान वरीयता और संबंधित मुद्दों के बारे में जानकारी के संग्रह के लिए कितने मतदाताओं का साक्षात्कार लिया जाना चाहिए? क्या मतदान व्यवहार को लेकर जुटाई गई जानकारी सचमुच सभी मतदाताओं के मतदान व्यवहार को दर्शाती है? इस अध्याय में हम इनमें से कुछ सवालों के जवाब ढूंढने का प्रयास करेंगे।

मतदान व्यवहार कितना सही मापा जा सकता है, यह बड़े पैमाने पर उन मतदाताओं के नमूने के प्रतिनिधित्व पर निर्भर करता है जिनसे मतदान वरीयता और अन्य मुद्दों से संबंधित जानकारी जानकारी एकत्र की गई है। एक बड़े नमूने से ज्यादा, नमूने की गुणवत्ता निर्धारित करती है कि बड़े पैमाने पर मतदान व्यवहार को कितना सही मापा जा सकता है। नमूने की गुणवत्ता बताती है कि मतदाताओं का नमूना कितना प्रतिनिधित्व करता है, जिन मतदाताओं से सूचना एकत्रित की गई है और जिन पर अध्ययन किया जाना है, उनकी छवि किस हद तक प्रस्तुत करता है। अध्ययन के आधार पर राज्य या देश भर से मतदाताओं के नमूने का चयन करना एक चुनौतीपूर्ण कार्य है। चुनौती यह है कि मतदाताओं की बड़ी संख्या में से कुछ ऐसे मतदाताओं को कैसे चुना जाए जो सभी मतदाताओं का प्रतिनिधित्व करते हों। सरल शब्दों में, हम कह सकते हैं कि मतदाताओं का नमूना किसी पक्षपात और वरीयता का उपयोग किए बिना यादृच्छिक चुना जाना चाहिए। अगर नमूने का चुनाव यादृच्छिक बिना भेदभाव किया जाता है तो प्रतिनिधि नमूना प्राप्त होने की संभावना बढ़ जाती है। प्रतिनिधि नमूने से बड़े पैमाने पर एकत्रित जानकारी मतदान व्यवहार माप का काफी हद तक विश्वसनीय और सही होना सुनिश्चित करती है। जबकि अपने रोजमर्रा के आम उपयोग में हम कह सकते हैं कि मतदान व्यवहार के विश्वसनीय माप के लिए जरूरी है साक्षात्कार के लिए बिना किसी पक्षपात के मतदाताओं का यादृच्छिक चयन करना लेकिन हकीकत में इन मतदाताओं का चयन थोड़ा और वैज्ञानिक तरीके से किया जाता है ताकि यह सुनिश्चित किया जा सके कि छोटा नमूना भी उन सभी मतदाताओं को प्रतिबिंबित करता है जिनकी भौगोलिक और सामाजिक विशेषताएं काफी भिन्न होती हैं। मतदाताओं के बड़े समूह में से कम संख्या में मतदाता चुनने के लिए अपनाए जाने वाली पद्धति को नमूना-चयन की तकनीक के तौर पर जाना जाता है।

चुनाव पूर्व सर्वेक्षण और एग्ज़िट पोल में मतदाताओं का चयन करने के लिए नमूना-चयन की कई पद्धतियां और तकनीकें हैं लेकिन मतदान व्यवहार मापने के कार्य में जुटे अधिकतर लोग सामान्य तौर पर सरल यादृच्छिक नमूना-चयन तकनीक का उपयोग करते हैं, जिसमें मतदाताओं का बिना किसी भेदभाव के यादृच्छिक चुनाव किया जाता है हालांकि इनमें से अधिकतर, मतदाताओं के चयन के लिए व्यवस्थित नमूना-चयन पद्धति नहीं अपनाते। इसका उपयोग मतदाताओं के चयन के स्तर पर किया जाता है लेकिन इससे पहले उन निर्वाचन क्षेत्रों और जगहों के चुनाव में इसका उपयोग होता है, जहां से आंकड़े जुटाने हैं। स्थानों का चयन यादृच्छिक पद्धति या उद्देश्यात्मक नमूना-चयन तकनीक से किया जाता है।

मतदान व्यवहार को सटीक मापने और सही चुनाव परिणामों की भविष्यवाणी में मिली असफलता ने भारत में किए जाने वाले चुनाव सर्वेक्षणों की विश्वसनीयता पर सवाल खड़े कर दिए हैं। इनकी विफलता की कई वजहें हैं लेकिन चुनाव सर्वेक्षण का एक ऐसा गुण जिसने गंभीर आलोचनाओं का सामना किया है, वह है कई स्तरों पर नमूना-चयन के वैज्ञानिक तरीकों के इस्तेमाल में असफल रहना। हालांकि मतदान व्यवहार पर शोध करने वाले अधिकतर लोग निर्वाचन क्षेत्रों के वैज्ञानिक चयन का प्रयास करते हैं पर जब स्थान और उन मतदाताओं के चयन की बात आती है जिनका साक्षात्कार लिया जाना है, तब सामान्य तौर पर शॉर्टकट तरीके अपनाए जाते हैं और नमूना चयन की व्यवस्थित पद्धति से भटक जाते हैं। यह आरोप लगाया जाता है कि चुनाव से पूर्व सर्वेक्षण और एग्ज़िट पोल में इस्तेमाल की जाने वाली नमूना-चयन तकनीकें वैज्ञानिक नहीं है और अधिकतर सर्वेक्षणों में मतदाताओं का चुनाव अवैज्ञानिक और मनमाने ढंग से किया जाता है। ये आलोचनाएं काफी हद तक उचित हैं लेकिन भारत में मतदान व्यवहार पर किए जाने वाले अध्ययन के लिए सच नहीं हो सकतीं। यह सच है कि चुनाव सर्वेक्षण के लिए कुछ बाजार शोध संस्थानों द्वारा इस्तेमाल की जाने वाली तकनीकें वैज्ञानिक नमूना-चयन तकनीकें नहीं होतीं और यह सुविधा और लागत में कटौती करने वाली होती हैं। ऐसे कुछ चुनाव सर्वेक्षणों में खुलासा हुआ है कि वे सर्वेक्षण केवल शहरी क्षेत्रों में और पढ़े-लिखे मतदाताओं के बीच ही किए गए। इससे नमूने एकतरफा हो गए और मतदाताओं का प्रतिनिधित्व करने में असफल रहे। परिणामस्वरूप ऐसे चुनाव सर्वेक्षण मतदान व्यवहार को सही ढंग से मापने और चुनाव परिणामों की सटीक भविष्यवाणी करने में असफल रहे। चुनाव सर्वेक्षण में इस्तेमाल होने वाली संदिग्ध नमूना-चयन तकनीक के अतिरिक्त भारत में चुनाव सर्वेक्षण के लिए नमूना पर्याप्तता और आवश्यक मतदाताओं की न्यूनतम संख्या भी विवादास्पद और व्यापक विचार-विमर्श का मुद्दा रहा है।

यह अध्याय नमूना-चयन की कई पद्धतियों और चुनाव पूर्व सर्वेक्षण सर्वेक्षण व एग्ज़िट पोल में मतदाताओं के चयन के लिए इस्तेमाल की जाने वाली तकनीक पर ध्यान केंद्रित करता है। यह नमूना-चयन मुद्दों और चुनाव के दौरान जनमत सर्वेक्षण की चिंताओं का समाधान करेगा और इनसे संबंधित गलत धारणाओं और मिथक को दूर करने की कोशिश करेगा। यह अध्याय तीन खंडों में विभाजित है: पहले खंड में नमूना-चयन शब्द और नमूने के चयन की विभिन्न पद्धतियों पर चर्चा की गई है। यह भारत में मतदान व्यवहार मापने के लिए इस्तेमाल होने वाली नमूना-चयन पद्धतियों के तुलनात्मक विश्लेषण के लिए दृष्टिकोण प्रदान करने में मदद करता है। संभाव्य और गैर-संभाव्य (नॉन-प्रोबेबिलिटी) नमूना-चयन पद्धतियों

व उत्तरदाताओं के नमूना-चयन के लिए इस्तेमाल होने वाली विभिन्न तकनीकों की चर्चा पर ध्यान केंद्रित किया जाएगा। कुछेक परिष्कृत तकनीकों पर भी चर्चा की जाएगी। दूसरे खंड में सर्वेक्षण और नमूने का सही आकार निर्धारित करने के लिए उपयुक्त पद्धति के चयन के तरीकों पर विमर्श किया गया है। नमूने का आकार और वितरण महत्त्वपूर्ण है क्योंकि यह सर्वेक्षण के लिए आवश्यक नमूने की मात्रा और सटीक स्तर का निर्धारण करता है। किसी भी सर्वेक्षण में नमूना-चयन त्रुटि नमूने के आकार पर निर्भर करती है और नमूना-चयन त्रुटि के उचित स्तरों को जानना जरूरी हो जाता है। इस खंड में भारत में मतदान व्यवहार जानने के लिए किए जाने वाले चुनाव सर्वेक्षण के दौरान नमूना-चयन पद्धतियों और नमूने की उपयुक्तता संबंधी विवादास्पद मुद्दों का उत्तर पाने का प्रयास किया गया है और अंतिम खंड में भारत में मतदान व्यवहार को मापने के लिए होने वाले चुनाव सर्वेक्षणों में इस्तेमाल होने वाली लोकप्रिय नमूना-चयन पद्धतियों पर विस्तार से चर्चा की जाएगी। यह चुनाव पूर्व सर्वेक्षण और एग्ज़िट पोल के लिए इस्तेमाल की जाने वाली नमूना-चयन पद्धतियों का विश्लेषण करेगा, चाहे वे समान हैं या उनमें स्पष्ट विविधताएं हैं। चुनावों पर लोकप्रिय जनमत सर्वेक्षणों में उपयोग की जाने वाली नमूना-चयन विधियों के गुण और दोषों के आकलन के लिए वैज्ञानिक मापदंडों पर तुलनात्मक रूप से विश्लेषण किया जाना चाहिए। इस खंड में सीएसडीएस जैसे अकादमिक शोध संस्थानों द्वारा चुनाव सर्वेक्षण में प्रयुक्त नमूना-चयन पद्धतियों का गहराई से विवरण दिया गया है, यह जानने के लिए कि उन्हें ज्यादा वैज्ञानिक और मतदाताओं का प्रतिनिधि क्यों माना जाता है।

सर्वेक्षणों में नमूना-चयन के तरीके

सर्वेक्षण शोध में प्रयुक्त होने वाली नमूना-चयन की विभिन्न पद्धतियों और तकनीकों को दो भागों में विभाजित किया जा सकता है: संभाव्य और गैर-संभाव्य नमूना-चयन। संभाव्य नमूना-चयन पद्धतियां और तकनीक इस प्रकार हैं:

संभाव्य नमूना-चयन

जैसा कि शब्दावली से ही स्पष्ट है, संभाव्यता नमूना-चयन पद्धति में इस धारणा के आधार पर नमूनों का चयन किया जाता है कि चयनित जनसंख्या के सभी तत्वों के समान होने की संभावना है। इस प्रकार ब्रह्मांड में हर किसी के लिए नमूना-चयन प्रकिया में चयनित होने का समान अवसर है। संभाव्यता नमूना-चयन प्रक्रिया के किसी भी प्रारूप के लिए नमूना चयन

ढांचा या उस संपूर्ण ब्रह्मांड की सूची होना अति आवश्यक है जहां से अध्ययन के लिए नमूनों का चयन किया जाना है। संभाव्यता नमूना-चयन तकनीक में नमूना-चयन की कई अलग तकनीकें सम्मिलित हैं। सरल यादृच्छिक नमूना-चयन विधि संभाव्यता नमूना-चयन का सबसे बुनियादी रूप है और नमूना-चयन में सबसे व्यापक रूप से इस्तेमाल किया जाने वाला तरीका है क्योंकि यह बहुत आसान विधि है। इस नमूना-चयन तकनीक में जनसंख्या के तत्वों के संभावित उपवर्गों में से किसी को भी नमूने में शामिल होने का समान अवसर मिलता है। लेकिन सरल यादृच्छिक नमूना तैयार करने के लिए सभी पात्र इकाइयों की सूची प्राप्त करना महत्त्वपूर्ण आवश्यकता है। नमूना लेने की इस तकनीक का लाभ यह है कि लक्षित जनसंख्या के किसी भी सदस्य को दूसरी बार चयनित होने का अवसर नहीं मिलता। इसके पीछे का कारण यह है कि एक बार जिस नमूने का चयन कर लिया जाता है, वह समूह में वापस नहीं आता। हालांकि इस तकनीक का एक सबसे बड़ा नुकसान भी है क्योंकि यह सुनिश्चित नहीं करती कि चयनित नमूना समान रूप से फैलेगा। आइए हम एक सरल उदाहरण लें; अगर हमें साक्षात्कार के लिए एक गांव या इलाके के कुल 800 मतदाताओं में से 100 मतदाताओं का सरल यादृच्छिक तकनीक से चुनाव करना है तो हम यादृच्छिक गांव के विभिन्न कोनों से इन 100 मतदाताओं का चयन करेंगे। चूंकि मतदाताओं का चयन बिना भेदभाव के यादृच्छिक किया जाएगा, ऐसे में संभावना है कि चुने गए 100 मतदाता प्रतिनिधित्व न करते हों, किसी समुदाय से ज्यादा नमूने ले लिए जाएं और किसी वर्ग के लोग छूट जाएं इत्यादि। यद्यपि नमूनों का चयन सरल यादृच्छिक नमूना-चयन के तहत बिना किसी भेदभाव और यादृच्छिक किया गया है, फिर भी आयु वर्ग, लिंग, जाति समुदाय या धर्म में नमूनों के गैर प्रतिनिधि होने की संभावना है। मतदान व्यवहार पर कई अध्ययनों में साक्षात्कार के लिए मतदाताओं का चयन करने के लिए इस सरल यादृच्छिक पद्धति को लागू किया जाता है जो एक गैर प्रतिनिधि नमूने के साथ समाप्त होते हैं लेकिन सबसे उपयुक्त विधि न होने के बावजूद मतदान व्यवहार का अध्ययन करने के लिए विभिन्न शोधकर्ताओं/संस्थानों द्वारा इस पद्धति का उपयोग किया जा रहा है।

व्यवस्थित यादृच्छिक नमूना-चयन तकनीक थोड़े परिष्कृत रूप के साथ सरल यादृच्छिक पद्धति के समान है। नमूने का चयन यादृच्छिक सरल विधि के बजाय व्यवस्थित तरीके से किया जाता है। व्यवस्थित यादृच्छिक विधि में नमूने के चयन के लिए ब्रह्मांड के सभी तत्वों की पूरी सूची एक आवश्यक पूर्वापेक्षा है। अगर हमने सूची में से ब्रह्मांड के कुछ तत्व छोड़ दिए तो उन तत्वों को नमूने के तौर पर चयनित होने का कोई अवसर नहीं मिलेगा। व्यवस्थित यादृच्छिक नमूना-चयन में कोई नमूने का चयन कैसे

करता है? एक नियमित अंतराल में नमूनों का चयन किया जाता है और यह यादृच्छिक नहीं होता। ब्रह्मांड की सूची में से नमूने का चयन कितने अंतरान पर किया जाना चाहिए, यह ब्रह्मांड के आकार और चयनित किए जाने वाले नमूनों की संख्या पर निर्भर करता है। इस प्रकार, उदाहरण के लिए एक गांव की मतदाता सूची के कुल 800 मतदाताओं में से यदि हमें 100 मतदाताओं का चुनाव करना है तो हमें मतदाताओं की कुल संख्या को चयनित किए जाने वाले मतदाताओं की संख्या से विभाजित करके अंतराल तय करना होगा। इसका मतलब है कि इस मामले में अंतराल तय करने के लिए हमें 800 को 100 से विभाजित करना होगा (800/100=8) और वह अंतराल जिसमें साक्षात्कार के लिए मतदाताओं का चयन किया जाएगा, 8 होगा। अन्य शब्दों में अगर हमें एक गांव की मतदाता सूची के 800 मतदाताओं में से 100 का साक्षात्कार करना है तो मतदाता सूची के हर आठवें मतदाता का चुनाव करना चाहिए। यादृच्छिक संख्या तालिका का उपयोग करते हुए एक से आठ में से पहले मतदाता का यादृच्छिक चुनाव करना चाहिए। व्यवस्थित यादृच्छिक नमूना-चयन का उपयोग करते हुए किया गया मतदाताओं के नमूनों का चयन गांव के सभी मतदाताओं, सभी वर्गों, जाति समुदायों और जगहों का प्रतिनिधित्व करेगा। मतदाताओं के पृष्ठभूमि चरों के कुछ तत्वों के बाहर होने की संभावना भी न्यूनतम होगी।

व्यवस्थित यादृच्छिक नमूना पर आधारित संभाव्यता नमूना-चयन की एक और उन्नत विधि है स्तरीकृत यादृच्छिक नमूना-चयन। नमूना-चयन तकनीक के इस संस्करण में जनसंख्या के विभिन्न स्तरों से यादृच्छिक नमूना चुना जाता है और यह विभिन्न स्तरों पर विभिन्न तत्वों का समुचित प्रतिनिधित्व सुनिश्चित करता है। इस प्रकार, यदि इस तकनीक का इस्तेमाल करते हुए 81 की जनसंख्या में से 10 तत्वों को चुनना है तो समूह के भीतर स्तर की पहचान आवश्यक है। उदाहरण के लिए अगर इस समूह में 30 महिलाएं और 51 पुरुष हैं तो उन्हें दो भिन्न स्तर माना जा सकता है। इन दो स्तरों में से दस तत्वों के नमूने आनुपातिक या अनुपातहीन ढंग से उठाए जा सकते हैं जबकि व्यवस्थित यादृच्छिक नमूना-चयन में नमूने में सभी तत्वों के चयन की समान संभावना होती है, एक स्तरीकृत यादृच्छिक विधि में सर्वेक्षण के आवश्यकतानुसार नमूना दर अलग-अलग स्तरों पर आनुपातिक या अनुपातहीन ढंग से तय की जा सकती है। जनसंख्या के विभिन्न स्तरों तक पद्धति का विस्तार कर इसे दो, तीन या कई चरणों में स्तरीकृत किया जा सकता है।

ऊपर चर्चित कई यादृच्छिकीकरण पद्धतियों पर आधारित संभाव्यता नमूना-चयन तब अच्छे तरीके से काम करता है जब नमूना ढांचा या अध्ययन किए जाने वाले ब्रह्मांड की

सूची उपलब्ध हो। जहां जनसंख्या की सूची पाना लगभग असंभव हो वहां समूह नमूना-चयन सर्वश्रेष्ठ पद्धति मानी जाती है। नमूना-चयन की इस पद्धति में पहले समूह बनाए जाते हैं फिर यादृच्छिक विधियों का उपयोग कर नमूना चुना जाता है। इस प्रकार, उदाहरण के लिए अगर दिल्ली के पांच सितारा होटलों में रुकने वाले लोगों पर सर्वेक्षण किया जाना है तो एक निश्चित समयावधि के दौरान इन होटलों में ठहरने वाले सभी लोगों की सूची हासिल करना काफी मुश्किल या लगभग असंभव होगा। पहले चरण में दिल्ली के सभी पंचसितारा होटलों की सूची तैयार कर उसमें से यादृच्छिक कुछ होटलों का चयन करना होगा। दूसरा चरण समूह की पहचान करने का होगा जैसे कि होटल की अलग-अलग मंजिलें, सिंगल या डबल अधिभोग कक्ष आदि। एक बार समूह का चुनाव करने के बाद लोगों को यादृच्छिक या सुविधानुसार चुना जाता है। सामूहिक नमूना-चयन और स्तरीकृत नमूना-चयन में अंतर यह है कि पूर्व समूहों में प्राकृतिक इकाइयां होती हैं, बाद के स्तर में कृत्रिम रूप से बनाया जाता है।

गैर-संभाव्यता नमूना-चयन

इस नमूना-चयन श्रेणी में, जनसंख्या के सदस्यों के चयन की संभावना समान नहीं है। जनसंख्या के कुछ समूहों के चयन की संभावना ज्यादा, कम या शून्य हो सकती है। इस प्रकार गैर-संभाव्य (नॉन-प्रोबेबिलिटी) पद्धति से चुने गए नमूने में जनसंख्या के कुछ तत्वों के ज्यादा या कम प्रस्तुतीकरण का खतरा है। गैर-संभाव्य नमूना-चयन तकनीक कई प्रकार की है, इनमें से एक है सुविधा नमूना-चयन। सुविधा नमूना-चयन तकनीक में केवल उन्हीं लोगों में से नमूने चुने जाते हैं जो साक्षात्कार के लिए आसानी से और तत्काल उपलब्ध होते हैं। इस तकनीक से चुना गया नमूना प्रतिनिधि होना सुनिश्चित नहीं करता लेकिन कुछ परिस्थितियों में जैसे वित्तीय संसाधनों की कमी और समय की कमी के चलते यह नमूना लेने का सबसे उपयुक्त तरीका हो सकता है।

गैर-संभाव्यता नमूना-चयन का एक और तरीका जिसका उपयोग विशेष परिस्थितियों में किया जाता है, स्नोबॉल नमूना-चयन कहलाता है। जैसा कि शब्द से जाहिर होता है, स्नोबॉल लुढक़ते हुए आगे बढ़ती रहती है ठीक उसी तरह चुना गया छोटा नमूना सर्वेक्षण के साथ-साथ विस्तृत होता और बढ़ता जाता है। एक स्नोबॉल नमूना वह है जिसमें नमूने को संपर्क किए जा सकने वाले और साक्षात्कार देने वाले उत्तरदाताओं द्वारा दिए गए संदर्भ और पते के आधार पर चयनित किया जाता है। यह तकनीक तब महत्त्वपूर्ण हो

जाती है जब कोई सूची उपलब्ध नहीं होती और न ही लक्षित उत्तरदाताओं का नमूना लेने के लिए अन्य रास्ते बचते हैं। अगर विशेष गुणों या कौशल वाले लोगों के बीच शोध कार्य किया जाना है जो किसी भी सूची में नहीं मिल सकते तो इस समूह से संबंधित लोगों द्वारा दिए गए संपर्क विवरण से आगे के साक्षात्कार का संचालन किया जा सकता है। इसे तब तक दोहराया जा सकता है जब तक सर्वेक्षण के लिए अभिलक्षित संख्या में लोगों के साक्षात्कार नहीं ले लिए जाते। गैर-संभाव्य नमूना-चयन तकनीक की एक अन्य विधि जिसका काफी बार उपयोग होता है, कोटा नमूना-चयन कहलाती है। इस नमूना-चयन तकनीक में, अध्ययन की जाने वाली जनसंख्या को अलग उपसमूहों में विभाजित किया जाता है और अलग उपसमूहों से अलग-अलग अनुपात में नमूने लिए जाते हैं। उदाहरण के लिए, जनसंख्या को उपसमूहों जैसे कि पुरुष और महिला, युवा और बुज़ुर्ग आदि में विभाजित किया जा सकता है। प्रत्येक समूह, जो एक दूसरे के आनुपातिक नहीं हैं लेकिन वास्तविक जनसांख्यिकी के प्रतिनिधि हैं, के लिए एक कोटा तय किया गया है। इस पद्धति में नमूने में चयनित होने वाली प्रत्येक इकाई की संभावना असमान होती है जो कभी-कभी नमूने को पूरी तरह विषम कर देती है। गैर-संभाव्य नमूना-चयन पद्धति का उपयोग फोकस समूह साक्षात्कार लेने के लिए भी किया जाता है। नमूनों का चयन व्यक्तिपरक है जो उत्तरदाताओं की सुविधा और उपलब्धता पर आधारित होता है। इस तरह के सर्वेक्षणों में कम संख्या में यानी दस से बीस लोगों में किसी विषय पर लंबे समय तक सामूहिक चर्चा कराते हुए साक्षात्कार लिया जाता है।

ये नमूना-चयन की कुछ विस्तृत तकनीकें हैं जिनका उपयोग ज्यादातर नमूना सर्वेक्षण और जनमत सर्वेक्षणों में किया जाता है लेकिन ये विस्तृत और संपूर्ण नहीं हैं। कुछ अन्य नमूना-चयन पद्धतियां भी हैं जो प्राथमिक तौर पर उन तकनीकों पर आधारित हैं जिनकी ऊपर चर्चा की गई है लेकिन वे अधिक परिष्कृत हैं और अधिक जटिल शोध के लिए इस्तेमाल की जाती हैं। संभाव्य आनुपातिक आकार नमूना-चयन तकनीक (पीपीएस) व्यवस्थित यादृच्छिक नमूना-चयन तकनीक का बेहतर संस्करण है जिसका उपयोग असमान आकार की इकाइयों से नमूना चुनने के समय किया जाता है। असमान आकार के उपसमूहों की नमूने में चुने जाने की असमान संभावना होती है। संभव है कि बड़ी इकाइयों का आनुपातिक नमूना-चयन न किया जा सके और छोटी इकाइयों के चुने जाने की संभावना ज्यादा हो। पीपीएस तकनीक बड़ी इकाइयों के आनुपातिक नमूना-चयन की अधिक संभावना को सुनिश्चित करती है। सर्वेक्षण डिजाइन में इस्तेमाल होने वाली एक अन्य नमूना-चयन तकनीक जहां आंकड़े एक से अधिक चरणों में एकत्र किए जाते हैं,

बहुस्तरीय नमूना-चयन कहलाती है। एक नमूना समूह चुना जाता है और पूरे समूह के लिए विवरण इकट्ठा किया जाता है। आंकड़े जुटाने के दूसरे चरण में, मूल नमूने में से नमूने के एक उपसमूह का चयन किया जाता है और उपनमूने से ही आंकड़ा एकत्रित किया जाता है। अगर सर्वेक्षण में आंकड़ा दोबारा एकत्र करने की आवश्यकता पड़ती है तो दूसरे चरण में प्रयुक्त उपनमूने में से एक छोटा नमूना चुना जाता है। इस प्रकार यदि एक ही नमूना समूह से नमूने को एक से ज्यादा चरणों में रेखांकित किया जाता है तो इस नमूना-चयन पद्धति को बहुस्तरीय नमूना-चयन कहते हैं।

नमूना-चयन विधि और नमूना वितरण का चयन

पूर्व खंड में नमूना-चयन विधियों और तकनीकों पर की गई चर्चा से पता चलता है कि कोई सर्वव्यापी विधि नहीं है जिसे सभी प्रकार के सर्वेक्षण अनुसंधान में लागू किया जा सकता है। किसी भी सर्वेक्षण के लिए नमूना-चयन तकनीक का चयन कई तरह के कारकों जैसे नमूना स्वरूप, विशेषज्ञता और संसाधनों की उपलब्धता पर निर्भर करता है।

सही नमूना-चयन तकनीक का चयन

एक सर्वेक्षण, जहां नमूना-चयन स्वरूप उपलब्ध हो, के लिए विभिन्न उपलब्ध तकनीकों का पूर्व परीक्षण कर नमूना-चयन तकनीक का सही चुनाव किया जा सकता है। नमूना-चयन तकनीक का पूर्व परीक्षण एक उदाहरण के माध्यम से समझाया जाएगा। उदाहरण के लिए, हम 81 विद्यार्थियों की कक्षा में से 24 विद्यार्थियों के नमूना सर्वेक्षण की मदद से विद्यार्थियों की अनुपस्थिति वाले दिनों की औसत संख्या जानने के लिए एक शोध करना चाहते हैं। इस मामले में हम पहले ही जानते हैं कि प्रति विद्यार्थी अनुपस्थिति की संख्या 6.69 दिन है। ब्रह्मांड की सूची निम्नलिखित जानकारी देती है: पहली, कक्षा में एक से 81 तक अद्वितीय आईडी नंबर वाले 81 विद्यार्थी हैं और दूसरी, दिनों की संख्या जब प्रत्येक विद्यार्थी स्कूल से अनुपस्थित रहा। अब यह पता करते हैं कि इस सर्वेक्षण के लिए सरल यादृच्छिक या व्यवस्थित यादृच्छिक नमूना-चयन पद्धति में से कौन सी पद्धति ज्यादा उचित है।

जैसा कि तालिका 4.1 में देखा गया, यादृच्छिक संख्या तालिका की मदद से सरल यादृच्छिक विधि द्वारा 81 छात्रों की सूची में से 24 छात्रों का एक नमूना तैयार किया गया

तालिका 4.1: सरल यादृच्छिक नमूना-चयन पद्धति

विद्यार्थी आईडी	*अनुपस्थित दिनों की संख्या*	*विद्यार्थी आईडी*	*अनुपस्थित विद्यार्थी आईडी*	*विद्यार्थी आईडी*	*अनुपस्थित विद्यार्थी आईडी*
3	3	**32**	14	**40**	5
15	1	**33**	4	**74**	5
47	4	**1**	0	**53**	3
50	15	**69**	5	**21**	5
6	4	**15**	1	**37**	5
48	1	**14**	1	**24**	10
78	15	**58**	9	**59**	3
7	13	**54**	4	**42**	9

स्रोत: लेखकगण

था। यादृच्छिक संख्या तालिका से नमूने का चयन करते समय यह ध्यान रखा गया कि 81 से कम पहचान संख्या वाले विद्यार्थियों का चयन किया जाए और उसी नंबर को एक से ज्यादा बार न चुना गया हो। विद्यार्थियों की अनुपस्थिति वाले दिनों की औसत संख्या जानने के लिए, उन दिनों की संख्या जब 24 छात्र अनुपस्थित रहे, को जोड़ा गया जो 139 रहा। फिर इसे 24 से विभाजित किया गया और 5.79 दिनों की संख्या हासिल हुई। इस नमूना-चयन तकनीक से प्राप्त हुई 5.79 दिनों की औसत संख्या असल औसत संख्या 6.69 दिन से काफी कम थी। इस प्रकार सरल यादृच्छिक पद्धति से किया गया नमूना चयन विद्यार्थियों का प्रतिनिधित्व नहीं करता। इससे हम इस निष्कर्ष पर पहुंचते हैं कि इस अध्ययन के लिए यह नमूना-चयन की सही और उपयुक्त विधि नहीं है।

अब नमूने के चुनाव के लिए व्यवस्थित यादृच्छिक नमूना-चयन तकनीक का इस्तेमाल करते हैं। जैसा कि तालिका 4.2 बताती है, 81 विद्यार्थियों की सूची में से 24 छात्रों का एक नमूना तैयार किया गया था। पहला कदम था, 81 को 24 से विभाजित करना, यह 3.37 आता है जो नमूना स्थिरांक है। अंतराल का प्रयोग करते हुए 24 विद्यार्थियों को व्यवस्थित रूप से चुना गया। छात्रों के अनुपस्थिति दिनों की औसत संख्या जानने के लिए, सभी 24 छात्रों के अनुपस्थिति दिनों को जोड़ा गया जो कि 170 रहा। फिर इसे 24 से विभाजित किया गया और औसत संख्या 7.0 दिन का आंकड़ा सामने आया। इस नमूना-चयन पद्धति से अनुपस्थिति दिनों की औसत संख्या (7.0 दिन) की गणना वास्तविक औसत संख्या 6.69 दिनों के काफी करीब थी। इस प्रकार व्यवस्थित यादृच्छिक नमूना-चयन पद्धति के माध्यम से चयनित नमूना विद्यार्थियों का प्रतिनिधित्व करता है और इस अध्ययन के लिए यह सही

तालिका 4.2: व्यवस्थित यादृच्छिक नमूना-चयन तकनीक

विद्यार्थी आईडी	*अनुपस्थित दिनों की संख्या*	*विद्यार्थी आईडी*	*अनुपस्थित विद्यार्थी आईडी*	*विद्यार्थी आईडी*	*अनुपस्थित विद्यार्थी आईडी*
2	1	**28**	3	**55**	4
5	1	**32**	14	**59**	3
8	2	**35**	1	**62**	9
12	1	**39**	16	**66**	10
15	1	**42**	9	**69**	5
18	11	**45**	7	**72**	10
22	1	**49**	6	**76**	15
25	11	**52**	11	**79**	18

स्रोत: लेखकगण

व उपयुक्त नमूना-चयन पद्धति है। उदाहरण से साफ है कि सही पद्धति के चुनाव के लिए, नमूना-चयन तकनीक का पूर्व परीक्षण कर देखना चाहिए कि यह अध्ययन ब्रह्मांड के तत्वों के कितनी करीब सिद्ध होती है। हालांकि प्रत्येक मामले में यह संभव नहीं है और किसी भी सर्वेक्षण या जनमत सर्वेक्षण के लिए सही नमूना-चयन पद्धतियों और तकनीकों के चुनाव के लिए नमूना लेने वाले विशेषज्ञों और सांख्यिकीविद की राय ली जानी चाहिए।

नमूना आकार का निर्णय और वितरण

नमूने का उपयुक्त आकार और इसका वितरण कई कारकों पर निर्भर करता है और इसे निर्धारित करने का कोई एक सूत्र नहीं है। नमूने के आकार का निर्णय लेते समय उन कारकों को ध्यान में रखा जाता है जिनमें तकनीकी और गैर तकनीकी दोनों का संयोजन शामिल है। तकनीकी पहलू नमूना-चयन त्रुटि का हिस्सा है तथा इसे बर्दाश्त किया जा सकता है और सर्वेक्षण द्वारा लक्षित परिशुद्धता स्तर है। अध्ययन के लिए ब्रह्मांड का आकार नमूने के आकार निर्धारण में एक महत्त्वपूर्ण कारक है। अगर यह ब्रह्मांड छोटा है तो उन नमूनों का आकार तय करने में सांख्यिकी तालिकाओं से परामर्श लिया जा सकता है जो कि सांख्यिकीय महत्त्वपूर्ण हैं। लेकिन अगर जनसंख्या बड़ी है तो संसाधनों की उपलब्धता और व्यवहार्यता को ध्यान में रखकर नमूने का आकार तय करने की जरूरत है। नमूने का आकार तय करने में दूसरा पहलू सर्वेक्षण के उद्देश्य पर और छोटे उपसमूहों पर निर्भर करता है जहां से आंकड़ा एकत्र किया जाता है। ब्रह्मांड की विविधता भी नमूने के आकार का निर्धारण करती

है। यदि विश्लेषण की इकाई अति सूक्ष्म स्तर पर है, तो कुछ हद तक छोटे आकार का नमूना काफी होगा। लेकिन अगर सर्वेक्षण का उद्देश्य अलग-अलग या सूक्ष्म स्तर पर आंकड़ों का विश्लेषण करना है तो बड़े नमूने की आवश्यकता होगी।

लेकिन यह ध्यान में रखा जाना चाहिए कि किसी भी सर्वेक्षण में, नमूने का आकार काफी हद तक सर्वेक्षण के लक्ष्यों और विश्लेषण की प्रस्तावित इकाइयों पर निर्भर करता है। बाजार अनुसंधान एजेंसियों द्वारा भारत में किए गए लोकप्रिय राष्ट्रीय स्तर के जनमत सर्वेक्षण और चुनावकर्ता नमूने के आकार के लिए सांख्यिकी तालिकाओं का अनुसरण नहीं कर सकते लेकिन उन्हें प्रति नमूना शामिल लागत पर तय की गई निश्चित संख्या और विश्लेषण स्तर को अपनाना होगा। इस प्रकार अगर कोई भारतीय प्रधानमंत्री मनमोहन सिंह की लोकप्रियता जानना चाहता है तो नमूने के आकार को प्रतिशत या सांख्यिकी तालिकाओं से नहीं आंका जा सकता। इसके लिए 1500 का एक नमूना आकार अखिल भारतीय स्तर पर उनकी लोकप्रियता दर जानने के लिए पर्याप्त है। लेकिन अगर भारत के अलग-अलग राज्यों में प्रधानमंत्री की लोकप्रियता जानने की आवश्यकता है तो 15,000 के नमूने की जरूरत होगी। कारण यह है कि भारत में 28 राज्य और पांच केंद्र शासित प्रदेश (यूटी) हैं और निष्पक्ष व मजबूत मूल्यांकन के लिए हर राज्य और यूटी से कम से कम 500 का नमूना आवश्यक होगा।

सर्वेक्षण अनुसंधान की एक अनूठी विशेषता यह है कि एक ही जनसंख्या से लिया गया नमूना एक-दूसरे से भिन्न होता है और अवसर के कारण जनसांख्यिकीय आंकड़ों में भी अलग होता है। ऐसे में अगर एक ही समय में एक ही नमूने पर दो सर्वेक्षण किए जाएं तो समान आंकड़ा एकत्र नहीं होगा, बल्कि इनमें महत्त्वपूर्ण विविधता होगा। इस विविधता को नमूना-चयन त्रुटियां और इनका अनुमान लगाने के लिए उपयोग किए जाने वाले सांख्यिकी उपायों को मानक त्रुटियां कहा जाता है। मानक त्रुटियां सर्वेक्षण के परिणामों के साथ सामने आती हैं, यह बताने के लिए कि नमूने का अनुमान वास्तविक जनसंख्या और सर्वेक्षक के परिशुद्धता स्तर के कितना करीब था। तालिका 4.3 सर्वेक्षण के अनुमान के लिए आवश्यक नमूना आकार, जनसंख्या का आकार और इसके लिए आवश्यक नमूने व और नमूना-चयन त्रुटि के तीन स्तर दर्शाती है (देखें तालिका 4.3)।

नमूना-चयन त्रुटियां और इन्हें सही करने के तरीके

किसी भी नमूना पद्धति का उद्देश्य एक नमूना तैयार करना है जो अध्ययन की जनसंख्या की वास्तविक विशेषताओं के करीब हो और जनसांख्यिकी प्रोफाइल का प्रतिनिधि दर्पण हो। सबसे सटीक नमूना-चयन तकनीक के प्रयोग और बेहतरीन क्षेत्रकार्य के बावजूद पूरा

तालिका 4.3: 95 प्रतिशत आत्मविश्वास स्तर के लिए परिशुद्धता के तीन स्तरों पर नमूना आकार व वितरण

	नमूना-चयन त्रुटि +3		*नमूना-चयन त्रुटि +5*		*नमूना-चयन त्रुटि +10*	
जनसंख्या आकार	*50/50 विभाजन*	*80/20 विभाजन*	*50/50 विभाजन*	*80/20 विभाजन*	*50/50 विभाजन*	*80/20 विभाजन*
100	92	87	80	71	49	38
250	203	183	152	124	70	49
500	341	289	217	165	81	55
750	441	358	254	185	85	57
1,000	516	406	278	198	88	58
2,500	748	537	333	224	93	60
5,000	880	601	357	234	94	61
10,000	964	639	370	240	95	61
25,000	1,023	665	378	244	96	61
50,000	1,045	674	381	245	96	61
1,00,000	1,056	678	383	245	96	61
10,00,000	1,066	682	384	246	96	61
100,000,000	1,067	683	384	246	96	61

स्रोत: Salant, P. and Dillman, D.A. (1994).

सर्वेक्षण नमूना सौ प्रतिशत प्रतिनिधित्व नहीं कर सकता। सही प्रतिनिधि नमूना न मिल पाने की वजह नमूना-चयन तकनीकें नहीं बल्कि इसके लिए क्षेत्र कार्य के दौरान नमूना तय करने की व्यावहारिक मुश्किलें जिम्मेदार हैं। नमूना तय करने में संभावित समस्या क्या हो सकती है? समस्याएं हैं: (अ) गायब तत्व। ऐसे कुछ तत्व हो सकते हैं जो नमूना ढांचे से गायब हो सकते हैं, ये नमूने के तौर पर चयन के अवसर खत्म कर देते हैं। इसलिए नमूना ढांचे के गायब तत्व खोजने में खास सतर्कता बरतनी चाहिए जो कि कभी-कभी मुश्किल होता है। (ब) नमूना ढांचे में ऐसे समूह हो सकते हैं जिनकी नमूना-चयन के दौरान पहचान नहीं की जाती और यह गैर प्रतिनिधि नमूने के रूप में सामने आते हैं। पूरी सावधानी के बावजूद कभी-कभी नमूना ढांचे में समूह का पता लगा पाना मुश्किल होता है। (स) ढांचे में रिक्त या विदेशी तत्वों की संभावनाएं। नमूना-चयन के दौरान चुने गए रिक्त तत्व सर्वेक्षण में गैर प्रतिक्रिया त्रुटियां बढ़ा देते हैं। इसी प्रकार, विदेशी तत्व जिन्हें नमूना-चयन ढांचे में नहीं होना चाहिए, जोखिम बढ़ा देते हैं और (द) नमूना ढांचे में प्रतिरूप तत्वों की उपस्थिति। अगर नमूना सूची में प्रतिरूप तत्व हैं और उनका चयन कर लिया जाए तो वे सर्वेक्षण की नमूना-चयन त्रुटि बढ़ा देते हैं।

नमूना ढांचे की समस्याओं के अतिरिक्त, सर्वेक्षण के दौरान उत्तरदाताओं से गैर संपर्क और गैर प्रतिक्रिया भी प्रमुख समस्या बन जाते हैं। पूर्व-तैयार नमूनों के आधार पर किए गए सर्वेक्षण में संपर्क न करने की संभावना काफी होती है जिसका सीधा सा मतलब है नमूनाकृत उत्तरदाताओं की गैर प्रतिक्रिया। गैर संपर्क के पीछे कई कारण हो सकते हैं लेकिन भारत में सर्वेक्षण के दौरान उत्तरदाताओं से गैर संपर्क का सबसे बड़ा कारण आंतरिक प्रवास है। जनसंख्या के कुछ वर्गों से गैर संपर्क सर्वश्रेष्ठ नमूना तैयार करने के बजाय वास्तविक नमूने की तस्वीर निश्चित रूप से बिगाड़ देता है। इसी प्रकार गैर प्रतिक्रिया की समस्या न केवल प्रथम विश्व के देशों बल्कि भारत में भी सर्वेक्षण अनुसंधान की प्रमुख समस्या बन गई है। पिछले कुछ वर्षों के दौरान साक्षात्कार के लिए तैयार नहीं होने वाले नमूनाकृत उत्तरदाताओं की संख्या बढ़ी है। नमूनाकृत उत्तरदाताओं के गैर संपर्क और गैर प्रतिक्रिया सर्वेक्षण में गैर प्रतिक्रिया त्रुटियां बढ़ा देते हैं और नमूने के प्रतिनिधित्व पर भी प्रभाव डालते हैं।

इससे एक तार्किक सवाल उठता है: सर्वेक्षण के बाद जब यह पता चले कि नमूना प्रतिनिधि नहीं है तो क्या किया जाना चाहिए? क्या इस असंतुलन को दुरुस्त करने के लिए कोई रास्ता या अतिरिक्त क्षेत्र-कार्य करने की जरूरत है? इसका जवाब विश्व भर में प्रयोग की जाने वाले सर्वेक्षण शोध की मानक प्रथाओं और प्रोटोकॉल में मिलता है। सर्वेक्षण के लिए आंकड़े एकत्रित करने की प्रक्रिया पूरा होने के बाद, विद्युतीय रूप से आंकड़ों को दर्ज कर इनका विश्लेषण किया जाता है और जाना जाता है कि नमूना प्रतिनिधि है या नहीं। अगर नमूना विषम पाया जाता है तो वास्तविक जनसांख्यिकी के अनुसार नमूने के विभिन्न तत्वों के अनुपात को समायोजित कर असंतुलन ठीक किया जाता है। नमूने में विभिन्न तत्वों के अनुपात को संतुलित करने की पद्धति को सर्वेक्षण में वजन निर्दिष्ट करने के रूप में जाना जाता है। सर्वेक्षण में अधिक सापेक्ष मूल्य या दूसरों के मुकाबले कुछ नमूनाकृत तत्वों को अधिक महत्त्व देने के लिए वजन का उपयोग किया जाता है

चुनाव सर्वेक्षण में प्रयुक्त नमूना-चयन पद्धतियां

भारत में चुनाव सर्वेक्षणों की नमूना पद्धति की आम लोगों और सर्वेक्षण विशेषज्ञों के बीच आलोचना की जाती है। सामान्य व्यक्ति इस आधार पर चुनाव सर्वेक्षण की आलोचना करता है कि एक छोटे आकार का नमूना मतदाताओं के मतदान व्यवहार को सही ढंग से नहीं माप सकता है। हालांकि, यह बहुत अधिक महत्त्व नहीं रखता क्योंकि आंकड़ों का विज्ञान कहता है कि ऐसा संभव है। सांख्यिकीविदों का मानना है कि मतदाताओं के छोटे नमूने से मतदान

के इरादों और मतदाताओं के व्यवहार का उचित और सटीक मूल्यांकन किया जा सकता है। यह तभी संभव है अगर सर्वेक्षण के लिए तैयार नमूना वैज्ञानिक और सभी मतदाताओं का प्रतिनिधि हो। भारत में मतदाताओं का प्रतिनिधि नमूना चुनने के लिए यादृच्छिक पद्धति एक सरल पद्धति है क्योंकि यह प्रत्येक मतदाता को नमूने में चुने जाने का समान अवसर प्रदान करती है। इस प्रकार नमूने का आकार चुनाव सर्वेक्षण की विफलता का कारण नहीं है क्योंकि सांख्यिकीय रूप से यह संभव है कि एक छोटे से नमूने पर भी सटीक सर्वेक्षण किया जा सके। दूसरी ओर, विशेषज्ञ इस बात की आलोचना करते हैं कि चुनाव सर्वेक्षण में प्रयुक्त नमूना पद्धति न तो वैज्ञानिक है और न ही इसे यादृच्छिक तकनीक का उपयोग करके किया जाता है, जिसे वे सबसे उपयुक्त विधि मानते हैं। विशेषज्ञ उद्देश्यात्मक नमूना-चयन पद्धति के उपयोग करने के कारण मीडिया के मत सर्वेक्षणों की निंदा करते हैं, जहां मतदाताओं का चयन उनके लिए तय कोटा के आधार पर किया जाता है और इससे नमूना विषम और त्रुटिपूर्ण हो जाता है।

भारत में चुनाव सर्वेक्षणों के बारे में उठाए गए सवालों और इनकी आलोचना का विश्लेषण नमूना-चयन पद्धतियों की जांच और चुनाव संस्थानों द्वारा इस्तेमाल प्रकियाओं की जानकारी देकर किया जाएगा। उद्देश्य है नमूना-चयन पद्धतियों का विश्लेषण करना और मतदाताओं के अंतिम नमूने के चयन में उपयुक्त प्रक्रियाओं को आंकना। इससे नमूना-चयन त्रुटियों और खामियों को ढूंढने और उन्हें दूर करने के लिए जरूरी उपायों का पता लगाने में मदद मिलेगी। कोटा नमूना पद्धति का विश्लेषण करने से पहले, यह पता लगाना प्रासंगिक होगा कि कोटा नमूना पद्धति पूरी तरह से एकाग्र है या केवल कुछ चरणों में। चुनावों में जनमत सर्वेक्षणों के लिए उपयोग की जाने वाली नमूना तकनीक बहु-स्तरीकृत नमूना-चयन तकनीक पर आधारित होती है जिसका उपयोग ज्यादातर मतदान संगठनों द्वारा किया जाता है। इसमें नमूना-चयन के तीन चरण शामिल हैं: (अ) नमूना-चयन का पहला स्तर या चरण संसदीय/विधानसभा निर्वाचन क्षेत्र के स्तर पर। ज्यादातर चुनाव सर्वेक्षण इस स्तर पर नमूना लेने के लिए यादृच्छिक या व्यवस्थित यादृच्छिक तकनीकों का उपयोग करते हैं। यादृच्छिकीकरण की दोनों प्रक्रियाएं वैज्ञानिक रूप से सही हैं। इस स्तर पर, सीएसडीएस जैसे अकादमिक संगठन तीन या चार नमूने तैयार करने का अभ्यास करते हैं जिनकी जांच की जाती है कि क्या वे राष्ट्रीय/राज्य के दलों की वास्तविक हिस्सेदारी और पिछले चुनावों में जीती सीटों के अनुसार आनुपातिक रूप से जांच करने में उचित प्रतिनिधित्व कर रहे हैं। वह नमूना जो आनुपातिक मत हिस्सेदारी और पिछले चुनाव में मुख्य राजनीतिक दलों द्वारा जीती सीटों को करीब से दर्शाता है, का चयन किया जाता है। (ब) दूसरे स्तर या चरण में पहले से नमूनाकृत विधानसभा निर्वाचन क्षेत्रों के मतदान केंद्रों का नमूना-चयन शामिल है। इस स्तर पर भी मतदान केंद्रों का चुनाव यादृच्छिक या व्यवस्थित यादृच्छिक नमूना-चयन पद्धति का उपयोग कर किया जाता है। (स) नमूना-चयन

के तीसरे स्तर या चरण में अध्ययन के लिए मतदाताओं का चुनाव करने के लिए मतदाताओं के नमूने का चयन अंतिम चरण होता है जिसमें नमूना-चयन की दो अलग-अलग विधियों का अनुसरण किया जाता है। मीडिया जनमत सर्वेक्षण यादृच्छिकीकरण के आधार पर कोटा नमूना-चयन की विधि का अनुसरण करते हैं जबकि सीएसडीएस भारतीय चुनाव आयोग द्वारा प्रदान की गई मतदाताओं की सूची से मतदाताओं को चुनने के लिए व्यवस्थित यादृच्छिक नमूना-चयन का प्रयोग करता है।

नमूना-चयन के आखिरी चरण में मतदाताओं के नमूने लेने के इन दो तरीकों के एक तुलनात्मक विश्लेषण से पता चलता है कि क्या प्रक्रिया वैज्ञानिक और पूर्ण है या यह त्रुटिपूर्ण है जिसके फलस्वरूप उच्च नमूना-चयन त्रुटियां होती हैं।

मतदाताओं का व्यवस्थित यादृच्छिक नमूना-चयन

चुनाव सर्वेक्षण के लिए, मतदाताओं के चयन में सीएसडीएस व्यवस्थित यादृच्छिक नमूना-चयन की विधि का अनुसरण करता है। यादृच्छिक शुरुआत के साथ उत्तरदाताओं को चयनित मतदान केंद्रों की मतदाता सूची से व्यवस्थित यादृच्छिक नमूना तकनीक का उपयोग कर चुना जाता है। प्रत्येक नमूना मतदान केंद्र में, नमूनाकृत उत्तरदाताओं की एक सूची तैयार की जाती है जिसमें उनका नाम, आयु, लिंग और पता शामिल होता है। नमूना-चयन, क्षेत्र-कार्य शुरू होने से पहले किया जाता है, यह उन त्रुटियों की संभावना को कम करता है जो क्षेत्र-कार्य के दौरान काफी हद तक सामने आ सकती हैं। नमूना-चयन की प्रक्रिया काफी सरल होती है और उत्तरदाता का चुनाव आसानी से कर लिया जाता है। यादृच्छिक संख्या तालिका का प्रयोग करके पाए गए नमूना-चयन स्थिरांक से कम संख्या में पहले मतदाता को मतदाता सूची से यादृच्छिक चुना जाएगा। यहां यादृच्छिक चुनना, एक निरपेक्ष गैर पूर्वाग्रह दृष्टिकोण को दर्शाता है, जिसमें मतदाताओं का चयन करने में कोई झुकाव या वरीयता नहीं है। उदाहरण के लिए, 1400 मतदाताओं वाले मतदान केंद्र से अगर 20 मतदाताओं के नमूने चुने जाने हैं तो नमूना-चयन स्थिरांक पाने या अंतराल तक पहुंचने के लिए 1400 को 20 से विभाजित किया जाएगा जो इस मामले में 70 है। अगले चरण में दूसरे मतदाता तक पहुंचने के लिए पहले मतदाता नमूने में नमूना-चयन स्थिरांक को जोड़ा जाएगा। अगर यादृच्छिक रूप से चुने गए पहले मतदाता की संख्या 55 (जो 70 से कम है) है, तो दूसरे मतदाता को प्राप्त करने के लिए इसमें 70 जोड़ा जाएगा। ऐसे में दूसरा अनियमित नमूना मतदाता 125 होगा (55 + 70 = 125)। नमूनाकृत मतदान केंद्र की मतदाता सूची से 20 मतदाताओं का चयन होने तक यह प्रक्रिया दोहराई जाएगी।

चुनाव सर्वेक्षण में इस पद्धति का इस्तेमाल कर जो नमूना प्रोफाइल हासिल किया जाता है वह मतदाताओं का काफी हद तक प्रतिनिधित्व करता है। राष्ट्रीय और राज्य स्तर के चुनावों में सीएसडीएस द्वारा किए गए सर्वेक्षणों से पता चलता है कि अधिकतर सर्वेक्षणों में नमूना प्रोफाइल मतदाताओं की विशेषताओं का करीबी प्रतिबिंब रहे हैं।

मतदाताओं का कोटा आधारित नमूना-चयन

दूसरी तरफ, भारत में अधिकतर बाजार अनुसंधान एजेंसियों और मीडिया घरानों द्वारा कोटा नमूना-चयन का उपयोग किया जाता है लेकिन इसमें इस्तेमाल की गई प्रक्रिया को कभी सार्वजनिक नहीं किया जाता। जैसा कि शब्द से पता चलता है कि मतदाताओं के सर्वेक्षण के लिए लिंग और अलग-अलग आयु वर्ग के आधार पर पूर्व-निर्धारित कोटा तय किया जाता है। राष्ट्रीय और राज्य स्तरीय दोनों सर्वेक्षण में जनगणना के आंकड़ों के आधार पर अनुमान लगाया जाता है। यह पता लगाने के लिए कि क्या तकनीक सही है या नहीं और इसके साथ क्या कमियां जुड़ी हैं, कोटा नमूना-चयन की प्रक्रिया का एक उदाहरण दिया जाएगा। इस पद्धति के तहत नमूना-चयन प्रक्रियाएं इस प्रकार हैं:

चरण 1 परिवारों के चयन की प्रक्रिया

1) नमूनाकृत मतदान केंद्र पर पहुंचने के बाद जांचकर्ता मुख्य सडक़ से डाकघर/डाक बक्से का पता लगाता है। डाकघर/डाक बक्से का पता लगाने के बाद गणक के सामने/दायें तरफ वाला घर साक्षात्कार के लिए पहला नमूनाकृत घर होता है।
2) पहले नमूना घर में साक्षात्कार करने के बाद, गणक साक्षात्कार के लिए पहले नमूने वाले घर के दाईं ओर प्रत्येक दसवें घर का दौरा करते हैं और इस प्रक्रिया का पालन तब तक किया जब तक आवश्यक साक्षात्कार पूरे न कर लिए जाएं।

चरण 2 जिस क्रम में मतदाताओं का नमूना लिया जाता है

1) पहले नमूनाकृत घर में, जांचकर्ता को प्रथम आयु वर्ग अर्थात 14 से 30 साल के आयु वर्ग के एक पुरुष का साक्षात्कार करने की कोशिश करनी चाहिए। इस घर में अगर इस आयु वर्ग में कोई पुरुष नहीं है तो इस आयु वर्ग की महिला का साक्षात्कार किया जाना चाहिए। प्रतिवादी का चयन करने के बाद कोटा ग्रिड में एक उचित बॉक्स में सही का निशान लगाना चाहिए।

2) दूसरे नमूनाकृत घर में, प्रतिवादी का साक्षात्कार इस बात पर निर्भर करेगा कि क्या पहले घर में प्रथम आयु वर्ग में किया गया साक्षात्कार पुरुष का था या महिला का। अगर पहले घर में प्रथम आयु वर्ग में पुरुष का साक्षात्कार किया गया तो फिर इसी आयु वर्ग यानी 14 से 30 साल के आयु वर्ग की महिला का साक्षात्कार पूरा किया जाना चाहिए। और अगर पहले घर में 14 से 30 साल के आयु वर्ग में महिला का साक्षात्कार किया गया था तो दूसरे घर में प्रथम आयु वर्ग के पुरुष का साक्षात्कार लिया जाना चाहिए। प्रतिवादी का चयन करने के बाद कोटा ग्रिड में एक उचित बॉक्स में सही का निशान लगाना चाहिए।
3) फिर तीसरे नमूनाकृत घर में, दूसरे आयु वर्ग के यानी 31 से 59 साल के आयु वर्ग में एक पुरुष का साक्षात्कार किया जाना चाहिए। यदि घर में दूसरे आयु वर्ग में कोई पुरुष सदस्य नहीं है, तो इस आयु वर्ग में आने वाली महिला सदस्य का साक्षात्कार किया जाना चाहिए। प्रतिवादी का चयन करने के बाद कोटा ग्रिड में एक उचित बॉक्स में सही का निशान लगाना चाहिए।
4) उसी क्रम का पालन करते हुए, चौथे नमूना घर में प्रतिवादी का साक्षात्कार इस बात पर निर्भर करेगा कि तीसरे घर में साक्षात्कार द्वितीय आयु वर्ग की एक महिला का था या पुरुष का। यदि तीसरे घर में साक्षात्कार दूसरे आयु वर्ग 31 से 59 साल में आने वाले पुरुष का था तो अब इस आयु वर्ग की महिला का साक्षात्कार होना चाहिए। और यदि तीसरे घर में साक्षात्कार 31 से 59 साल के दूसरे आयु वर्ग की एक महिला का था तो अब इस आयु वर्ग के एक पुरुष का साक्षात्कार होना चाहिए। प्रतिवादी का चयन करने के बाद कोटा ग्रिड में एक उचित बॉक्स में सही का निशान लगाना चाहिए।
5) प्रत्येक मतदान केंद्र पर साक्षात्कार के लिए लिंग और आयुवर्ग के तय कोटा के आधार पर उत्तरदाताओं के चयन के लिए इस क्रम और पद्धति को दोहराया जाता है। कोटा नमूना-चयन पर यह उदाहरण स्पष्ट रूप से दिखाता है कि यह सभी नमूना बिंदुओं पर अपेक्षित साक्षात्कारों के कोटा का पालन करने के लिए बहुत सावधानी वाली और कठोर प्रक्रिया है।

इस प्रकार कोटा नमूना-चयन में घरों और मतदाताओं दोनों को चुनने के लिए यादृच्छिक तरीके से नमूना लेने के लिए व्यवस्थित कदम शामिल हैं (तालिका 4.4 देखें)। कोटा नमूना-चयन का उदाहरण स्पष्ट रूप से दिखाता है कि यह सभी नमूना अंकों पर आवश्यक

तालिका 4.4: मतदाताओं के कोटा नमूना-चयन की ग्रिड

संख्या	*समूह*	*कोटा*	*1*	*2*	*3*	*कुल*
1.	14 से तीस वर्ष	पुरुष				
		महिला				
2.	31 से 59 वर्ष	पुरुष				
		महिला				
3.	60 साल और इससे ऊपर	पुरुष				
		महिला				
मतदान केंद्रों पर लिए गए कुल साक्षात्कारों की संख्या =						

स्रोत: लेखकगण

साक्षात्कारों के कोटा का पालन करने के लिए बहुत सावधान और कठोर प्रक्रिया है। उदाहरण में, लिंग और आयु वर्ग के आधार पर कोटा तय किए जाते हैं लेकिन अगर जाति समुदाय को कोटा ग्रिड में जोड़ दिया गया तो यह प्रक्रिया और जटिल हो जाएगी और इसका अनुसरण करना मुश्किल होगा। इस प्रकार, क्षेत्र-कार्य के दौरान सख्ती से कोटा नमूना-चयन का अनुसरण करना व्यावहारिक नहीं है क्योंकि इससे बड़े पैमाने पर नमूना-चयन और अन्य त्रुटियां सामने आती हैं। यह प्रक्रिया नमूना-चयन प्रक्रिया का फैसला गणक पर छोड़ देती है जिससे आंक़ड़ा संग्रह प्रक्रिया के दौरान उच्च गैर नमूना-चयन त्रुटियां होती हैं। इस प्रकार, अधिकतर सर्वेक्षणों में इस पद्धति का उपयोग कर चयनित किए गए नमूने अनुपयुक्त और गलत हो जाते हैं। इसलिए विशेषज्ञों की राय कि मीडिया के चुनावी जनमत सर्वेक्षणों में प्रयोग में लाई गई कोटा नमूना-चयन तकनीकों में त्रुटियां होती हैं, ज्यादा मायने नहीं रखती क्योंकि समस्या हर जगह है। यह समस्या मुख्य रूप से कार्यक्षेत्र में कोटा नमूना-चयन के असल रूप को लागू करने में होती है और बेहतर यादृच्छिक प्रक्रियाओं और प्रोटोकॉल से इसका समाधान करने की जरूरत है।

5 प्रश्नावली, जानकारी एकत्र करने का एक महत्त्वपूर्ण साधन

किसी भी सर्वेक्षण अनुसंधान की तरह, एक संरचित साक्षात्कार अनुसूची जिसे लोकप्रियता से "प्रश्नावली" के रूप में संदर्भित किया जाता है, मतदान व्यवहार को मापने के लिए आंकड़े एकत्र करने का एक आवश्यक साधन है। प्रश्नावली या साक्षात्कार अनुसूची एक लिखित दस्तावेज है जिसमें उन विषयों के विभिन्न प्रश्न स्पष्ट शब्दों के प्रारूप में लिखे जाते हैं, जिन पर सर्वेक्षण की जांच और पूछताछ केंद्रित है। मतदान का विश्लेषण करने के उद्देश्य से किए जाने वाले एक अध्ययन की प्रश्नावली या साक्षात्कार अनुसूची में राजनैतिक विकल्पों, राजनीतिक दलों के बारे में पसंद और नापसंद और इसी तरह के सवालों की जानकारी हासिल करने के मकसद से प्रश्न शामिल किए जाएंगे। नमूना-चयन के अलावा, एक अच्छी प्रश्नावली यह जानने के लिए महत्त्वपूर्ण है कि कोई मतदान व्यवहार को कैसे सटीक माप सकता है क्योंकि इस माप की परिशुद्धता काफी हद तक आंकड़ों की गुणवत्ता पर निर्भर करती है। अगर एकत्रित किए गए आंकड़े गलत हैं तो मतदान व्यवहार के माप की परिशुद्धता में सुधार के लिए कुछ भी नहीं किया जा सकता है। यहां आंकड़ों की गुणवत्ता नमूने के आकार का उल्लेख नहीं करती लेकिन कुछ चीजें हैं जो उत्तर की गुणवत्ता निर्धारित करती है। बदले में मिले उत्तर की गुणवत्ता साक्षात्कार अनुसूची या प्रश्नावली से जुड़े इन मापदंडों द्वारा निर्धारित की जाती है:

- सबसे पहले, यह सवाल तैयार करने से संबंधित है, प्रश्न कैसे तैयार किए गए थे?
- सवालों को किस तरह के शब्दों में तैयार किया गया था?
- उत्तरदाताओं से मतदान पर सवाल कैसे पूछा गया?
- प्रश्नावली में ये प्रश्न किस क्रम में रखे गए थे?
- इन सवालों को किस क्रम में उत्तरदाता से पूछा गया था?
- उत्तरदाता से पूछे गए सवाल किस भाषा में थे?

- अन्वेषक ने ये सवाल कैसे पूछे?
- क्या उत्तरदाता इन सवालों को ठीक से समझ गया और उसने उन सवालों के सही ढंग से उत्तर दिए?
- अन्वेषक ने उन उत्तरों को कैसे अंकित किया?

मतदान व्यवहार मापने के लिए आंकड़ा संग्रह करने के लिए एक संरचित प्रश्नावली या साक्षात्कार अनुसूची आवश्यक है ताकि मानकीकरण सुनिश्चित किया जा सके। यह वांछनीय है कि आंकड़ा संग्रह की प्रक्रिया में, अधिकांश उत्तरदाताओं को एक समान तरीके और समान अर्थ के साथ सभी प्रश्नों के बारे में बताया जाना चाहिए। यह तभी संभव है जब प्रश्न स्पष्ट शब्दों में और सरल ढंग से लिखे जाएं। अगर मतदान व्यवहार को सर्वेक्षण विधि से नहीं, बल्कि एक निर्वाचन क्षेत्र के अध्ययन से मापा जाता है तो किसी को साक्षात्कार की समय-सारणी या प्रश्नावली की जरूरत नहीं पड़ सकती। मतदाता व्यवहार मापने के लिए आंकड़ा संग्रह के लिए एक मानक प्रश्नावली की आवश्यकता होती है जिसमें दृष्टिकोण और संचार में समानता बनाए रखने के लिए बड़ी संख्या में मतदाताओं का साक्षात्कार शामिल होता है। मानकीकरण, सर्वेक्षण में त्रुटियों को कम करता है और यह सुनिश्चित करता है कि एकत्रित किए गए आंकड़े विश्वसनीय और माप त्रुटियों से मुक्त हैं।

मानक और अर्ध-संरचित प्रश्नावलियों का उपयोग भारत में मतदान व्यवहार और रुख जानने के लिए किया जाता है। लोगों के बीच यह धारणा प्रचलित है कि भारत में चुनाव सर्वेक्षणों को प्रश्नावली के साथ आयोजित किया जाता है जो न तो ठीक से तैयार की जाती हैं और न ही उनमें ऐसे प्रश्न होते हैं जिनका अनुभवपूर्वक परीक्षण किया गया हो या परखा गया हो। चुनाव सर्वेक्षण प्रश्नावलियां मतदान एजेंसियों द्वारा तैयार की जाती हैं जो ग्राहकों द्वारा आवश्यक जानकारी के अनुरूप होती हैं और मीडिया के लिए व्यावसायिक मूल्य रखती हैं। यह कुछ मामलों में सच हो सकता है, लेकिन यह भारत में चुनाव मतदान उद्योग का सही प्रतिबिंब नहीं है। जनमत सर्वेक्षणों के दौरान मतदाताओं के आमने-सामने साक्षात्कार के लिए उपयोग की जाने वाली प्रश्नावली/साक्षात्कार अनुसूची को सामान्यत: लिखा जाता है और क्रमानुसार स्वरूप तैयार किया जाता है। एक अच्छी प्रश्नावली तैयार करना एक ऐसी कला है जो व्यापक सर्वेक्षण अनुसंधान और विकास के बाद सिद्ध होती है। अच्छी प्रश्नावली, ताजा तैयार किए गए प्रश्नों और ज्ञानक्षेत्र में पहले से मौजूद प्रश्नों का मिश्रण है। प्रश्नावली बनाना एक लंबी और बोझिल प्रक्रिया है क्योंकि इसमें प्रश्नों को

तैयार करने के लिए चिंतन सत्र और प्रभावकारिता तथा प्रासंगिकता की जांच के लिए क्षेत्रीय परीक्षण आयोजित करना शामिल है। प्रारूप प्रश्नावली डिजाइन पूर्व-परीक्षणों की एक शृंखला से गुजरता है और उत्तरदाताओं की प्रतिक्रिया के आधार पर इसे सर्वेक्षण आयोजित करने के लिए संशोधित और अंतिम रूप दिया जाता है।

यह अध्याय तीन व्यापक खंडों में विभाजित है: पहले खंड में बुनियादी मापदंड बताए गए हैं जिनका मतदान व्यवहार मापने और रुख जानने के लिए तैयार की जाने वाली अच्छी प्रश्नावली में पालन करने की आवश्यकता है। प्रासंगिक उदाहरणों और चित्रों के साथ चुनाव सर्वेक्षण प्रश्न तैयार करने के लिए व्यापक रूपरेखा प्रदान करने पर ध्यान दिया जाएगा। उद्देश्य होगा अच्छे और बुरे सवालों के बीच अंतर करना। प्रश्नावली डिजाइन करते समय तकनीकी सर्वेक्षण के नियमों और शब्दजाल का संक्षिप्त वर्णन, जिससे बचा जाना चाहिए, को भी रेखांकित किया जाएगा। दूसरा खंड प्रश्न संरचनाओं के विभिन्न प्रकार के वर्गीकरण जैसे ओपन एंडेड, क्लोज विद आर्डर्ड आंसर वेरिएबल्स, क्लोज एंडेड और अनऑर्डर्ड आंसर वेरिएबल्स व आंशिक क्लोज एंडेड प्रश्न के बारे में बताता है। चुनाव सर्वेक्षण के लिए किसी विशेष प्रकार के प्रश्न ढांचे का चयन करने के लिए कोई नियम नहीं है और यह उस तरह की जानकारी पर निर्भर करता है जिसे इकट्ठा करना इसका उद्देश्य है। उदाहरण यह दिखाने के लिए उपयोग किए जाएंगे कि किसी विशेष प्रकार की जानकारी के लिए कुछ प्रश्न संरचनाएं अधिक उपयुक्त और सर्वोत्तम हैं। अंतिम खंड, प्रश्नावली के पूर्व-परीक्षण के महत्त्व के साथ-साथ मतदाताओं के मतदान व्यवहार की गणना के लिए अंतिम रूप देने से पहले प्रश्नों का प्रभाव जांचता है। यह पूर्व-परीक्षण के चरणों को रेखांकित करेगा जिनसे एक प्रश्नावली को आदर्श रूप से गुजरना चाहिए और बताएगा कि चुनाव सर्वेक्षण की एक अच्छी प्रश्नावली तैयार करने के लिए प्रत्येक चरण क्यों आवश्यक है? प्रश्नावली का पूर्व-परीक्षण यह जानने में सहायता करता है कि सर्वेक्षण के सवालों को कैसे समझा गया और नमूनाकृत मतदाताओं द्वारा कैसे उत्तर दिया गया तथा प्रतिक्रिया के आधार पर, विसंगतियों, खामियों और त्रुटियों को पहचान कर उनका समाधान किया जा सकता है।

एक अच्छी प्रश्नावली की मूल बातें

सर्वेक्षण अनुसंधान का आधार समस्या की पहचान करने में होता है जो सबसे पहले एक सर्वेक्षण को प्रेरित करता है और फिर समस्या या विचार का अच्छे प्रश्नों में अनुवाद करता

है, जिन्हें उत्तरदाता समझ सकते हैं और निष्पक्ष उत्तर दे सकते हैं। सामाजिक वैज्ञानिक इसे परिचालन कहते हैं। इसका अर्थ है कि घटनाओं की या प्रतिभास की श्रेणियां बनाना जिन्हें देखा और मापा जा सकता है (सेलेंट और डिलमैन, 1994)। एक अच्छी प्रश्नावली वह नहीं है जिसमें शामिल प्रश्न व्याकरण की दृष्टि से सही भाषा में लिखे गए हों और न ही इसका अर्थ सौंदर्य की दृष्टि से शैलीबद्ध प्रारूप में तैयार किया गया दस्तावेज है। सर्वेक्षण अनुसंधान में एक अच्छा प्रश्न तब माना जाता है, जब यह एक ही अर्थ बताता है और सभी उत्तरदाताओं द्वारा समान तरीके से समझा जाता है। अलग-अलग लोगों द्वारा अलग-अलग तरह से समझा जाने वाला प्रश्न निश्चित रूप से घटिया प्रश्न होगा। अन्य तत्व जो प्रश्न को अच्छे बनाते हैं, उनमें अलग-अलग लोगों से अलग-अलग उत्तर प्राप्त करने की क्षमता शामिल है। एक ऐसा प्रश्न जो केवल एक ही तरह का उत्तर देता है तो उसे एक अच्छा सवाल नहीं माना जाता है और सर्वेक्षण में यह कहा जाता है "सवाल बर्बाद किया गया था"। यदि उत्तरदाताओं से पूछा गया कोई प्रश्न एक प्रकार के 95 प्रतिशत से अधिक उत्तर प्राप्त करता है तो इसे एक खराब सवाल माना जाता है। इसलिए मतदान व्यवहार को मापने के लिए जानकारी इकट्ठा करते समय, हमे ऐसे प्रश्न पूछने की जरूरत है जो लगभग सभी उत्तरदाताओं को समान अर्थ बताते हैं। एक अच्छी गुणवत्तापूर्ण चुनाव सर्वेक्षण प्रश्नावली निम्नलिखित मानदंडों द्वारा तैयार की जा सकती है:

सरल और सामान्य शब्दों का प्रयोग

मतदान के व्यवहार को मापने के उद्देश्य से किए जा रहे एक सर्वेक्षण के लिए एक अच्छी प्रश्नावली वह होगी जिसमें प्रश्न सरल तरीके से और आम भाषा में लिखे गए होंगे। सवाल ऐसे होने चाहिए कि यदि उन्हें मतदाताओं से से पूछा जाए तो वे उन्हें आसानी से समझ सकें तथा उन सवालों के और स्पष्टीकरण की कोई जरूरत नहीं होनी चाहिए। प्रश्न लोगों द्वारा बोली जाने वाली भाषा में लिखे जाने चाहिए और इनकी शब्दावली ज्यादा औपचारिक या किताबी नहीं होनी चाहिए। जब मतदाता से प्रश्न पूछा जाता है तो इसे स्पष्ट रूप से उस व्यक्ति से संवाद करना चाहिए कि किस इरादे से क्या पूछा जा रहा है। जहां तक संभव हो सके, सरल शब्दों और रोजमर्रा की बातचीत में प्रयुक्त लोकप्रिय शब्दों का उपयोग करने का प्रयास किया जाना चाहिए। आमतौर पर प्रश्न एक भाषा में तैयार किए जाते हैं, परन्तु भारतीय भाषाओं में कुछ अंग्रेजी शब्दों की भाषायी स्वीकार्यता के कारण कभी-कभी अन्य भाषाओं के शब्दों के मिश्रण की आवश्यकता हो सकती है, जो कि सामान्यत: मूल भाषा के शब्दों

से अधिक उपयोग किए जाते हैं। उदाहरण के लिए, हिंदी में एक चुनाव सर्वेक्षण प्रश्नावली तैयार करने में, एमपी या एमएलए या इलेक्शन जैसे कुछ अंग्रेजी शब्द शामिल किए जाते हैं क्योंकि इन्हें हिंदी बोलने वाले क्षेत्रों में आम लोगों द्वारा हिंदी शब्दों जैसे सांसद, विधायक या चुनाव की अपेक्षा ज्यादा इस्तेमाल किया जाता है।

प्रश्नों की लंबाई कम होनी चाहिए

सर्वेक्षण शोधकर्ताओं में एक आम सहमति है कि प्रश्नों को छोटा होना चाहिए और जहां तक संभव हो, लंबे प्रश्नों से बचना चाहिए। हालांकि, कुछ विशेषज्ञों के कारण यह विवादास्पद है जो मानते हैं कि लंबे प्रश्न अधिक उपयुक्त हैं और कुछ स्थितियों में यह बहुत महत्त्वपूर्ण हैं। लंबे प्रश्नों के पक्ष में इस तर्क को आगे रखा गया है कि वास्तविक प्रश्न शुरू होने से पहले कुछ वाक्यों में प्रश्नों को शुरू करने से उत्तरदाता को बेहतर स्थिति में रखने में मदद मिलती है। लंबा प्रश्न उत्तरदाता को उत्तर के बारे में सोचने के लिए थोड़ा और अधिक समय देता है ताकि वह बेहतर प्रतिक्रियाएं प्रदान करे। इस प्रकार कुछ परिस्थितियों में लंबे प्रश्न उपयोगी और वांछनीय होते हैं लेकिन इनका प्रश्नावली में संयम से इस्तेमाल किया जाना चाहिए। लंबे प्रश्नों से बचने के कारण हैं: बहुत लंबे सवाल प्रश्नावली को भारी और बहुत समय लेने वाला बनाते हैं और यह सर्वेक्षण के दौरान उत्तरदाता को थकान और अधूरे साक्षात्कार की उच्च दर की ओर ले जाता है।

हालांकि, यदि चुनाव सर्वेक्षण के सवाल धार्मिक दंगों और चुनावों के ध्रुवीकरण जैसे राजनीतिक रूप से संवेदनशील मुद्दों पर मतदाताओं की राय मापने के लिए किए गए हैं, तो लंबे सवाल उपयोगी या अपरिहार्य होते हैं। संवेदनशील मुद्दों पर सवालों को प्रासंगिक/स्थितिपरक ढांचे में तैयार किए जाने की आवश्यकता होती है जो उन्हें आवश्यक रूप से लंबा बनाती है। ऐसे संवेदनशील प्रश्नों को संक्षेप में पूछे जाने पर मतदाताओं के लिए अनाधिकार या शर्मिंदगी के रूप में देखा जा सकता है और इनसे सही उत्तर नहीं मिलेंगे। इस प्रकार उत्तरदाताओं से वोट देने के लिए एक विशेष उम्मीदवार या राजनीतिक दल से शराब या नकदी स्वीकार करने जैसे पूछे गए सवाल संवेदनशील प्रश्नों की श्रेणी में आएंगे। यदि संवेदनशील प्रश्न सीधे या स्पष्ट ढंग से पूछे जाते हैं, तो ऐसे सवालों के उत्तर देने में मतदाता असहज हो जाते हैं जिससे उच्चतर गैर-प्रतिक्रिया दरों में वृद्धि होती है। प्रश्न के बारे में कुछ भी अच्छा या बुरा नहीं है, इसके साथ संलग्न मूल्य निर्णय को बेअसर करने के लिए लंबे प्रारूप में संवेदनशील प्रश्न तैयार करना उपयोगी होता है। यह उत्तरदाता को बेहतर ढंग से

स्थिति को याद करने की अनुमति देता है और प्रश्नों के उत्तर देने में थोड़ा अधिक समय प्रदान करता है। उदाहरण के लिए:

अनुपयुक्त सूत्रीकरण: *हाल ही में संपन्न हुए विधानसभा चुनाव में आपने किसको वोट दिया? क्या हाल ही में संपन्न हुए विधानसभा चुनावों के दौरान आपने किसी भी उम्मीदवार से कोई उपहार या पैसा या इसी तरह की कोई चीज ली थी?*

उपयुक्त सूत्रीकरण: *इस क्षेत्र के लोगों के बातचीत के दौरान हमें पता चला कि कुछ लोगों ने मतदान किया जबकि कुछ लोग मतदान नहीं कर सके थे। आपके साथ क्या हुआ, क्या आप मतदान करने में सक्षम थे या नहीं?*

इस क्षेत्र के लोगों के बात करते हुए हमने पाया कि हाल ही में संपन्न हुए विधानसभा चुनाव के दौरान कुछ मतदाता उम्मीदवारों से उपहार या धन प्राप्त करते हैं, जबकि कुछ ने कोई उपहार या धन प्राप्त नहीं किया। आपके बारे में क्या है, हाल ही में संपन्न हुए विधानसभा चुनाव के दौरान, क्या आपको कोई उपहार या पैसा मिला था?

इसी तरह, सामाजिक रूप से अवांछनीय मुद्दों पर मतदाताओं की राय की गणना करने संबंधी सवाल काफी लंबे हैं क्योंकि उन्हें एक वांछनीय संदर्भ में तैयार किया जाता है। सामाजिक रूप से अवांछनीय व्यवहार या रुख पर ये सवाल अगर मतदाताओं से सीधे और संक्षेप रूप में किए जाएं तो वे सही उत्तर नहीं देते क्योंकि लोग उनसे बचते हैं। इस प्रकार मतदाता चुनाव के दौरान किसी भी तरह के कदाचार में शामिल हो सकते हैं लेकिन जब उनसे स्पष्ट रूप से पूछा जाए तो वे सही उत्तर नहीं देते हैं। इसलिए, ऐसे मुद्दों पर प्रश्न लिखते समय यह ध्यान रखना चाहिए कि मुख्य प्रश्न की छोटी सी कथा के साथ भूमिका लिखी जाए ताकि उसकी अवांछनीयता और भद्देपन को कम किया जा सके। इससे ऐसे सवाल स्पष्ट रूप से पूछने की तुलना में अधिक सटीक प्रतिक्रिया प्राप्त करने में मदद मिलती है।

एक सवाल में दो सवाल लिखने से बचें

सर्वेक्षण प्रश्नों की रूपरेखा तैयार करते समय, एक प्रश्न में दो प्रश्नों को लिखने से बचना चाहिए। उदाहरण के लिए, क्या आप राहुल गांधी और सोनिया गांधी को पसंद करते हैं? यह एक सवाल पूछने या नेतृत्व पर राय व्यक्त करने जैसा दिखता है, लेकिन इस प्रश्न में समस्या यह है कि इस एक प्रश्न में दो प्रश्न हैं। जबकि पहला प्रश्न राहुल गांधी की पसंद के बारे में है, दूसरा सवाल सोनिया गांधी के बारे में है। कभी-कभी उत्तरदाता के लिए इस प्रकार के प्रश्न का स्पष्ट उत्तर देना मुश्किल हो सकता है। कोई राहुल गांधी को एक नेता

के रूप में पसंद नहीं कर सकता लेकिन सोनिया गांधी के नेतृत्व को पसंद कर सकता है। यदि प्रश्न इस तरह से लिखा जाता है, तो उत्तरदाता के लिए इस प्रश्न का स्पष्ट उत्तर देना बहुत मुश्किल हो सकता है। उत्तरदाता के पास एक के लिए सकारात्मक उत्तर और दूसरे के लिए नकारात्मक उत्तर देने का विकल्प नहीं है। इसलिए यदि इस प्रश्न का उत्तर सकारात्मक में दर्ज किया गया है, तो इसका अर्थ है कि उत्तरदाता दोनों नेताओं को पसंद करता है इसके विपरीत, यदि उत्तर नकारात्मक में दर्ज किया गया है तो इसका मतलब है कि उत्तरदाता न तो राहुल गांधी को पसंद करता है और न ही सोनिया गांधी को, जो कि सही नहीं हो सकता। उत्तरदाता किसी एक को पसंद कर सकता है और दूसरे को नापसंद कर सकता है, लेकिन इस तरह के सवाल उत्तरदाता से स्पष्ट उत्तर पाने में मदद नहीं करते। ऐसे अस्पष्ट उत्तर के परिणामस्वरूप मापा गया मतदान व्यवहार अविश्वसनीय हो सकता है। इसे **डबल बैरल्ड** प्रश्न कहा जाता है जिससे किसी भी सर्वेक्षण प्रश्नावली में पूरी तरह से बचा जाना चाहिए।

स्पष्ट समय संदर्भ के साथ सवाल

चुनाव सर्वेक्षण प्रश्नावली में कुछ सवाल हैं जो किसी समय के संदर्भ में मतदाताओं की राय को मापने का प्रयास करते हैं। कोई भी प्रश्न जो किसी समयावधि के लिए प्रस्तुत किया जाता है, में स्पष्ट रूप से दिन, महीने या वर्षों की सटीक अवधि का उल्लेख करना चाहिए, उन मुद्दों पर निर्भर करते हुए जिनके लिए संदर्भ दिया जा रहा है ताकि विभिन्न उत्तरदाता अलग-अलग तरीकों से समयावधि की व्याख्या न करें। इस प्रकार पिछले कुछ वर्षों की कुछ उत्तरदाताओं द्वारा एक या दो साल के रूप में व्याख्या की जा सकती है जबकि अन्य इसे चार या पांच साल के रूप में समझ सकते हैं। यह मानकीकरण के मूल सिद्धांत के खिलाफ है और इससे सख्ती से बचा जाना चाहिए। सवाल स्पष्ट रूप से यह बताएगा कि इस प्रश्न का उल्लेख किस समय के लिए किया जा रहा है और यह तभी संभव होगा यदि प्रश्न में सटीक वर्षों को लिखा जाएगा। प्रश्न में समय का संदर्भ उचित होना चाहिए क्योंकि सर्वेक्षण प्रश्नों के लिए बहुत लंबे समय को याद करना उपयुक्त नहीं है। बहुत लंबे समय के संदर्भ में, उत्तरदाता समस्या या उस घटना को स्पष्ट रूप से याद करने में विफल रहता है जो बहुत समय पहले हुआ था। इस प्रकार लंबे समय का संदर्भ उत्तरदाता के लिए एक स्मृति परीक्षण अभ्यास बन जाता है और उसकी प्रतिक्रिया अक्सर अस्पष्ट या गलत होती है।

अनुपयुक्त सूत्रीकरण: *पिछले कुछ साल में आपके क्षेत्र के विधायक ने कितनी बार आपके गांव/नगर/शहर का दौरा किया है?*

उपयुक्त सूत्रीकरण: *पिछले एक साल के दौरान आपके क्षेत्र के विधायक ने कितनी बार आपके गांव/नगर/शहर का दौरा किया है?*

एक समय अवधि के संदर्भ में पूछा गया प्रश्न अधिक उपयुक्त और सटीक हो सकता है यदि इसे किसी विशिष्ट समय के संदर्भ के साथ या सीमा चिह्न की सहायता से या कुछ संकेत देकर पूछा जाए।

उत्तर श्रेणियों को प्रश्न का पालन करना चाहिए

मतदान के व्यवहार को मापने के दौरान, हम ऐसे सवाल पूछते हैं जिनका मतदाता के लिए हां या ना में उत्तर देना मुश्किल होता है और कभी-कभी मतदाता व्यक्तिपरक या गुण संपन्न प्रतिक्रिया देते हैं। ऐसे प्रश्न, जहां उत्तर हां या ना में नहीं दिया जा सकता, तैयार करते समय वांछनीय है कि कुछ उत्तर श्रेणियां जो मतदाता की प्रतिक्रिया होने की संभावना है, सवाल के साथ पढ़ी जानी चाहिए। यदि उत्तर श्रेणियों को पढने की आवश्यकता है, तो इसे प्रश्न का हिस्सा बनना चाहिए। लेकिन एक सावधानी है, इन उत्तर श्रेणियों को उन सवालों का पालन करना चाहिए, कहने का मतलब है कि प्रश्न इस तरह से लिखे जाने चाहिए कि पहले सवाल पढना चाहिए और बाद में उत्तर श्रेणियों को पढ़ा जाना चाहिए। यह अनुक्रमण पहले, उत्तरदाता को पढ़े गए सवाल को सुनने और फिर विभिन्न उत्तर श्रेणियों से संभव उत्तर चुनने में मदद करता है।

अनुपयुक्त सूत्रीकरण: *आप क्या कहेंगे कि राज्य सरकार के कामकाज से आप काफी हद तक, कुछ हद तक, ज्यादा संतुष्ट नहीं या बिल्कुल भी संतुष्ट नहीं हैं?*

उपयुक्त सूत्रीकरण: *आप किस हद तक राज्य सरकार के कामकाज से संतुष्ट हैं—काफी हद तक, कुछ हद तक, बहुत ज्यादा नहीं या बिल्कुल भी नहीं?*

विशिष्ट प्रश्नों को वरीयता दी जानी चाहिए

वोटिंग व्यवहार को मापने के लिए सवाल पूछते समय, सामान्य प्रश्नों से विशिष्ट प्रश्नों को वरीयता दी जानी चाहिए। सामान्य और अस्पष्ट प्रश्न अनुपयुक्त व्याख्या, अलग-अलग व्याख्याओं की ओर उन्मुख होते हैं जिनके परिणामस्वरूप अलग-अलग मतदाता प्रश्न का

अलग-अलग अर्थ निकाल लेते हैं। यदि अलग-अलग मतदाता एक ही प्रश्न का अलग अर्थ लेते हैं, तो यह सर्वेक्षण अनुसंधान में मानकीकरण के बुनियादी सिद्धांत के खिलाफ होगा। जब मतदाता एक ही सवाल को अलग अर्थ देते हैं तो वे एक ही प्रश्न के लिए विभिन्न प्रतिक्रिया देने के लिए बाध्य होते हैं जिसके परिणामस्वरूप विश्लेषण गलत हो जाता है। दोषपूर्ण प्रश्नों द्वारा एकत्र किए गए आंकड़ों के आधार पर मतदान व्यवहार का मापन संदिग्ध होने के लिए बाध्य होता है। मतदाताओं द्वारा विस्तृत श्रेणी की व्याख्या वाले प्रश्न, मापन त्रुटियों के उच्चस्तरीय जोखिम का आह्वान करते हैं।

इस प्रकार भारत में केंद्र सरकार के प्रदर्शन पर एक प्रश्न विभिन्न मतदाताओं द्वारा विभिन्न प्रकार की व्याख्याओं के लिए खुला होगा। कुछ लोग बुनियादी सुविधाओं के मुताबिक प्रदर्शन की व्याख्या कर सकते हैं जबकि अन्य लोग देश में आतंकवादी हमलों और कानून-व्यवस्था को संभालने के मापदंडों पर इसकी व्याख्या कर सकते हैं। एक ही प्रश्न के लिए विभिन्न उत्तरदाताओं द्वारा विभिन्न व्याख्याओं की संभावना को कम करने के लिए यह आवश्यक है कि प्रश्न का स्वभाव विशिष्ट और इसका अभिप्राय स्पष्ट होना चाहिए।

अनुपयुक्त सूत्रीकरण: *आप केंद्र सरकार के प्रदर्शन का मूल्यांकन कैसे करेंगे —बहुत अच्छा, अच्छा, ज्यादा अच्छा नहीं या बुरा?*

उपयुक्त सूत्रीकरण: *आप बेरोजगारी की समस्या से निपटने के मुद्दे पर सरकार के प्रदर्शन का मूल्यांकन कैसे करेंगे—बहुत अच्छा, अच्छा, खास अच्छा नहीं या बुरा?*

प्रश्न में दोहरी नकारात्मकता से बचें

एक चुनाव सर्वेक्षण प्रश्नावली तैयार करते समय, नकारात्मक शब्दों वाले प्रश्न और दोहरे नकारात्मक से जितना संभव हो उतना बचा जाना चाहिए क्योंकि यह न केवल मतदाताओं के बीच भ्रम पैदा करता है बल्कि क्षेत्रीय गणक के बीच भी ऐसी स्थिति बनाता है। उदाहरण के लिए, चुनावों में मतदान अनिवार्य नहीं होना चाहिए और मतदान न करने वालों को दंडित नहीं किया जाना चाहिए। मुझे बताएं कि क्या आप इस बयान से सहमत हैं या असहमत? इस सवाल में समस्या यह है कि नकारात्मक उत्तर सकारात्मक प्रतिक्रिया है, जबकि सकारात्मक प्रतिक्रिया नकारात्मक उत्तर है।

हालांकि, दोहरे नकारात्मक प्रश्नों से परहेज किया जाना चाहिए, कुछ सर्वेक्षण विशेषज्ञों का मानना है कि ऐसे कुछ प्रश्नों को एक मकसद से प्रश्नावली में शामिल किया जाना चाहिए क्योंकि इससे उत्तरदाताओं को और सतर्क होने में मदद मिलती है और यह साक्षात्कार

एकरसता को भी तोड़ते हैं। दोहरा नकारात्मक प्रश्न विशेष रूप से उस प्रश्न के संग्रह के लिए उपयोगी होता है जहां एक ही प्रश्न में एक से अधिक प्रश्नों को बिना किसी अंतराल के एक-एक कर उत्तरदाता से पूछा जाता है। प्रतिक्रियाएं या तो सहमत या असहमत स्वरूप (सकारात्मक या नकारात्मक) में दर्ज की जाती है। यदि ऐसे संग्रह में सभी विवरण सकारात्मक तरीके से लिखे जाते हैं, तो उत्तरदाता सभी प्रश्नों का एक सेट प्रदान करता है जो या तो सकारात्मक हो सकते हैं या नकारात्मक। इसे प्रतिक्रिया सेट कहा जाता है। बयानों के संग्रह में सकारात्मक और नकारात्मक बयानों का मिश्रण उत्तरदाताओं के इस प्रतिक्रिया सेट को तोड़ने में बहुत उपयोगी है चाहे जांचकर्ताओं को ऐसे दोहरे नकारात्मक प्रश्नों के उत्तर लेने में ज्यादा चौकसी बरतनी पड़ी हो। लेकिन संग्रह में ऐसे सवालों की संख्या कम होनी चाहिए वरना यह गणकों और उत्तरदाताओं में भ्रम की स्थिति पैदा कर देंगे।

थोपे विकल्प प्रश्नों को वरीयता

एक चुनाव सर्वेक्षण में, ऐसे प्रश्न हैं जो सहमत-असहमत उत्तर श्रेणियों में मतदाताओं के मत और दृष्टिकोण मापते हैं। सवाल एक बयान के रूप में पूछे जाते हैं और मतदाता उनसे सहमत या असहमत रूप से प्रतिक्रिया व्यक्त करते हैं। सर्वेक्षण के अनुभव से पता चलता है कि अक्सर मतदाता ऐसे दो बयानों से सहमत या असहमत होते हैं जो एक-दूसरे के काफी विरोधाभासी हैं। यह अशिक्षित मतदाताओं या वे मतदाता जिनके पास निम्र स्तरीय शैक्षिक उपलब्धियां हैं, में काफी आम है। वे वक्तव्यों के बावजूद एक तरह की प्रतिक्रिया देते रहते हैं। सर्वेक्षण भाषा में इसे स्वीकार्य पूर्वाग्रह कहा जाता है और इन्हें थोपे गए विकल्प वाले प्रश्नों के आधार पर सर्वेक्षण में कम किया जा सकता है।

अनुपयुक्त सूत्रीकरण: *भारत में मतदान अनिवार्य कर दिया जाना चाहिए—क्या आप सहमत हैं या असहमत?*

केवल शिक्षित लोगों को चुनाव लड़ने की इजाजत दी जानी चाहिए—क्या आप सहमत हैं या असहमत?

उपयुक्त सूत्रीकरण:

मैं दो कथन पढ़ने जा रहा हूं, मुझे बताएं कि आप **कथन 1** के साथ सहमत हैं या **कथन 2** के साथ

कथन 1 मतदान अनिवार्य कर देना चाहिए क्योंकि इससे भारत में मतदान के लिए झुकाव बढऩे में मदद मिलेगी।

कथन 2 भारत जैसे लोकतंत्र में लोगों को यह तय करने की स्वतंत्रता होनी चाहिए कि क्या वे वोट देना चाहते हैं या नहीं, मतदान को अनिवार्य नहीं बनाया जाना चाहिए।

कथन 1 केवल शिक्षित लोगों को भारत में चुनाव लड़ने की इजाजत दी जानी चाहिए क्योंकि केवल शिक्षित लोग ही भारत में सरकार चला सकते हैं।

कथन 2 भारत जैसे लोकतंत्र में सभी को चुनाव लड़ने की स्वतंत्रता होनी चाहिए और चुनाव लड़ने के लिए कोई भी शैक्षिक योग्यता नहीं होनी चाहिए।

ताजा प्रभाव से बचें

आंकड़ों के संग्रह के लिए प्रश्न पूछते समय ऐसे प्रश्न होते हैं जिनके कुछ उत्तर श्रेणियों को पढ़ा जाता है और मतदाता से इन उत्तर श्रेणियों में से किसी एक को चुनने की उम्मीद की जाती है। मतदाताओं को प्रतिक्रियाएं नहीं दिखाई जातीं लेकिन जांचकर्ता द्वारा पढक़र मतदाताओं को सुनाई जाती हैं। उत्तरदाता को एक जवाबी प्रतिक्रिया का चुनाव करना होता है। वर्षों के अनुसंधान ने संकेत दिया है कि ऐसी परिस्थितियों में, ऐसे प्रश्नों के लिए मतदाताओं के बीच पहली या अंतिम प्रतिक्रिया चुनने की प्रवृत्ति होती है जो उनके पास पढ़ी जाती हैं। उत्तरदाता अन्य प्रतिक्रियाओं के मुकाबले इन दो प्रकार की जवाबी प्रतिक्रियाओं को याद करने का प्रयास करता है। सर्वेक्षण अनुसंधान में, इसे प्राथमिक या ताजा प्रभाव के रूप में जाना जाता है। जब उत्तरदाता की प्रवृत्ति पहली प्रतिक्रिया चुनने की अधिक होती है तो उसे प्राथमिकता प्रभाव माना जाता है, और अगर उत्तरदाता अंतिम उत्तर श्रेणी को चुनता है, तो यह ताजा प्रभाव होता है। इस समस्या को कम करने के लिए, प्रश्नों को तैयार करते हुए यह वांछनीय है कि अन्य प्रतिक्रियाओं की तुलना में अधिक लोकप्रिय है, को न तो सबसे पहले और न ही आखिर में रखा जाना चाहिए। इसे प्रतिक्रियाओं की सूची के मध्य में रखा जाना चाहिए। इससे प्राथमिकता या ताजा प्रभाव को को घटाकर इसके प्रभाव को कम करने में मदद मिलती है। (तालिका 5.1 देखें)।

उदाहरण: निम्न में से आप किसे भारत का महान राजनेता समझते हैं?

प्रश्नों का पहला सूत्रीकरण प्राथमिक और ताजा प्रभावों को आमंत्रित कर सकता है क्योंकि दोनों सबसे लोकप्रिय नेताओं महात्मा गांधी और जवाहरलाल नेहरू को सूची की शुरुआत और अंत में रखा गया है। बड़ी संख्या में उत्तरदाता इन दो जवाबों में से एक को चुनेंगे क्योंकि वे लोकप्रिय हैं। उनके नाम का या तो शुरुआत या अंत में उल्लेख किया जाएगा जिसे मतदाता आसानी से याद रख पाता है। केवल कुछ ही होंगे जो वीपी सिंह

तालिका 5.1: प्राथमिक और ताजा प्रभाव कम करना: आधारभूत नियम

(अनुपयुक्त क्रम)	*(उपयुक्त क्रम)*
1. महात्मा गांधी	1. वी.पी. सिंह
2. वी.पी. सिंह	2. सरदार पटेल
3. इंदिरा गांधी	3. महात्मा गांधी
4. सरदार पटेल	4. जवाहर लाल नेहरू
5. लाल बहादुर शास्त्री	5. इंदिरा गांधी
6. सुभाष चंद्र बोस	6. लाल बहादुर शास्त्री
7. जवाहर लाल नेहरू	7. सुभाष चंद्र बोस

स्रोत: लेखकगण

के नाम का उल्लेख करेंगे। हम सही अनुमान प्राप्त नहीं कर सकते कि मतदाताओं का कितना अनुपात इन नेताओं को भारत के सबसे बड़े राजनेता के रूप में मानता है। ऐसी प्रतिक्रियाओं के आधार पर मतदान व्यवहार और राजनीतिक पसंद का विश्लेषण निश्चित रूप से अविश्वसनीय होगा। इस प्रश्न में प्राथमिक और ताजा प्रभाव को कम करने के लिए उन्हें कहीं न कहीं सूची के बीच में स्थान देना उचित हो सकता है। संशोधित सूत्रीकरण, जहां महात्मा गांधी और जवाहरलाल नेहरू को सूची के मध्य में रखा गया है, इस प्रश्न पर प्राथमिक और ताजा प्रभाव को न्यूनतम करने में मदद करता है। इससे वास्तविकता के करीब प्रतिक्रिया हासिल करने में मदद मिलेगी।

अन्य मुद्दे

उपरोक्त रेखांकित सर्वेक्षण प्रश्नों को डिजाइन करने के लिए मापदंडों की सूची, एक व्यापक सूची है लेकिन एक अच्छी प्रश्नावली तैयार करते समय अन्य मुद्दों को ध्यान में रखा जाना चाहिए। एक महत्त्वपूर्ण मुद्दा है सभी सवालों के उत्तर के लिए पता नहीं या कोई राय नहीं, की उत्तर श्रेणियां प्रदान की जाएं। ऐसे प्रश्न होंगे जिनका उत्तर उत्तरदाता इन कारणों से देना पसंद नहीं करेंगे: पहला, उत्तरदाता सवाल समझ नहीं सका इसलिए इसका उत्तर नहीं दिया। दूसरा, उत्तरदाता को सवाल समझ में आ गया लेकिन इस मुद्दे के बारे में जागरूकता/जानकारी नहीं थी, और अंत में उत्तरदाता सवाल समझ गया और इस मुद्दे पर राय है लेकिन अपनी राय व्यक्त नहीं करना चाहता। इन प्रकार की परिस्थितियों पर काबू पाने के लिए, सभी प्रश्नों की स्पष्ट रूप से पता नहीं या कोई राय नहीं उत्तर श्रेणियां होनी चाहिए। अगर हम उल्लेख करने के लिए मतदाताओं को कोई राय नहीं का विकल्प नहीं देते और जांचकर्ता को अंकित का

विकल्प नहीं देते तो अन्य उत्तरों का अनुपात बढ़ता जाता है जिसके परिणामस्वरूप मतदान व्यवहार का माप गलत होगा।

प्रश्नावली डिजाइनिंग में एक महत्त्वपूर्ण मुद्दा सर्वेक्षण प्रश्नों का अनुक्रमण या उन्हें क्रमबद्ध करना है। प्रश्नावली की शुरुआत में कौन सा प्रश्न पूछा जाना चाहिए और कौन सा अंत में पूछा जाए, इसका चुनाव बहुत सावधानी से करना चाहिए। एक सामान्य नियम के रूप में पहला प्रश्न दो या तीन से अधिक उत्तर विकल्पों के साथ खत्म होना चाहिए। हां/नहीं प्रारूप बेहतर ढंग से काम करता है। दूसरा या तीसरा प्रश्न ओपन एंडेड होना चाहिए (सलेंट और डिलमैन, 1994)। सर्वेक्षण पेशेवरों के बीच आम सहमति यह है कि संवेदनशील प्रश्नों को शुरुआत या अंत में नहीं पूछा जाना चाहिए, लेकिन प्रश्नावली के बीच कहीं रखा जाना चाहिए। यदि संभव हो तो प्रश्नावली इस तरह तैयार की जानी चाहिए कि उत्तरदाता के पास संवेदनशील प्रश्न का उत्तर गुप्त तरीके से देने की गुंजाइश हो जिसे साक्षात्कार के समय मौजूद लोगों द्वारा सुना या जाना नहीं जा सके। चुनाव सर्वेक्षण में, मतदान का सवाल बहुत संवेदनशील है और मतदाता अपने वोट के बारे में गोपनीयता बनाए रखना चाहते हैं। चूंकि साक्षात्कार आमने-सामने की स्थिति में आयोजित किए जाते हैं और कुछ लोग साक्षात्कार देने वाले मतदाताओं के आसपास इकट्ठा होते हैं, मतदान पर सवाल हमेशा इस तरह से पूछा जाना चाहिए कि मतदाता अपने वोट की गोपनीयता को बनाए रख सके और अन्य को कोई भी संकेत न मिल सके कि उसने किस पार्टी को वोट दिया था।

वोटिंग प्रश्न डमी बैलेट पेपर और डमी बैलेट बॉक्स के इस्तेमाल के साथ पूछा जाता है। आमतौर पर, सभी उम्मीदवारों और दलों के नाम और चिन्हों को डमी बैलेट पेपर पर सूचीबद्ध किया जाता है और इसे मतदान का सवाल पूछे जाने पर मतदाता को सौंप दिया जाता है। उनसे अनुरोध किया जाता है कि वे डमी बैलेट पेपर पर अपनी प्रतिक्रिया को चिह्नित करें और इसे गुप्त रूप से डमी बैलेट बॉक्स में डाल दें, जो साक्षात्कार देने वाले मतदाताओं का विश्वास बनाए रखती है।

प्रश्नों का वर्गीकरण और संरचना

मतदाताओं की राय और रुख को मापने के लिए तैयार की गई एक प्रश्नावली में वे सवाल शामिल होते हैं जिन्हें मोटे तौर पर राय प्रश्नों और तथ्यात्मक प्रश्नों में वर्गीकृत किया जा सकता है। इस प्रकार दिल्ली में शीला दीक्षित सरकार के कामकाज के मूल्यांकन पर सवाल और उनकी लोकप्रियता श्रेणी, राय प्रश्न हैं क्योंकि वे दिल्ली में मतदाताओं की संतुष्टि के स्तर पर आधारित हैं। दूसरी ओर, दिल्ली का मुख्यमंत्री कौन है और वह कितने समय से

सत्ता में है जैसे प्रश्न तथ्यात्मक प्रश्न हैं। तथ्यात्मक प्रश्नों की प्रतिक्रियाएं सही या गलत हैं, जबकि राय प्रश्नों की प्रतिक्रिया मतदाताओं के विचार हैं जिन्हें सही या गलत कहा नहीं जा सकता। हालांकि इन दो प्रकार के सवालों के बीच गुणात्मक अंतर है, दोनों प्रश्नों की श्रेणी एक-दूसरे की पूरक है। इस प्रकार चुनाव सर्वेक्षण मतदाताओं की पृष्ठभूमि संबंधी आंकड़े जैसे आयु वर्ग, लिंग, शैक्षणिक उपलब्धियां और आर्थिक वर्ग, तथ्यात्मक सूचनाएं और साथ ही मतदाताओं की राय और रुख पर आधारित चुनावी राजनीति के आंकड़े भी हैं। तथ्यात्मक प्रश्नों के लिए माप चर हां या नहीं या सही या गलत प्रारूप में हैं, जबकि राय या दृष्टिकोण जानने के लिए विभिन्न प्रकार की स्केलिंग श्रेणियों का प्रयोग किया जाता है ताकि प्रतिक्रियाओं की विभिन्न मात्रा को मापा जा सके। यहां नीचे उत्तर श्रेणियों का एक उदाहरण है जो कि राय प्रश्नों पर मतदाताओं की प्रतिक्रिया को मापने के लिए लोकप्रिय है:

अनुपयुक्त सूत्रीकरण: *क्या आप दिल्ली में शीला दीक्षित की सरकार के प्रदर्शन से संतुष्ट हैं? हां/नही*

उपयुक्त सूत्रीकरण: *दिल्ली में शीला दीक्षित की सरकार के प्रदर्शन से आप किस हद तक संतुष्ट हैं—काफी हद तक, कुछ हद तक, बहुत ज्यादा नहीं है या बिल्कुल भी नहीं?*

प्रश्नों को फिर संरचना के आधार पर क्लोज और ओपन एंडेड प्रश्नों में विभेदित किया जाता है और प्रश्न के लिए एक विशेष संरचना चुनना इसकी जरूरतों और उपयुक्तता पर निर्भर करता है। जैसा कि शब्द का अर्थ है, एक क्लोज एंडेड सवाल वह है जिसमें उत्तर की पसंद बंद कर दी जाती है और केवल कुछ ही उत्तर चरों तक सीमित कर दिया जाता है। उत्तर श्रेणियां पूर्वकल्पित होती हैं और उत्तरदाता को अपनी पसंद के अनुसार एक या एक से अधिक उत्तर चुनने होते हैं। उत्तरदाता को सवाल में दिए गए उत्तर चरों के मेन्यू से उत्तर चुनना होगा और बाहर से उत्तर लेने की आजादी नहीं दी जाएगी। शाब्दिक अर्थ में, प्रतिक्रियाओं का चुनाव अग्रिम तौर पर बंद कर दिया गया है और एक नई प्रतिक्रिया जोड़ने के लिए कोई विकल्प नहीं है। क्लोज एंडेड प्रश्नों को आगे तीन श्रेणियों में विभाजित किया गया है: ऑर्डर्ड उत्तर चरों के साथ क्लोज एंडेड, अनऑर्डर्ड उत्तर विकल्पों के साथ क्लोज एंडेड और आंशिक रूप से क्लोज एंडेड। दूसरी ओर, एक ओपन-एंडेड प्रश्न वह है जिसमें उत्तरदाता को अपनी पसंद का उत्तर देने की स्वतंत्रता है क्योंकि प्रश्न में उत्तर चरों को प्रदान नहीं किया गया है। इस प्रकार, प्रश्नों की समाप्ति खुली होती है और प्रश्नावली में प्रश्न के नीचे दिए गए रिक्त स्थान में उत्तरदाताओं की प्रतिक्रिया शब्दश: दर्ज की जाती है। इसके फायदे और नुकसान के साथ प्रश्नों की संरचना का विस्तृत विश्लेषण आवश्यक है क्योंकि यह चुनाव सर्वेक्षण की प्रश्नावली डिजाइन करने के लिए सही प्रारूप का चयन करने की अनुमति देगा।

ओपन एंडेड प्रश्न

एक ओपन-एंडेड प्रश्न उत्तर चरों को प्रदान नहीं करता है, लेकिन उत्तरदाता को अपनी पसंद के उत्तर अंकित करने की अनुमति देता है। चुनाव सर्वेक्षण प्रश्नावली में ओपन एंडेड प्रश्नों का उपयोग करने के लाभ इस प्रकार हैं: (क) यदि कोई शोधकर्ता किसी चुनाव में सबसे महत्त्वपूर्ण मुद्दे की जानकारी प्राप्त करना चाहता है, तो यह सवाल पूछने में उपयोगी हो सकता है। इसमें विभिन्न मतदाता विभिन्न प्रकार की प्रतिक्रिया दे सकते हैं। ओपन एंडेड प्रश्न मतदाताओं को अपने मनपसंद तरीके से प्रतिक्रिया देने में सक्षम बनाता है और उत्तरदाता इसे वैसे ही अंकित करेगा जिस तरह मतदाता इसका उल्लेख करेगा। इसके अलावा, ऐसे प्रश्न के लिए विभिन्न प्रकार की प्रतिक्रियाओं की उम्मीद करना मुश्किल है। इस प्रकार किसी भी मुद्दे के लिए, अगर जांच पहली बार की जाती है और नया प्रश्न तैयार किया जा रहा है, तो एक ओपन एंडेड प्रश्न एक संपूर्ण सूची बनाने के लिए एक अच्छा विकल्प है क्योंकि उत्तर चरों की विस्तृत सूची बनाना न तो संभव है न ही सरल है। एक बेझिझक विषय पर एक ओपन एंडेड प्रश्न एक बेहतर विकल्प है क्योंकि इससे उत्तरदाताओं के बीच क्षेत्र परीक्षणों के माध्यम से प्रश्नों के पूर्व-परीक्षण की अनुमति मिलती है और सर्वेक्षण विशेषज्ञों से जानकारी मांगी जाती है। प्रतिक्रिया की जानकारी के आधार पर, ओपन एंडेड प्रश्न को क्लोज एंडेड प्रारूप में बदला जा सकता है; (ख) चुनाव सर्वेक्षण में अध्ययन के ब्रह्मांड में मतदाता संस्कृति, भाषा क्षेत्रों आदि के आधार पर इतने अलग होते हैं कि सूचना एकत्र करने के लिए एक ओपन एंडेड प्रश्न आवश्यक हो जाता है। उदाहरण के लिए, भारत में लोकतंत्र के बारे में मतदाताओं की राय और वे जिस तरह से इसके अर्थ का अनुभव करते हैं, वह इतना व्यापक है कि जानकारी के पूरे स्वरूप को केवल एक ओपन एंडेड प्रश्न से ही हासिल किया जा सकता है; (ग) एक ओपन एंडेड प्रश्न उन मुद्दों पर उपयोगी होता है जो राजनीतिक या सामाजिक रूप से संवेदनशील होते हैं और जो अक्सर समाज में मतदाताओं के विभिन्न वर्गों के बीच मजबूत ध्रुवीकरण या दरार पैदा करते हैं। यह प्रारूप मतदाताओं को अपनी राय को स्वतंत्र रूप से व्यक्त करने और किसी मुद्दे के समर्थन या विरोध का विस्तृत कारण बताने की अनुमति देता है। इस प्रकार भारत में अन्य पिछड़े वर्गों के लिए सकारात्मक कार्रवाई एक राजनीतिक रूप से संवेदनशील और भावनात्मक मुद्दा है जिसका समाज के उन वर्गों द्वारा विरोध किया जाता है जो लाभ प्राप्त नहीं करते हैं। एक ओपन एंडेड प्रश्न उत्तरदाताओं को एक बयान देने और क्लोज एंडेड की तुलना में इस तरह के मुद्दों पर गहरी अंतर्दृष्टि प्रदान करने का अवसर देगा। (घ) ओपन एंडेड प्रश्न उन उत्तरदाताओं की व्यक्तिगत जानकारी एकत्र करने के लिए उपयुक्त हैं जिसे वे सटीक रूप से याद कर सकते हैं और ठीक से बता सकते हैं और (ड) यदि कोई राष्ट्रव्यापी सर्वेक्षण कुछ स्थानीय जानकारी

एकत्र करने का इरादा रखता है तो इसके लिए उत्तर चरों की विस्तृत सूची तैयार की जाती है जो कि बोझिल और ज्यादा समय लेने वाली प्रकिया होती है। ऐसे में ओपन एंडेड प्रश्न उपयुक्त हैं। उदाहरण के लिए, भारत में आम चुनावों में उन स्थानीय मुद्दों की जानकारी इकट्ठा करने के लिए एक ओपन एंडेड प्रश्न सबसे अच्छा प्रारूप होगा, जिनके आधार पर मतदाता अपना मन बनाते हैं कि किसको वोट देना है।

ओपन-एंडेड प्रश्न हालांकि कुछ संदर्भों में जानकारी एकत्र करने में काफी उपयोगी हैं पर इनमें कुछ अंतर्निहित कमियां भी हैं। कमियां हैं: पहली, ओपन एंडेड प्रश्न उत्तरदाताओं के लिए ज्यादा समय लेने वाले और बोझिल हो सकते हैं क्योंकि उन्हें सोचने के बाद अपने विचार व्यक्त करने होते हैं। तथ्यात्मक प्रश्नों के लिए, वे अतीत से याद कर सकते हैं और अपने अनुभवों को आसानी से बता सकते हैं, लेकिन अगर किसी मुद्दे पर सवाल है, तो उन्हें इसे याद करना होगा और अपनी राय व्यक्त करने के लिए एक तर्क तैयार करना होगा। दूसरी, उत्तरदाता कभी-कभी ओपन एंडेड प्रश्नों का उत्तर देने के इच्छुक नहीं होते क्योंकि इसमें अप्रासंगिक उत्तर देकर सोचना और आसान तरीका खोजना शामिल होता है। इस प्रकार ओपन-एंडेड प्रश्नों के लिए, अधिकतर उत्तर सीधे मुद्दे पर चर्चा नहीं करते और प्रतिक्रिया में अस्पष्ट होते हैं। तीसरी, तुरंत और जल्द खत्म किए जा सकने वाले क्लोज एंडेड प्रश्नों की तुलना में ओपन एंडेड प्रश्नों का संकेतीकरण, प्रविष्टि और विश्लेषण अधिक समय लेने और ज्यादा प्रयास कराने वाला होता है। और अंतिम, सर्वेक्षण के अनुभव से पता चलता है कि ओपन एंडेड प्रश्न मतदाता की राय और रुख का सटीक माप प्रदान नहीं करते। एकत्रित की गई जानकारी में ओपन-एंडेड प्रश्नों को कई बार असंगत और अतुलनीय पाया गया है।

क्लोज एंडेड प्रश्न

क्लोज एंडेड विद आर्डर्ड आंसर चर सबसे सामान्य प्रकार के प्रश्न हैं जिनका उपयोग भारत में मतदान व्यवहार को मापने के उद्देश्य वाले सर्वेक्षण में किया जाता है। प्रश्न की इस संरचना में संभावित उत्तर चरों की एक पूरी शृंखला होती है, जो व्यवस्थित या अनुक्रमिक रूप से क्रमबद्ध होती है। उत्तर चर उत्तरदाता को जवाबों की पूर्ण विविधता प्रदान करते हैं जिसमें से उन्हें अपनी पसंद का एक चुनना होता है। क्लोज एंडेड क्वेश्चन विद आर्डर्ड आंसर विकल्प काफी विशिष्ट, उत्तरदाता से कम मांग करने वाले होते हैं और ओपन एंडेड प्रश्नों की तुलना में इनमें बहुत आसानी से कोड और विश्लेषण किया जा सकता है। (सलेंट और डिलमैन, 1994) क्लोज एंडेड क्वेश्चन विद अनआर्डर्ड आंसर विकल्प वह प्रश्न हैं जहां उत्तरों की पसंद को निरंतरता में व्यवस्थित नहीं किया जाता है, लेकिन

एक अनआर्डर्ड फैशन में प्रस्तुत किया जाता है। इस प्रकार की प्रश्न संरचना ज्यादातर सर्वेक्षणों में उपयोग की जाती है, जहां उत्तरदाता को कुछ मुद्दों को श्रेणी या प्राथमिकता देने के लिए कहा जाता है। क्लोज एंडेड क्वेसचंस विद अनआर्डर्ड रिसपांसेज राजनेताओं की लोकप्रियता रेटिंग जानने या मतदाता की राय और प्रतिक्रिया के आधार पर वर्तमान सरकार की उपलब्धियों की रैंकिंग के लिए सामान्यत: चुनाव सर्वेक्षण में उपयोग किए जाते हैं। यह प्रश्न संरचना क्लोज एंडेड क्वेसचंस विद ऑर्डर्ड आंसर चरों की तुलना में अधिक कठिन है क्योंकि मतदाताओं को दिए गए विकल्पों पर विचार करना पड़ता है और फिर उसके अनुसार मूल्यांकन करना होता है।

ओपन एंडेड और क्लोज एंडेड प्रश्नों का मिश्रण आंशिक रूप से ओपन एंडेड प्रश्न है। यह प्रश्न दोनों प्रश्न संरचनाओं के फायदों को जोड़ता है क्योंकि यह उत्तर विविधता की सभी संभव श्रेणियां प्रदान करता है और उत्तरदाता के उत्तर की रिकॉर्डिंग के लिए समय भी देता है। इस प्रश्न का ढांचा मतों के गठन संबंधी विचारों जैसे कुछ निर्वाचन मुद्दों पर मतदाता की राय को मापने के लिए उपयोग किया जाता है। सर्वेक्षण के निष्कर्ष बताते हैं कि मतदाता प्रश्न में मौजूदा उत्तर चरों से उत्तर का चयन करते हैं और केवल कुछ मामलों में ही नई जानकारी प्राप्त होती है। लेकिन अधिकांश मामलों में, यह प्रश्न संरचना कोई अतिरिक्त जानकारी नहीं लाती। आंशिक क्लोज एंडेड सवालों का फायदा यह होता है कि ये उत्तरदाताओं को परिस्थिति के अनुरूप न होने वाले पूर्वनिर्धारित बक्सों में मजबूर नहीं करते और इससे कभी-कभी नई जानकारी पैदा होती है (सलेंट और डिलमैन, 1994)।

क्लोज एंडेड प्रश्न, प्रश्न संरचना का प्रभावशाली रूप हैं जिनका इस्तेमाल चुनाव सर्वेक्षण में मतदाताओं के मतदान व्यवहार और रुख को मापने के लिए किया जाता है। यद्यपि क्लोज एंडेड प्रश्न सटीक जानकारी एकत्र नहीं कर सकते, लेकिन सर्वेश्रेष्ठ वर्गीकृत उत्तर श्रेणियों के साथ-साथ कुछ परिस्थितियों में, यह अब भी चुनाव सर्वेक्षण और एग्ज़िट पोल के लिए प्रश्न संरचना का लोकप्रिय विकल्प है। क्लोज-एंडेड प्रश्नों का उपयोग करने के निम्नलिखित फायदे हैं: पहला, यह ओपन एंडेड सवालों की तुलना में अधिक संगत, विश्वसनीय और प्रामाणिक जानकारी एकत्र करते हैं, दूसरा, उत्तरदाताओं के लिए उनकी पसंद की उत्तर श्रेणी को चुनना आसान होता है और गणक के लिए इसे सही ढंग से अंकित करना। उत्तरदाता को यह सोचने की जरूरत नहीं है कि सवाल का उत्तर किस रूप में देना है, उसे केवल उपलब्ध उत्तर विकल्पों में से चयन करना होता है, तीसरा, क्लोज एंडेड प्रश्न पूछने और अंकित करने के साथ-साथ आंकड़ों के संकेतीकरण और प्रसंस्करण में कम समय लेते हैं और अंत में, एक समय उपयोग किए गए समान उत्तर चर के साथ क्लोज एंडेड प्रश्न तुलनीयता और समय शृंखला आंकड़े प्रदान कर सकते हैं जो ओपन-एंडेड प्रश्न के साथ संभव नहीं हो सकता।

सर्वेक्षण प्रश्नावली का मूल्यांकन

मतदाताओं के मतदान व्यवहार और रुख को मापने के लिए प्रश्नावली का दो चरणों में मूल्यांकन किया जाता है। पहले चरण में मूल्यांकन, प्रश्नावली को डिजाइन और विकसित करने के दौरान होता है और दूसरे चरण में इसकी प्रभावकारिता और प्रासंगिकता की जांच के लिए क्षेत्र परीक्षणों का आयोजन कर मूल्यांकन किया जाता है। सर्वेक्षण अनुसंधान के लिए प्रश्नावली डिजाइनिंग की प्रक्रिया निरंतर शोध और अभ्यास की एक समयावधि में विकसित हुई है। इसने कुछ गुणवत्ता मानकों और प्रोटोकॉल के विकास के लिए प्रेरित किया जो जनमत सर्वेक्षण उद्योग द्वारा स्वीकार और अनुसरण किए जाते हैं। हालांकि, ऊपर दिए गए अनुभव पर आधारित सभी नियमों को ध्यान में रखते हुए तैयार की गई एक प्रश्नावली अब भी सरल नहीं है और चुनाव सर्वेक्षण में उपयोग के लिए इसे अंतिम रूप देने से पहले इसका मूल्यांकन और समीक्षा की जानी चाहिए। इस प्रकार निम्नलिखित मापदंडों के लिए प्रश्नावली का मूल्यांकन किया जाना जरूरी है: पहला, क्या सवाल प्रासंगिक और सर्वेक्षण के उद्देश्यों के अनुरूप हैं, दूसरा, क्या मतदाता प्रश्नों को आसानी से समझ सकते हैं और क्या वे प्रश्नों के उत्तर देने के लिए तैयार हैं, और तीसरा, क्या क्षेत्रीय गणक उम्मीदवार सीमित समयावधि में प्रश्नावली को ठीक ढंग से संचालित करने में सक्षम हैं और उन मुद्दों को संबोधित करते हैं जिनके बारे में पूछताछ करना मूल मकसद है। यद्यपि प्रश्नावली में कुछ समय-परीक्षण वाले प्रश्न हो सकते हैं जो पहले के सर्वेक्षणों में उपयोग किए जा चुके होंगे, अधिकतर प्रश्न नए और ताजा लिखे गए हैं। इसलिए एक सर्वेक्षण के लिए तैयार किए जाने से नई प्रश्नावली का मूल्यांकन और समीक्षा पहले दो चरणों में किए जाते हैं।

चरण 1 अन्वेषण और विकास

मतदान व्यवहार को मापने के लिए प्रश्नावली डिजाइनिंग की प्रारंभिक अवस्था अन्वेषी है क्योंकि इसे एक विश्वसनीय आकार देने के लिए नए प्रश्नों को तैयार किया जाता है, संशोधित किया जाता है और पुनर्निमित किया जाता है। प्रश्न को डिजाइन करने के प्रारंभिक चरण में, अध्ययन के ब्रह्मांड के कुछ मतदाताओं के साथ फोकस समूह चर्चा (एफजीडी) आयोजित करना एक उपयोगी अभ्यास है। एफजीडी यह जानने में सहायता करता है कि क्या उत्तरदाताओं को सर्वेक्षण या सर्वेक्षण पूछताछ के मुद्दों के बारे में जानकारी है या नहीं, वे शब्द जो वे अपने रोजमर्रा के जीवन में उपयोग करते हैं और सर्वेक्षण विषयों के प्रति समग्र समझ और परिप्रेक्ष्य का पता लगाते हैं। मतदाताओं द्वारा चुनावी मुद्दों पर दिए गए सुझावों

से दिशा तय होती है जिसके अनुसार प्रश्न तैयार किए जा सकते हैं क्योंकि मतदाताओं द्वारा साझा किए गए ज्ञान, अनुभव और धारणाएं, प्रश्न संरचना और सवालों की उत्तर श्रेणियों संबंधी निर्णय लेने में सहायक होती हैं। हालांकि गुणात्मक प्रकृति की एफजीडी उत्तरदाता के दृष्टिकोण से सर्वेक्षण विषयों के बारे में जानकारी प्रदान करती है और प्रारंभिक चरणों में प्रश्नावली को डिजाइन करने में बेहतर स्पष्टता लाती है।

प्रश्नावली का मूल्यांकन करने का एक अच्छा तरीका संज्ञानात्मक साक्षात्कार की पद्धति के माध्यम से होता है। संज्ञानात्मक साक्षात्कार छिपी विचार प्रक्रिया और उत्तरदाताओं की निरीक्षण प्रक्रिया को समझकर एक प्रश्नावली का मूल्यांकन करने का विशिष्ट तरीका है। इसका उद्देश्य प्रश्नावली में उन गलत प्रश्नों की पहचान करना है जो उत्तरदाताओं के बीच गलत व्याख्या और भ्रम पैदा करते हैं, और प्रतिक्रिया त्रुटियों को ठीक करना है। दो प्रकार के संज्ञानात्मक साक्षात्कार तरीकों का लोकप्रियता से प्रयोग किया जाता है, वे हैं—थिंक अलाउड साक्षात्कार और मौखिक जांच की तकनीक। यह चुनाव सर्वेक्षण अनुसंधान के लिए उपयोगी है क्योंकि मतदाता न केवल प्रश्नावली के बारे में एक समग्र प्रतिक्रिया देते हैं बल्कि प्रश्न सामग्री और शब्दों पर विशिष्ट सुझाव भी देते हैं। इस प्रकार एफजीडी और संज्ञानात्मक साक्षात्कार सर्वेक्षण के लिए एक मसौदा प्रश्नावली तैयार करने में मदद करता है।

प्रश्नावली के विकास में अगला चरण, सर्वेक्षण विशेषज्ञों द्वारा साधन की समीक्षा करना है। तकनीकी और सामग्री की गुणवत्ता दोनों के संदर्भ में, प्रश्नावली के डिजाइन पर विशेषज्ञ राय एक आवश्यक कदम है। प्रश्नावली का मूल्यांकन विशेषज्ञों द्वारा प्रश्नावली की लंबाई, प्रश्नों के शब्द और क्रम, प्रश्नों की स्पष्टता और सटीकता, प्रश्नों की संरचना की उपयुक्तता, सवालों के लिए उत्तर चरों की पसंद, क्षेत्र जांचकर्ताओं के लिए निर्देश, उपयोग किया जा चुका पैटर्न छोड़ना और सवालों और उत्तर श्रेणियों के बीच अनुपयुक्त मेल, के आधार पर किया जाता है। यहां विस्तृत जांच सूची संकेतक है क्योंकि कुछ विशेषज्ञ प्रश्नावली के मूल्यांकन और समीक्षा के लिए अधिक व्यापक जांच-नाके वाली लंबी सूची का उपयोग करते हैं।

चरण 2 पूर्व परीक्षण

अन्वेषण और मूल्यांकन के बाद विकसित की गई प्रश्नावली का क्षेत्र परीक्षण के माध्यम से पूर्व परीक्षण किया जाता है। प्रश्नावली परीक्षण का उद्देश्य प्रश्नों की प्रभावकारिता व वैधता और प्रश्नावली के समग्र प्रवाह और स्थिरता का पता लगाना है। मतदाताओं के एक छोटे से नमूने के बीच एक पायलट सर्वेक्षण, बड़े पैमाने पर किए जाने वाले सर्वेक्षण के प्रश्नावली

पूर्व परीक्षण के समान क्षेत्रकार्य प्रक्रियाओं के साथ किया जाता है। प्रश्नों का पूर्व-परीक्षण निम्नलिखित की जांच के लिए किया जाता है: पहला, सवाल में विविधताएं जानने के लिए और क्या किसी भी विशिष्ट प्रश्न को किसी अन्य तरीके से पूछा जा सकता है; दूसरा, यह पता लगाने के लिए कि क्या प्रश्न अलग-अलग उत्तरदाताओं को समान अर्थ संप्रेषित करता है और एक समान तरीके से समझा जाता है। हर सवाल का उद्देश्य किसी विशेष अर्थ को व्यक्त करना है और यह जानना अनिवार्य हो जाता है कि उत्तरदाता प्रश्न के अर्थ को उसी तरह से समझने में सक्षम हैं या अलग तरीके से, तीसरा, चाहे उत्तरदाता के लिए प्रश्न समझना आसान हो, तो भी उस प्रश्न का उत्तर देना आसान नहीं हो सकता है। उत्तरदाता के लिए प्रश्न का उत्तर देना मुश्किल हो सकता है और पूर्व परीक्षण का उद्देश्य प्रश्न में कार्य कठिनाई का मूल्यांकन करना होता है और आखिरकार, क्या सवाल साक्षात्कार के दौरान उत्तरदाताओं की जिज्ञासा और रुचि के स्तर को बढ़ाता है।

पायलट सर्वेक्षण के दौरान सख्ती से परीक्षण किए जाने वाले सवालों के अतिरिक्त, प्रश्नावली का भी निम्नलिखित मापदंडों के आधार पर पूर्व-परीक्षण किया गया है: पहला, प्रश्नावली का प्रबंधन करते हुए साक्षात्कार का प्रवाह सुगम और सुसंगत है; दूसरा, प्रश्नों का क्रम विषयवार और अच्छी तरह से एक साथ मिलकर किया जाता है। आसान और हल्के सवालों के साथ-साथ गंभीर और मुश्किल सवालों को सही ढंग से प्रस्तुत करना; तीसरा, प्रश्नावली का प्रबंधन करते समय छोड़े जाने वाले पैटर्न के लिए निर्देशों और दोहरे स्तर की जांच तथा गणकों की सुविधा के स्तर की स्पष्टता, चौथा, साक्षात्कार को पूरा करने के लिए तय समय उचित है और प्रश्नावली न तो बहुत लंबी है और न ही बहुत छोटी, पांचवां, प्रश्नावली का कोई भी हिस्सा, जहां क्षेत्र अन्वेषक पक्षपात कर सकता है, सभी देखभाल और चेतावनियों के बावजूद प्रश्नावली में धीरे-धीरे चलता है, और अंत में प्रश्नावली का परस्पर संवादात्मक स्तर और यह उत्तरदाताओं के साथ कितनी अच्छी तरह से जुड़ती है और उन्हें सर्वेक्षण में भाग लेने के लिए प्रेरित करती है।

प्रश्नावली का पूर्व-परीक्षण दो तरीकों से किया जाता है:

1. **सहभागिता पूर्व परीक्षण:** पूर्व परीक्षण के इस तरीके में, उत्तरदाता को सूचित किया जाता है कि साक्षात्कार केवल प्रश्नावली का परीक्षण करने के लिए है और यह वास्तविक सर्वेक्षण नहीं है। पूर्व-परीक्षण में भाग लेने का फायदा यह है कि यह प्रश्नावली से मुख्य प्रश्न पढऩे के बाद गणक को आगे की जांच करने की अनुमति देता है। इस प्रकार, उत्तरदाताओं द्वारा यह कैसे समझा गया है और इसकी व्याख्या कैसे की गई है, यह जानने के लिए कई तरह से प्रश्न पूछे जा सकते हैं। इस प्रकार

वे प्रश्न जो उत्तरदाताओं के लिए अलग अर्थ व्यक्त कर सकते हैं, उन्हें पहचाना जा सकता है और उन्हें सही किया जा सकता है। हालांकि, पूर्व-परीक्षण की इस पद्धति में कुछ प्रमुख नुकसान हैं। प्रश्नावली में सभी प्रश्नों को आगे की जांच के साथ नहीं पूछा जा सकता क्योंकि यह ज्यादा समय ले सकता है और उत्तरदाता इतना समय खर्च नहीं कर सकता। इसके अलावा उत्तरदाता जानता है कि यह एक वास्तविक सर्वेक्षण नहीं है और उचित प्रतिक्रिया नहीं दे सकता है।

2. **अघोषित पूर्व परीक्षण:** पूर्व परीक्षण की इस पद्धति में उत्तरदाता को सूचित नहीं किया जाता कि प्रश्नावली के मूल्यांकन के लिए सर्वेक्षण का उद्देश्य प्रयोगात्मक है। उत्तरदाताओं का साक्षात्कार औपचारिक रूप से किया जाता है और पूरा किया जाता है जैसे कि यह वास्तविक सर्वेक्षण हो। इस पद्धति का लाभ यह है कि पूरा साक्षात्कार इलेक्ट्रॉनिक रूप से अंकित किया जा सकता है और प्रश्नावली में समस्याओं को जानने के लिए आंकड़ों का विश्लेषण किया जा सकता है। आंकड़े प्रश्नों में किसी भी विसंगति का खुलासा करेंगे क्योंकि उनके जवाब असंगत और विषम होंगे। एक अघोषित पूर्व-परीक्षण का सबसे बड़ा नुकसान यह है कि गणक केवल प्रश्नावली से ही सवाल पूछ सकते हैं और सहभागिता पूर्व-परीक्षण की तरह गहराई से जांच नहीं कर सकते।

6 फील्डवर्क और आंकड़ों का संग्रह

आंकड़ों का संग्रह (डेटा कलेक्शन) और फील्डवर्क (क्षेत्र कार्य) भी सर्वेक्षण अनुसंधान या मतदान व्यवहार को मापने के उद्देश्य से अनुसंधान के महत्त्वपूर्ण पहलू हैं। एक प्रतिनिधि नमूना या एक अच्छी सर्वेक्षण प्रश्नावली एक अच्छे मतदान व्यवहार अध्ययन की गारंटी नहीं दे सकता जब तक कि यह व्यवस्थित आंकड़ों के संग्रह द्वारा समर्थित न हो। सर्वेक्षण अनुसंधान में नमूना-चयन, प्रश्नावली अभिकल्पन, आंकड़ों का संग्रह, आंकड़ों का विश्लेषण और निष्कर्षों की रिपोर्टिंग जैसी कई प्रक्रियाएं शामिल हैं। लेकिन मतदान व्यवहार को मापने के विभिन्न गतिविधियों के बीच, आंकड़ों का संग्रह सबसे महत्त्वपूर्ण गतिविधियों में से एक है। कैसे सटीकता से मतदान व्यवहार को मापा जा सकता है यह इस बात पर निर्भर करता है कि आंकड़ों को कितने व्यवस्थित ढंग से व ध्यानपूर्वक एकत्रित किया गया था। चूंकि मतदान व्यवहार मापने, नमूना-चयन और प्रश्नावली से संबंधित दो गतिविधियों में लोगों की छोटी संख्या को शामिल किया गया है और बड़े पैमाने पर कार्यालयीय परिस्थितियों में आयोजित किया जाता है, इन अनुसंधान गतिविधियों पर नजर रखना और उनका नियंत्रण रखना आसान होता है। लेकिन चूंकि मतदाताओं के साक्षात्कार के माध्यम से आंकड़ों का संग्रह विभिन्न स्थानों पर आमतौर पर क्षेत्र अन्वेषकों की बड़ी संख्या को शामिल करके आयोजित किया जाता है, इसलिए आंकड़ों के संग्रह गतिविधि पर नियंत्रण रखना और यह सुनिश्चित करना बेहद मुश्किल है कि आंकड़ों को सर्वोत्तम आंकड़ा संग्रह प्रथाओं को अपना कर एकत्र किया जाता है। मतदान के व्यवहार को मापने के उद्देश्य से मतदाताओं के साथ साक्षात्कार, अन्य प्रकार के पक्षपात को कम करने के लिए एक संरचित साक्षात्कार अनुसूची का उपयोग करते हुए एक आमने-सामने की स्थिति में आयोजित किया जाना चाहिए। आमने-सामने साक्षात्कार के लिए, क्षेत्र अन्वेषक, नमूनाकृत मतदाताओं से उनके घरों या काम के स्थानों पर संपर्क करते हैं और उनका एक मानक प्रश्नावली के साथ साक्षात्कार लेते हैं। लोगों के बीच आम धारणा यह है कि चुनाव सर्वेक्षण में आंकड़ों का संग्रह, उन लोगों

जिन्हें आंकड़े इकट्ठा करने के लिए भेजा गया और मतदाताओं के बीच एक अनौपचारिक वार्ता है। यह धारणा कुछ चुनाव सर्वेक्षणों के लिए आंशिक रूप से सच हो सकती है, लेकिन मतदान व्यवहार को मापने के लिए किसी भी गंभीर प्रयास को प्रशिक्षित क्षेत्र अन्वेषकों द्वारा आयोजित साक्षात्कार और स्वीकार्य क्षेत्र प्रथाओं का पालन करने की आवश्यकता होती है।

ज्यादातर जनमत सर्वेक्षण एजेंसियों या वो लोग जो कि मतदान के व्यवहार का अध्ययन करने की कोशिश करते हैं को एक अच्छे नमूने और एक अच्छी प्रश्नावली के महत्त्व एहसास होता है, लेकिन प्रशिक्षण अन्वेषकों का महत्त्व कि साक्षात्कार का संचालन कैसे किया जाता है या मतदाताओं से जानकारी कैसे एकत्रित की जाती है, को कई लोगों द्वारा महत्त्वपूर्ण नहीं माना जाता है। चुनाव सर्वेक्षण के विभिन्न चरणों के बीच में जिन्हें सतर्क ध्यान और निवेश की आवश्यकता होती है, आंकड़ों के संग्रह के लिए गणनाकारों का प्रशिक्षण सर्वेक्षण एजेंसियों की प्राथमिकता सूची में काफी नीचे है। प्रतिक्रियाओं की प्रश्नावली और संख्यात्मक संकेतीकरण का उपयोग करने पर फोकस करने के साथ अधिकांश मतदान एजेंसियां आंकड़ों के संग्रह की विधि पर संक्षिप्त विवरण सत्रों का सहारा लेती हैं। वे फील्डवर्क का संचालन करने के लिए विस्तृत लिखित दिशानिर्देश प्रदान करते हैं लेकिन व्यावहारिक या कृत्रिम सत्रों के आयोजन के द्वारा प्रथाओं की परीक्षण सूची का पालन करने के महत्त्व के साथ गणनाकार पर जोर डालने और उसे समझाने में विफल रहते हैं। व्यावहारिक प्रदर्शनों और साक्षात्कार आयोजित करने की विधियों के साथ सर्वेक्षण उपकरणों का उपयोग करते हुए उन्हें साक्षात्कार तकनीक में प्रशिक्षित करने के लिए क्षेत्रीय अन्वेषकों के लिए कभी कभार वे प्रशिक्षण कार्यशालाएं आयोजित करते हैं। कुछ एजेंसियों ने मतदाताओं के बीच भरने के लिए प्रश्नावली को बांटने और उन्हें पूरा करने के बाद इसे वापस लेने के अभ्यास का पालन करके लागत में कटौती का भी सहारा लिया है। भारत में मतदाताओं के मतदान व्यवहार और रुख को मापने के लिए सर्वेक्षणों की खराब गुणवत्ता के कारणों में से एक कारण आंकड़ों के संग्रह और फील्डवर्क प्रथाओं में उचित प्रशिक्षण की कमी हो सकता है।

इस प्रकार, आंकड़ों के संग्रह के लिए क्षेत्रीय अन्वेषकों का प्रशिक्षण एक चुनाव सर्वेक्षण के लिए इतना महत्त्वपूर्ण क्यों है इसकी विस्तार से जांच की जानी चाहिए और प्रशिक्षण के उन पहलुओं को जो समग्र परिप्रेक्ष्य में अनिवार्य हैं, को पहचानने की आवश्यकता है। यह अध्याय दो खंडों में विभाजित है, अर्थात् फील्डवर्क प्रथाओं और आंकड़ों के संग्रह में प्रशिक्षण पर, जो कुछ स्थानों पर अतिव्यापी हो जाएगा। पहला खंड एक वैज्ञानिक और

व्यवस्थित फील्डवर्क अभ्यास के रूप में आंकड़ों के संग्रह पर जोर देता है जिसमें चुनाव से संबंधित जानकारी एकत्र करने के लिए प्रशिक्षित क्षेत्रीय अन्वेषकों की आवश्यकता होती है। यह क्षेत्रीय अन्वेषकों के व्यापक प्रशिक्षण और क्षमता निर्माण के लिए कारणों और क्षेत्रीय अन्वेषकों को दिए गए प्रशिक्षण के मूल्यांकन की आवश्यकता की जांच करेगा। यह खंड गणनाकारों के अभिविन्यास कार्यक्रम, साक्षात्कार तकनीक की विधि और विभिन्न सर्वेक्षण उपकरणों के उपयोग जैसे प्रशिक्षण सत्रों और भागों की संरचना से संबंधित है। दूसरा खंड, आंकड़ों के संग्रह के लिए भारत में फील्डवर्क साक्षात्कार के आयोजन के दौरान उन नियमों और प्रथाओं जिनका पालन गणनाकारों को करना चाहिए, से संबंधित है। इस खंड में समझाई गई आंकड़ा संग्रह की मूल बातें सर्वोत्तम प्रथाओं और प्रोटोकॉल के संकलन पर आधारित होती हैं, जिनका चुनाव सर्वेक्षण आयोजित करने वाले मतदान संगठनों द्वारा पालन किया जाता है। तीसरा अध्याय, भारत में भौगोलिक विविधताओं, असंख्य भाषाओं और सामाजिक सांस्कृतिक असमानताओं से उत्पन्न होने वाले फील्डवर्क का आयोजन करने की जटिलताओं को सामने लाता है। यह भारत में फील्डवर्क के आयोजन में आवश्यक अंतरराज्यीय विविधताओं और संसाधनों और इसके साथ जुड़ी चुनौतियों की एक छोटी झलक प्रदान करने का भी प्रयास करता है।

चुनाव सर्वेक्षण में प्रशिक्षण की आवश्यकता

साक्षात्कार तकनीक में क्षेत्रीय अन्वेषकों का प्रशिक्षण और फील्डवर्क के दौरान विभिन्न सर्वेक्षण उपकरणों का उपयोग करने की विधि, चुनाव सर्वेक्षण का एक महत्त्वपूर्ण पहलू है। साक्षात्कार तकनीक और आंकड़ों के संग्रह में प्रशिक्षण की आवश्यकता जरूरी है क्योंकि जो लोग फील्डवर्क करने के लिए भर्ती किए जाते हैं, वे सर्वेक्षण आयोजित करने के लिए अपेक्षित ज्ञान और अनुभव नहीं रखते हैं। कुछ क्षेत्र अन्वेषकों के पास साक्षात्कार आयोजित करने का अनुभव हो सकता है, लेकिन यह स्वरूप में प्राथमिक और सैद्धांतिक है तथा बिलकुल भी व्यावहारिक और पेशेवर नहीं है। इसी प्रकार कुछ लोगों को बाजार अनुसंधान सर्वेक्षण के आयोजन करने का अनुभव हो सकता है जो चुनावी सर्वेक्षण की तुलना में सरल, संक्षिप्त और कम तकनीकी है। दूसरी ओर, भारत में मतदान के व्यवहार को मापने के लिए आयोजित किए गए चुनावी सर्वेक्षण आमतौर पर विस्तृत प्रश्नावली और अन्य सर्वेक्षण उपकरणों का उपयोग करते हैं। चुनाव सर्वेक्षणों के आयोजन के लिए साक्षात्कारों को मतदाताओं का चयन करने के लिए नमूना-चयन विधि, छोड़ने तथा दोहरे

स्तर की जांच के साथ प्रश्नों को प्रभाव में लाना, प्रतिरूपी मतदान पेटी और मतपत्र का उपयोग करने, या मतदाताओं की वरीयताओं के बारे में सबसे महत्त्वपूर्ण सवाल पूछने और मूल्यांकन के लिए कार्ड दिखाने आदि का उपयोग करने की आवश्यकता होती है। इस प्रकार, क्षेत्र अन्वेषकों का प्रशिक्षण कि कैसे साक्षात्कार आयोजित किया जाए अनिवार्य हो जाता है।

चुनाव सर्वेक्षण के लिए क्षेत्रीय अन्वेषकों के प्रशिक्षण की आवश्यकता, भारतीय विश्वविद्यालय प्रणाली में अनुसंधान कार्यप्रणाली शिक्षण के संरचनात्मक अवरोध और सीमाओं से उत्पन्न होती है जिसके परिणामस्वरूप सर्वेक्षण विधि तक छात्रों की पहुंच में कमी हो गई है। सर्वेक्षण अनुसंधान और फील्डवर्क के बारे में ज्ञान की कमी इस तथ्य से उत्पन्न होती है कि भारत में सामाजिक विज्ञान में अनुसंधान विधि का शिक्षण बहुत ही मूलभूत स्वरूप का है और केवल सैद्धांतिक स्तर तक ही सीमित है। अर्थशास्त्र के विषय को छोड़कर, अधिकतर सामाजिक विज्ञान विषयों के लिए सर्वेक्षण अनुसंधान कक्षा अध्यापन तक ही सीमित रहना जारी है। इस प्रकार छात्र सामाजिक विज्ञान अनुसंधान और नमूना-चयन, आंकड़ों के संग्रह की विधि और आंकड़ों का विश्लेषण जैसे इसके घटकों के विभिन्न तरीकों को सीखते हैं लेकिन व्यावहारिक अनुभव प्राप्त करने के लिए उन्हें वास्तविक फील्डवर्क अनुसंधान करने का मौका नहीं मिलता है। परिणामस्वरूप, आमतौर पर चुनाव सर्वेक्षण करने के लिए भर्ती किए जाने वाले अधिकांश छात्रों के पास सर्वेक्षण करने के लिए आवश्यक ज्ञान और प्रशिक्षण नहीं होता है।

सीएसडीएस जैसे अकादमिक संस्थानों द्वारा आयोजित चुनाव सर्वेक्षणों का मुख्य उद्देश्य भारतीय मतदाताओं के मतदान व्यवहार और रुख की आनुभविक गणना करना और भारतीय लोकतांत्रिक अनुभव की विशिष्टताओं का मानचित्रण करना है। चुनाव सर्वेक्षण करने के लिए क्षेत्रीय अन्वेषकों का प्रशिक्षण दो उद्देश्यों को पूरा करने के अभिप्राय से है: क्षेत्रीय अन्वेषकों का प्रशिक्षण कि आंकड़ों के संग्रह के लिए आमने-सामने साक्षात्कार कैसे आयोजित करें और सर्वेक्षण विधि के आधार पर सामाजिक विज्ञान अनुसंधान के विभिन्न पहलुओं पर उन्हें प्रशिक्षण देना। संरचित प्रश्नावली जिसे चुनाव में उनकी भागीदारी का आकलन करने के लिए मतदाताओं की राय और रुख को एकत्रित करने के लिए मुख्य रूप से तैयार किया गया था तथा क्षेत्रीय अन्वेषकों, जो फील्डवर्क के माध्यम से अनुभवजन्य आंकड़े उत्पन्न करते हैं, के बीच आंतरिक रिश्ते को प्रशिक्षण कार्यशालाओं द्वारा संबोधित किया जाता है। चूंकि मतदाताओं की राय और रुख को मापने के लिए आंकड़ों के संग्रह का उद्देश्य परंपरागत सर्वेक्षण अनुसंधान से पूरी तरह

अलग है, इसलिए क्षेत्रीय अन्वेषकों का प्रशिक्षण न केवल साक्षात्कार तकनीकों पर, बल्कि अनुसंधान प्रक्रिया के अन्य समान रूप से महत्त्वपूर्ण पहलुओं पर भी केंद्रित है। वास्तव में यह सर्वेक्षण अनुसंधान के पेशेवरों के रूप में प्रशिक्षुओं को पहचानता है, जो वास्तव में "लोकतंत्र और चुनावों" का अध्ययन करते हैं। इस कारण से, क्षेत्रीय अन्वेषक इस प्रक्रिया का हिस्सा बन जाते हैं जिसके द्वारा भारतीय राजनीतिक संस्कृति की प्रासंगिक विशेषताओं के अनुसार भारतीय चुनावी व्यवहार का अध्ययन करने के लिए एक विशेष कार्यप्रणाली का विकास तथा नियोजन किया जाता है।

सीएसडीएस जैसी अनुसंधान संस्थाएं क्षेत्रीय अन्वेषकों को प्रशिक्षित करने के लिए विस्तृत प्रशिक्षण कार्यशालाओं का संचालन करती हैं, जो दो या तीन दिन तक चलती हैं। ज्योति, एक क्षेत्रीय अन्वेषक, जिन्होंने 2009 के लोकसभा चुनावों के दौरान पंजाब में पटियाला संसदीय क्षेत्र में फील्डवर्क का आयोजन किया, हमारे साथ अपना अनुभव साझा करती हैं:

> राष्ट्रीय चुनाव अध्ययन (एनईएस) 2009 की कार्यशाला ने आमने-सामने साक्षात्कार आयोजन करने के लिए क्षेत्र में जाने से पहले पूरी तरह से हमें सिखाया और प्रशिक्षित किया। हमें साक्षात्कार शुरू करने की तकनीकें, साक्षात्कार को जारी रखने के तरीके तथा उत्तरदाताओं की जिज्ञासा और रुचि को बनाए रखने, उत्तरदाताओं द्वारा दिए गए उत्तरों को संकेतबद्ध करने के लिए सिखाया गया... सब कुछ जो हमें जानना आवश्यक था। हमें छद्म साक्षात्कार करने के लिए कहा गया था, जिन पर बाद में कार्यशाला में चर्चा की गई थी ताकि हमारे द्वारा क्षेत्र की स्थितियों में की गई किसी भी त्रुटि को हटा सकें।

दिल्ली के चांदनी चौक लोकसभा क्षेत्र में एनईएस 2009 के दौरान एकत्र किए गए आंकड़ों की जांच करने वाले आशीष रंजन ने हमें बताया कि उत्तरदाताओं से सवाल पूछने का लहजा और आशय बहुत महत्त्वपूर्ण था। यह या तो उत्तरदाता को सभी प्रश्नों का सही उत्तर देने के लिए आनंदित और उत्सुक बना सकता है या यह उसे बेचैन कर सकता है और साक्षात्कार को पूरा करने के लिए वह एक मनमौजी तरीके से जवाब दे सकता है। उन्होंने जिस प्रशिक्षण कार्यशाला में भाग लिया, उसमें न केवल साक्षात्कार के दौरान उत्तरदाताओं को सहज महसूस कराने के तरीकों को समझने में मदद मिली, बल्कि जब वह उनके पास आंकड़े दोबारा जांचने के लिए गए तो उनके साथ सहयोग भी किया।

राष्ट्रीय स्तर पर आम चुनावों के लिए एक चुनाव सर्वेक्षण में भारत के सभी राज्यों में फैले बड़े पैमाने पर क्षेत्रीय अन्वेषकों की तैनाती शामिल है। राज्य स्तर पर समूहों का

प्रशिक्षण और सर्वेक्षण-आधारित अनुसंधान से छात्रों का परिचय तथा उसे शुरु कराना, मानकीकरण के दृष्टिकोण से आवश्यक हो जाता है। प्रशिक्षण कार्यशालाओं के दौरान संबोधित किए गए प्रशिक्षण के विभिन्न घटक निम्न हैं:

फील्डवर्क प्रशिक्षण के आवश्यक घटक

क्षेत्र गणनाकारों की प्रेरणा और अभिविन्यास

मतदान व्यवहार का सही माप विभिन्न कारकों पर निर्भर करता है, लेकिन एक महत्त्वपूर्ण कारक जो मतदान व्यवहार के माप की विश्वसनीयता निर्धारित करता है, वह यह है कि कितनी सावधानी से और व्यवस्थित रूप से फील्डवर्क आयोजित किया गया था या कितनी अच्छी तरह से साक्षात्कार किए गए हैं। प्रतिनिधि नमूना बनाना और एक अच्छी गुणवत्ता वाली साक्षात्कार अनुसूची तैयार करना अपेक्षाकृत रूप से आसान है, लेकिन यह सुनिश्चित करना काफी अधिक मुश्किल है कि फील्डवर्क को अत्यंत सावधानी से आयोजित किया गया है। किसी भी चुनाव सर्वेक्षण में, साक्षात्कार/आंकड़ों के संग्रह को आयोजित करने का कार्य, क्षेत्र अन्वेषकों की एक बड़ी संख्या द्वारा किया जाता है और यह सुनिश्चित करना एक बेहद चुनौतीपूर्ण कार्य है कि लगभग मानकीकृत तरीके से सभी साक्षात्कार किए गए हैं। चूंकि हर आयोजित होने वाले साक्षात्कार या प्रत्येक क्षेत्र अन्वेषक पर नजर रखना संभव नहीं है, तकनीक, जो यह सुनिश्चित करने में सहायता करती है कि इनमें से अधिक साक्षात्कार ठीक से आयोजित होते हैं, क्षेत्र अन्वेषकों जो मतदाताओं के साथ आंकड़ों के संग्रह/साक्षात्कार आयोजित करने के कार्य में लगे हुए हैं, का एक मानकीकृत प्रशिक्षण है। अन्य तकनीकी मुद्दों के अलावा, जिनपर प्रशिक्षण के दौरान ज़ोर दिया जाना चाहिए, प्रेरक पहलू है। क्षेत्रीय अन्वेषकों को इस तरह के अध्ययनों के महत्त्व को उजागर करके फील्डवर्क के लिए प्रेरित किया जाना चाहिए। क्षेत्रीय अन्वेषकों को इस तरह से अभिविन्यस्त होना चाहिए कि उन्हें ऐसे अनुसंधान का हिस्सा होने पर गर्व महसूस करना चाहिए और इसे केवल एक नियत कार्य के रूप में नहीं समझना चाहिए जिसका उन्हें भुगतान मिलेगा। उन्हें यह महसूस करने के लिए प्रेरित किया जाना चाहिए कि वे सर्वेक्षण का अहम हिस्सा हैं और चुनाव सर्वेक्षण के समग्र उद्देश्य तथा लक्ष्य को प्राप्त करने में सबसे महत्त्वपूर्ण कड़ी हैं। प्रशिक्षण के दौरान भुगतान के अलावा, इस सर्वेक्षण में शामिल होने के लिए अन्वेषकों को प्रेरित किया जाना चाहिए क्योंकि उन्हें अनुभव और अनावरण मिलेगा, जो उन्हें किसी अन्य सर्वेक्षण में मिलना असम्भव है। एक बार अन्वेषक पर्याप्त रूप से प्रेरित होते हैं, समझो आधा

काम हो गया; यह अन्वेषकों के ठीक से साक्षात्कार आयोजित नहीं करने के बारे में बहुत कम चिंता छोड़ता है। साक्षात्कार ठीक से आयोजित किए गए थे या नहीं, के बारे में आधी चिंता या अनिश्चितता का ख्याल क्षेत्र पर्यवेक्षकों जिनका मुख्य कार्य क्षेत्रीय अन्वेषकों के कार्य का पर्यवेक्षण और निगरानी करना है, द्वारा रखा जा सकता है।

क्षेत्रीय अन्वेषकों को प्रेरित करना निश्चित रूप से इन प्रशिक्षण कार्यशालाओं का एक महत्त्वपूर्ण पहलू है, क्योंकि कठिनाइयों और व्यावहारिक बाधाओं जिनका सामना वे क्षेत्रीय अनुसंधान के दौरान कर सकते हैं, के विभिन्न रूपों को सहन करने के लिए इन्हें पर्याप्त रूप से प्रेरित करने की आवश्यकता होती है। उदाहरण के लिए, एक ऐसा क्षेत्र अन्वेषक जो नाम बताने से इनकार करता है, उत्तराखंड में वर्ष 2012 में हुए विधानसभा चुनावों के दौरान अपने अनुभव को साझा करता है। उसने बताया कि राज्य में उस समय भारी हिमपात हो रहा था, लेकिन उसने फिर भी साक्षात्कार आयोजित करने के लिए सभी बाधाओं और कठिनाइयों का सामना किया। 2012 में उत्तर प्रदेश के विधानसभा निर्वाचन क्षेत्रों में से एक में फील्डवर्क करने वाले एक अन्य क्षेत्र अन्वेषक बताते हैं कि फील्डवर्क करने के दौरान कैसे उन्हें गिरफ्तार किया गया था। यद्यपि चुनाव सर्वेक्षण आयोजित करने में कुछ भी अवैध नहीं है, पुलिस ने उन्हें गलती से गिरफ्तार किया, और बाद में उन्हें रिहा कर दिया गया जब राज्य के समन्वयक ने हस्तक्षेप किया। 2009 के लोकसभा चुनाव के दौरान क्षेत्र अन्वेषक विभा ने कहा,

> यह समझना कि सर्वेक्षण महत्त्वपूर्ण और सार्थक है यह हमारे जैसे क्षेत्र अन्वेषकों के लिए बहुत महत्त्वपूर्ण है। सर्वेक्षण के दौरान क्षेत्र अन्वेषक को सहने के लिए हर रोज़ चुनौती का सामना करना पड़ सकता है और इस तरह की कठिनाइयों का सामना करने के लिए उसे प्रशिक्षित करने में प्रेरणा सबसे महत्त्वपूर्ण है।

साक्षात्कार और संचार तकनीक

साक्षात्कार तकनीक जिसका उपयोग लोकप्रिय रूप से मतदाताओं के व्यवहार और रुख को मापने के लिए किया जाता है, वो एक संरचित साक्षात्कार अनुसूची के आधार पर आमने-सामने साक्षात्कार हैं, हालांकि लागत और समय में कटौती करने के लिए क्योंकि एजेंसियां होती हैं, जो साक्षात्कार आयोजित करने के लिए प्रश्नावली का उपयोग करती हैं। बहुत बार इन प्रश्नावलियों का उपयोग आमने-सामने साक्षात्कार के लिए नहीं किया जाता है, लेकिन उन्हें जवाब देने के लिए मतदाताओं में वितरित किया जाता है। हालांकि ऐसे आंकड़ों के संग्रह तकनीक/साक्षात्कार तकनीक का उपयोग कई शोधकर्ताओं/एजेंसियों

द्वारा किया जाता है, मतदान व्यवहार को मापने के उद्देश्य से अध्ययन में साक्षात्कार आयोजित करने का मानक अभ्यास आमने-सामने की स्थिति में साक्षात्कार है। साक्षात्कार आयोजित करने के कई तरीके हैं, एक जो कि दूसरे से अलग है। साक्षात्कार आयोजित करने की विधि इस बात पर निर्भर करती है कि साक्षात्कार क्या हासिल करना चाहता है। राजनीतिक नेता के साथ पत्रकार द्वारा साक्षात्कार आयोजित करने की विधि, मतदान व्यवहार को मापने के लिए मतदाताओं के बीच साक्षात्कार कैसे आयोजित किया जाना चाहिए से भिन्न है। जहां राजनीतिक नेता के साथ साक्षात्कार आयोजित करते समय, उनकी राजनीतिक मानसिकता को समझने के लिए कठिन और असुविधाजनक सवाल पूछना है, लेकिन मतदाताओं के बीच साक्षात्कार सरल शब्दों में, सीधे, केवल उस जानकारी जिसपर वे राय रखते हैं को इकट्ठा करना है। प्रयास, उन मुद्दों के बारे में मतदाता को शिक्षित करना भी नहीं है, जिनपर उनकी कोई राय नहीं है। मतदान के व्यवहार को मापने के लिए तैयार किए गए चुनाव सर्वेक्षणों में दिए गए साक्षात्कार सादे और सरल हैं, जिनका उद्देश्य केवल जानकारी एकत्र करना है। यह प्रशिक्षण कार्यशालाओं का एक अनिवार्य हिस्सा बनता है, जब क्षेत्रीय अन्वेषकों को प्रशिक्षित किया जाता है।

विभा ने एनईएस 2009 के दौरान पंजाब में क्षेत्रीय अनुसंधान के अपने अनुभवों को साझा किया और बताया कि एक गांव में उनके एक सर्वेक्षण के दौरान कैसे बुज़ुर्ग पुरुष मतदाताओं में से एक ने बहुत असहज महसूस किया जब साक्षात्कार के लिए उन्हें संपर्क किया था। वह कहती हैं:

> जब मैंने शुरू में छोटी सी झोंपड़ी के दरवाजे पर दस्तक दी, तो उन्होंने मुझे बताया कि वह बहुत व्यस्त हैं और मुझसे जाने के लिए कहा। मैंने सोचा कि शायद वह मेरी उपस्थिति से असहज हैं इसलिए मैंने उनसे एक गिलास पानी मांगा। वह मेरे अनुरोध से चकित थे और थोड़ी देर के लिए मुझे ताकते रहे और पूछा कि क्या मैं उनके घर पानी पीने में ठीक महसूस करूंगी क्योंकि मेरे पहनावे से ऐसा लगता है कि मैं एक उच्च जाति से हूं। जब मैंने उनसे कहा कि मैं इस तरह की जाति के भेदभाव पर विश्वास नहीं करती हूं और उनके घर के अंदर आने के लिए और उनके साथ सामान्य रूप से बात करके खुश होंउंगी, भले ही वह इस सर्वेक्षण में मेरे सवालों का जवाब नहीं देना चाहते हों, वह तुरंत सहमत हो गए। उन्होंने प्रश्नावली के सभी सवालों का सहर्ष उत्तर दिया।

इसी तरह, महानगरीय शहरों में फील्डवर्क आयोजित करना कई समस्याएं खड़ी करता है जो कि ग्रामीण और मुफस्सिल क्षेत्रों से अलग है। 2009 की सीएसडीएस राष्ट्रीय चुनाव

अध्ययन दल का एक हिस्सा बनने वालीं और दिल्ली के ग्रेटर कैलाश क्षेत्र में फील्डवर्क करने वालीं बानस्मिता ने बताया कि अधिकांश घरों में सुरक्षा गार्ड थे और सर्वेक्षण संचालित करने के लिए अजनबियों का स्वागत नहीं करते थे।

> मुझे उनमें से अधिकतर लोगों को समझाना पड़ा कि मेरे पास कोई राजनीतिक संबद्धता नहीं है और एक निष्पक्ष सामाजिक विज्ञान अनुसंधान संगठन के लिए काम करती हूं। यह उनके लिए पर्याप्त नहीं होता, लेकिन जैसे ही उन्होंने सुना है कि सर्वेक्षण निष्कर्ष को मीडिया में जारी किया जाएगा, वे मेरे सवालों के जवाब देने के लिए उत्साहित हो गए।

क्षेत्रीय अन्वेषकों को सिखाया जाता है कि उत्तरदाता को प्रश्नावली वितरित करते समय, यह ध्यान रखना चाहिए कि साक्षात्कार देने वाला किसी भी बाहरी प्रभाव या दबाव में नहीं है। 2009 के लोकसभा चुनावों के दौरान, ज्योति ने पंजाब के पटियाला में फील्डवर्क के दौरान अपने अनुभव का वर्णन किया। वह याद करती हैं कि जब भी कोई राजनीतिक सवाल पूछा गया, तो नमूनाकृत महिला मतदाताओं में से काफी, परिवार के पुरुष सदस्यों के अत्यधिक प्रभाव में थीं। प्रशिक्षण कार्यशाला में उनका अनुभव इस तरह की एक चुनौती से निपटने में बहुत मददगार था। वह बताती हैं:

> हालांकि घर के पुरुष सदस्य शुरू में महिला को अकेले साक्षात्कार की अनुमति देने में संकोच कर रहे थे, मैंने उन्हें समझाया कि सर्वेक्षण के लाभ के लिए, यह अत्यंत महत्त्वपूर्ण है कि उत्तरदाता किसी भी बाहरी प्रभाव के बिना सभी प्रश्नों का उत्तर दे। बहुत स्पष्टीकरण और समझाने के बाद आखिरकार उन्होंने मेरे अनुरोध को मान लिया।

कभी-कभी महिला उत्तरदाताओं से पुरुष क्षेत्रीय अन्वेषकों के लिए जाति, वर्ग आदि की जानकारी जैसे पृष्ठभूमि प्रश्नों के बारे में पूछना मुश्किल होता है, और यहीं पर ऐसे सर्वेक्षणों के उद्देश्य को स्पष्ट करने में शिष्टता और धैर्य, प्रश्नों के जवाब देने में आत्मविश्वास की भावना विकसित करने में बहुत महत्त्वपूर्ण होता है।

प्रश्नावली को वितरित करना और पुस्तिका का उपयोग करना

एक चुनाव सर्वेक्षण के दौरान मतदाताओं को प्रश्नावली वितरित करना प्रशिक्षण कार्यशाला का प्रमुख फोकस है। प्रश्नावली को प्रशिक्षकों द्वारा एक संवादात्मक और कृत्रिम तरीके से क्षेत्रीय अन्वेषकों को समझाया और विचार-विमर्श किया जाता है। क्षेत्र अन्वेषकों के

बीच छद्म साक्षात्कार आयोजित किए जाते हैं। छद्म साक्षात्कार, क्षेत्र अन्वेषकों को क्षेत्र की जांच के दौरान किए जाने वाले साक्षात्कारों का वास्तविक अनुभव प्रदान करते हैं और प्रश्नावली में दिए गए प्रश्नों और उत्तर को समझते हैं। विचार-विमर्श यह सुनिश्चित करता है कि गणनाकार प्रश्नों के महत्त्व या इरादों को समझें, ताकि सर्वेक्षण के दौरान उपयोग की जाने वाली प्रश्नावली पूर्णतया स्पष्ट हो। प्रशिक्षण के दौरान क्षेत्रीय अन्वेषकों के दिमाग में पैदा होने वाले सभी प्रश्नों और भ्रमों को संबोधित और हल किया जाता है।

अधिकांश प्रश्नों के लिए, साक्षात्कार के दौरान उत्तर के विकल्प पढ़े नहीं जा सकते हैं और प्रश्नावली में दिए गए प्रासंगिक उत्तर श्रेणी में मतदाताओं की प्रतिक्रिया को चिह्नित किया जाना चाहिए। प्रश्नों के लिए प्रश्नावली में निर्देश दिए गए हैं, जहां उत्तरदाताओं के लिए प्रभावित करने वाले उत्तर को पढ़ा जाना है, लेकिन कार्यशाला के दौरान गणनाकार को ठीक से समझाया जाना चाहिए। प्रश्नावली में कुछ प्रश्न छोड़े जा सकने वाले स्वरूपों और दोहरे स्तर की पड़ताल के साथ शामिल हैं। दोहरे स्तर की पड़ताल ऐसे प्रश्न हैं जहां उत्तरदाताओं से पहले कुछ मुद्दों पर उनकी राय के बारे में पूछा जाता है और एक प्रतिक्रिया मिलने के बाद उनसे आगे उन स्तरों के बारे में पूछा जाता है जिससे वे सहमत या असहमत हैं। इस प्रकार के विशेष प्रश्नों को उनके प्रशिक्षण के दौरान गणनाकार को उचित रूप से समझाया और प्रदर्शित किया जाना चाहिए। प्रत्येक सर्वेक्षण के लिए, एक गणनाकार की पुस्तिका है जिसमें साक्षात्कार आयोजित करने और प्रश्नावली का संकेतीकरण करने के दौरान पालन किए जाने वाले दिशानिर्देश शामिल होते हैं। पुस्तिका एक प्रयोगकर्ता पुस्तिका है और इसमें ओपन एंडेड प्रश्नों और प्रश्न जिनमें प्रभावित करने वाले उत्तरों की लंबी सूची है के लिए पूर्व-संकेत उत्तर शामिल हैं। प्रशिक्षण कार्यशाला के दौरान प्रशिक्षुओं के साथ पुस्तिका पर चर्चा और विचार-विमर्श किया जाना चाहिए, ताकि इसका उपयोग सभी गणनाकारों द्वारा समान रूप से और उसी तरीके से किया जा सके।

एनईस 2009 के दौरान एक क्षेत्र अन्वेषक पवन ने बताया, "हमें दी गई क्षेत्र अन्वेषक पुस्तिका काफी व्यापक और विस्तृत थी और जब हम सर्वेक्षण के लिए क्षेत्र में गए तो हमारे लिए यह बहुत मददगार थी। प्रश्नों के लिए हर संभव पूर्व-संकेतों जिनकी आवश्यकता थी, पुस्तिका में मौजूद थे।"

प्रतिरूपी मतपत्र और शो कार्ड्स का उपयोग

मतदान पर प्रश्न किसी भी चुनावी सर्वेक्षण का केंद्र है और उस प्रश्न को पूछने में अत्यंत सावधानी बरतनी चाहिए। यदि सर्वेक्षण इस प्रश्न का उत्तर पाने में विफल रहता है, तो एक

तरह से चुनाव सर्वेक्षण का पूरा अभ्यास विफल हो जाता है। शुरुआती दिनों तक चुनावी सर्वेक्षण ने मतदान के सवाल पूछने पर उचित ध्यान नहीं दिया था और साक्षात्कार करते समय, मतों की गोपनीयता को बनाए रखने के लिए शायद ही कोई प्रयास किया गया था और मतदान प्रश्न किसी भी अन्य प्रश्न की तरह पूछा गया था। इसके परिणामस्वरूप मतदान के आकलन में बड़ी गलती हुई, शायद इसलिए क्योंकि कुछ मतदाता सच्चाई बताने में संकोच महसूस करते हैं और स्थिति या परिवेश जहां साक्षात्कार हो रहा हो, के लिए उपयुक्त गलत जवाब दिया हो। इस गलती को महसूस करते हुए, मतदान प्रश्न पूछने के लिए विभिन्न नवाचार किए गए हैं।

मतदान व्यवहार के समुचित अध्ययन में यह वांछनीय है कि मतदान प्रश्न को इस तरह से पूछा जाना चाहिए कि मतदाताओं को बिना किसी झिझक के उस सवाल का जवाब देने में आत्मविश्वास महसूस करना चाहिए। मतदान का सवाल इस तरह से पूछा जाना चाहिए कि जवाब देने के दौरान, मतदाताओं को कम से कम जहां साक्षात्कार का आयोजन किया जा रहा है, उस स्थान पर मतों की गोपनीयता बनाए रखने की अनुमति देनी चाहिए। जबकि कुछ एजेंसियां अभी भी इस प्रश्न की संवेदनशीलता को महसूस किए बिना मतदान प्रश्न पूछती हैं, मतदान के व्यवहार को मापने के उद्देश्य से एक उचित चुनाव सर्वेक्षण ने गुप्त तरीके से प्रश्न पूछना शुरू कर दिया है।

पिछले दशक या उससे थोड़े अधिक के दौरान, चुनाव सर्वेक्षण में जोड़ी गई एक अनोखी विशेषता, प्रतिरूपी मतपत्र और प्रतिरूपी मत पेटी का उपयोग करके मतदाता से प्रश्न पूछना है। आमतौर पर, मतदाता जिनके साथ साक्षात्कार आयोजित किया जा रहा है, उनको एक प्रतिरूपी मतपत्र दिया जाता है जिसमें उस निर्वाचन क्षेत्र में चुनाव लड़ रहे सभी उम्मीदवारों के नाम और प्रतीक होते हैं और उनसे उम्मीदवार या उस दल को चिह्नित करने के लिए कहा जाता है जिसके लिए उन्होंने मतदान दिया था या जिसे वे मतदान देने का इरादा रखते हैं। मतदाता अपनी वरीयता को चिन्हित करते हैं और कागज को प्रतिरूपी मतपेटिका में डालते हैं जिसे अन्वेषक उठाए रहता है, किसी को दिखाए बिना, अन्वेषक को भी नहीं। इसका उद्देश्य उन मतदाताओं से पता लगाना है कि उन्होंने चुनाव में किस दल या उम्मीदवारों के लिए मतदान किया या मतदान करेंगे। आमतौर पर दो प्रश्न हैं, जो मतदाताओं के मतदान इरादों की जांच करते हैं। एक प्रश्न मौजूदा चुनावों पर है जहां मतदाता से पूछा जाता है कि सर्वेक्षण के समय के आधार पर वे किसे मतदान देंगे या मतदान किया है। दूसरा प्रश्न, पिछले चुनाव में "स्मरण प्रश्न" के रूप में संदर्भित उनकी मतदान वरीयता पर है। कार्यशाला के दौरान, क्षेत्र अन्वेषकों को यह समझाया

जाना चाहिए कि मतदान प्रश्न कैसे पूछे जाने चाहिए, क्योंकि यह एक संवेदनशील प्रश्न है और अध्ययन का केंद्र है। मतदान प्रश्न पूछने के लिए मतपत्र और मतपेटी का उपयोग कैसे करें, इसके बारे में ध्यान देने की आवश्यकता है।

यदि कुछ सवाल हैं, जिनके लिए कुछ दृश्य दिखाना आवश्यक है, मानकीकरण बनाए रखने के लिए, समानता बनाए रखने के लिए सभी क्षेत्र अन्वेषकों द्वारा समान दृश्य का उपयोग करने का प्रयास किया जाना चाहिए। कभी-कभी राजनीतिक नेताओं के प्रदर्शन की रैंकिंग के लिए कुछ शो कार्ड्स या पैमाने का उपयोग किया जाता है, जैसे 1 से 10 का पैमाना, जहां 1 बहुत अच्छा है और 10 बहुत खराब है। ऐसे प्रश्नों के लिए, मतदाताओं को आकलन करने में मदद करने के लिए चाक्षुष सहायक सामग्री के रूप में साक्षात्कार के दौरान शो कार्ड्स दिखाए जाते हैं। शो कार्ड का उपयोग करने की विधि को क्षेत्र अन्वेषकों को प्रदर्शित और समझाया जाना चाहिए, ताकि वे साक्षात्कार के दौरान उनका उपयोग कर सकें। इसी तरह अन्य चाक्षुष सहायक सामग्री जैसे राजनैतिक नेताओं और प्रमुख राजनीतिक घटनाओं की तस्वीरों को भी कभी-कभी मतदाताओं को उनकी जागरूकता जानने के लिए और प्रश्नों को संदर्भित करने में दिखाई जाती है।

गणनाकार द्वारा छद्म साक्षात्कार और क्षेत्रीय परीक्षण

छद्म साक्षात्कार और क्षेत्रीय परीक्षण, प्रशिक्षण मॉड्यूल के एक महत्त्वपूर्ण घटक बनते हैं और क्षेत्रीय अन्वेषकों द्वारा प्रशिक्षण पूरा होने के बाद आयोजित किए जाते हैं। जैसा कि शब्दावली का अर्थ है, छद्म साक्षात्कार, सर्वेक्षण शुरू होने से पहले अपना प्रशिक्षण प्राप्त करने के बाद और आंकड़ों के संग्रह की वास्तविक प्रक्रिया से पहले, अभ्यास और परीक्षण के लिए क्षेत्रीय अन्वेषकों द्वारा यादृच्छिकता से आयोजित साक्षात्कार होते हैं। वास्तविक सर्वेक्षण के आयोजन के लिए गणनाकार और उनके तैयारियों के स्तर पर प्रशिक्षण के प्रभाव का मूल्यांकन करने के लिए छद्म साक्षात्कार एक उपयोगी अभ्यास हैं। गणनाकारों को प्रश्नावली के आधार पर लोगों का साक्षात्कार करना और उन्हें संख्यात्मक रूप से संकेतबद्ध करना आवश्यक है। पूर्व- क्षेत्रीय परीक्षण की प्रश्नावली की प्रशिक्षकों के समूह द्वारा प्राकृतिक रूप से जांच की जाती है ताकि यह पता लगाया जा सके कि गणनाकारों ने साक्षात्कार, स्किप अंतराल, प्रभावित करने वाले उत्तरों का अंकन, प्रश्नों को संकेतबद्ध करना इत्यादि के लिए सभी निर्देशों का सही तरह से पालन किया है। क्षेत्रीय परिस्थितियों में साक्षात्कार के लिए मतदाताओं के लिए प्रश्नावली

को समझाने और वितरित करने तथा साक्षात्कार के समग्र प्रबंधन के रूप में यह क्षेत्रीय अन्वेषकों के आकलन में मदद करता है।

सीएसडीएस द्वारा आयोजित एनईएस 2009 का हिस्सा रहे आशीष और ज्योति दोनों ने बताया कि उन्हें छद्म साक्षात्कार करने के लिए कहा गया था जिसके बाद प्रशिक्षण कार्यशाला के दौरान उनके अनुभवों और प्रश्नावली पर विस्तार से चर्चा की गई थी। इस तरह की एक कवायद ने उन्हें उन वास्तविक समस्याओं पर चर्चा करने में मदद की जिसका वे क्षेत्र की जांच के दौरान सामना कर सकते हैं और अपने संदेह को पहले से स्पष्ट कर सकते हैं।

आंकड़ों के संग्रह और क्षेत्र साक्षात्कार के लिए सर्वोत्तम प्रथाएं

ऐसी विभिन्न साक्षात्कार तकनीकें हैं जो उत्तरदाता के साक्षात्कार के लिए एक सर्वेक्षण में प्रयुक्त हैं जो आमने-सामने, मेल के माध्यम से आत्म प्रशासित, टेलीफ़ोनिक, और इंटरनेट के साथ कंप्यूटर जैसी विभिन्न होती हैं। इन साक्षात्कार तकनीकों का उपयोग भारत में किए गए विभिन्न प्रकार के सर्वेक्षण अनुसंधानों के लिए किया जाता है, लेकिन मतदाता व्यवहार और रुख को मापने के लिए सबसे पसंदीदा रूप, गणनाकारों द्वारा आमने-सामने वाली स्थिति में मतदाताओं का साक्षात्कार है। आमने-सामने साक्षात्कार तकनीकों का उपयोग करने का कारण इस तथ्य के चलते है कि भारत में मतदाताओं का एक बड़ा वर्ग अनपढ़ है (पढ़ने और लिखने में सक्षम नहीं है), इसलिए प्रश्नावली को आत्म प्रशासित करने का सवाल ही नहीं उठता है। इसी प्रकार टेलीफ़ोनिक चुनाव सर्वेक्षण जो प्रथम विश्व में चुनाव सर्वेक्षण करने के लिए बहुत लोकप्रिय है, भारत में व्यावहारिक रूप से संभव विकल्प नहीं है क्योंकि 10 में से 6 से अधिक मतदाता परिवारों के पास टेलीफ़ोन संयोजकता नहीं है। इस प्रकार मतदाताओं के व्यापक प्रतिनिधित्व की राय की गणना करने के लिए एक पार-अनुभागीय सर्वेक्षण, आत्म-संचालन या टेलीफ़ोनिक रूप से एक प्रश्नावली मेल करके नहीं किया जा सकता है। इस प्रकार नमूनाकृत मतदाताओं से सीधे संपर्क करके साक्षात्कार, और प्रशिक्षित अन्वेषकों द्वारा आमने-सामने साक्षात्कार की स्थिति में उनसे सवाल पूछना, भारत में एक चुनाव सर्वेक्षण आयोजित करने के लिए सर्वोत्तम और सबसे व्यावहारिक तरीका है।

आमने-सामने व्यक्तिगत साक्षात्कार का आयोजन करते समय मूल नियम और सर्वोत्तम अभ्यास जिसका भारत में मतदान एजेंसियों द्वारा पालन किया जा रहा है, वह निम्न हैं:

प्रश्नावली और स्थान के साथ परिचित होना

आमने-सामने साक्षात्कार तकनीक स्वरूप में संवादी है क्योंकि इसमें क्षेत्रीय अन्वेषकों का कार्य, नमूनाकृत मतदाताओं से सीधे सवाल पूछना है और उनके उत्तर अभिलेख करना है। क्षेत्र अन्वेषकों द्वारा प्रश्नावली से सभी प्रश्न शब्दशः पढ़े जाते हैं। साक्षात्कार के दौरान, गणनाकार का उत्तरदाता के साथ आंखों-में-आंख डालकर संपर्क होना चाहिए साथ ही प्रश्नावली से प्रश्न भी पढ़ना चाहिए। इसके लिए थोड़े अभ्यास की आवश्यकता होती है और यह संभव तभी होगा जब क्षेत्रीय अन्वेषक फील्डवर्क के लिए जाने से पहले प्रश्नावली से पूरी तरह से परिचित हों। प्रश्नावली के साथ गणनाकारों की अंतरंगता महत्त्वपूर्ण है क्योंकि इससे उन्हें सवालों को धारा प्रवाह पूछने तथा उत्तरदाताओं पर स्पष्ट रूप से सकारात्मक प्रभाव पैदा करने में सहूलियत होती है। दूसरी ओर, अगर गणनाकार प्रश्नावली की अभिज्ञता के बिना साक्षात्कार आयोजित करता है, तो प्रश्नों को पढ़ते समय गलती करने की संभावना काफी अधिक हो जाती है। गणनाकार, मतदाताओं को बाधित कर सुधार करने के लिए मजबूर हो जाएंगे, जिससे उत्तरदाताओं पर प्रतिकूल असर पैदा करने वाले अप्रत्याशित साक्षात्कार हो सकते हैं। एक स्पष्ट प्रवाह और सहज साक्षात्कार उत्तरदाताओं को उत्तेजित करता है व रुचि बढ़ाता है और इकट्ठा की गयी जानकारी अधिक प्रामाणिक और सच्ची होती है।

इसी प्रकार गणनाकारों को आंकड़ों के संग्रह के लिए नमूनाकृत स्थानों पर जाना चाहिए और स्थान तथा क्षेत्र में रहने वाले लोगों से परिचित होना चाहिए। स्थान और लोगों के साथ परिचित होना क्षेत्र में रहने वाले लोगों से गणनाकारों का तालमेल पैदा करता है। चूंकि चुनाव सर्वेक्षण के लिए नमूना स्थान एक गांव, नगर या एक शहर हो सकता है, स्थान के साथ परिचित होना गणनाकार के लिए लाभप्रद है क्योंकि लोग नमूनाकृत मतदाताओं को खोजने में उनकी मदद करते हैं और आंकड़ों के संग्रह के लिए समय और ऊर्जा बचाने में मदद करता है।

सर्वेक्षण के उद्देश्य और विश्वसनीयता को स्थापित करना

वास्तविक साक्षात्कार शुरू होने से पहले अगला कदम जिसका क्षेत्र अन्वेषकों द्वारा पालन किया जाना चाहिए, वो उस इलाके में मतदाताओं के बीच एक संबंध बनाना और अपनी विश्वसनीयता की स्थापना करना है जहां वह साक्षात्कार आयोजित करने के लिए गए थे। जब गणनाकार सर्वेक्षण के आयोजन के लिए किसी भी स्थान पर जाते हैं और मतदाता

बॉक्स 6.1 गणनाकार का परिचय और सर्वेक्षण का उद्देश्य

मेरा नाम ______________________ है और मैं दिल्ली में स्थित ______________________ (मतदान एजेंसी या अनुसंधान संगठन का नाम) से आया हूं। हम राजनीति और चुनाव के बारे में लोगों की राय जानने के लिए एक राष्ट्रीय स्तर के सर्वेक्षण का आयोजन कर रहे हैं और इस उद्देश्य के लिए हम पूरे देश के सभी राज्यों में हजारों मतदाताओं का साक्षात्कार कर रहे हैं। इस सर्वेक्षण के निष्कर्षों का प्रयोग टेलीविजन कार्यक्रमों और अख़बारों तथा पत्रिकाओं में लेख लिखने के लिए किया जाएगा।

यह सर्वेक्षण एक स्वतंत्र अध्ययन है और किसी भी राजनीतिक दल या सरकारी एजेंसी से जुड़ा नहीं है। आपके द्वारा प्रदान की जाने वाली जानकारी को कड़ाई से गोपनीय रखा जाएगा।

स्रोत: लेखकगण

के निवास का पता लगाने का प्रयास करते हैं, तो लोग चुनाव सर्वेक्षण और मतदाताओं से मिलने तथा इसके साथ जुड़ी पूछताछ के उद्देश्य के बारे में प्रश्न पूछते हैं। इसके लिए क्षेत्रीय अन्वेषकों को नमूनाकृत मतदाताओं को चुनाव सर्वेक्षण के उद्देश्य, सर्वेक्षण का आयोजन करने वाले संगठन की विस्तृत जानकारी और उद्देश्य जिसके लिए साक्षात्कार का आयोजन किया जा रहा है, के बारे में स्पष्ट रूप से समझाया जाना चाहिए। इसके अलावा गणनाकार को इलाके में भेंट होने वाले लोगों को अपना परिचय देना चाहिए और अपनी पहचान प्रकट करनी चाहिए। यदि आवश्यक हो, तो उन्हें इस क्षेत्र में लोगों के बीच अपनी विश्वसनीयता सुनिश्चित करने के लिए अपना पहचान पत्र या प्राधिकरण पत्र दिखाना चाहिए। इस क्षेत्र में लोगों को दी गई जानकारी सही और सटीक होनी चाहिए क्योंकि अगर लोगों के दिमाग में कोई संदेह उत्पन्न होता है, तो अन्वेषकों के लिए नमूनाकृत स्थानों में साक्षात्कार करना मुश्किल हो जाएगा। यदि नमूनाकृत मतदाता अन्वेषकों के इरादे के प्रति संदेहास्पद हो जाते हैं, तो वे अपने मन की बात और सही उत्तर प्रदान नहीं करेंगे। इस प्रकार साक्षात्कार शुरू करने से पहले, यह आवश्यक है कि क्षेत्रीय अन्वेषक अपनी साख, एजेंसी की साख, जो सर्वेक्षण कर रही है, और सर्वेक्षण की साख स्थापित करे (बॉक्स 6.1 देखें)।

उत्तरदाता को समझाना और सूचित सहमति

कुछ चुनाव सर्वेक्षण उद्देश्यपूर्ण नमूना-चयन का उपयोग करते हैं जो गणनाकारों को कोटा के आधार पर स्वयं के उत्तरदाताओं का चयन करने की स्वतंत्रता देता है। ऐसे मामलों में क्षेत्रीय अन्वेषकों के पास उन मतदाताओं का साक्षात्कार नहीं करने का विकल्प होता है जो इन्कार करते हैं या साक्षात्कार देने के इच्छुक नहीं हैं। लेकिन संगठन जो चुनाव सर्वेक्षण के लिए

बॉक्स 6.2 सूचित सहमति का विवरण

इस सर्वेक्षण में भागीदारी स्वैच्छिक है और यह पूरी तरह आप पर निर्भर है कि मेरे किसी भी प्रश्न का उत्तर दें या ना दें। हमें उम्मीद है कि आप इस सर्वेक्षण में भाग लेंगे क्योंकि आपकी भागीदारी महत्त्वपूर्ण है। इस साक्षात्कार को पूरा करने में आमतौर पर 30 से 40 मिनट लगते हैं। कृपया साक्षात्कार के लिए कुछ समय दें और मुझे सफलतापूर्वक सर्वेक्षण पूरा करने में मदद करें।

क्या मैं साक्षात्कार शुरू कर सकता हूं?

1. उत्तरदाता साक्षात्कार के लिए सहमत है   2. उत्तरदाता साक्षात्कार के लिए सहमत नहीं है

स्रोत: लेखकगण

यादृच्छिक नमूने का उपयोग करते हैं, वो मतदाताओं के नमूने पहले से ही मतदाता सूची से निकाल लेते हैं। अन्वेषकों को मतदाताओं का चयन करने का विकल्प नहीं दिया जाता है, लेकिन उन्हें केवल उन मतदाताओं का साक्षात्कार करना पड़ता है जो नमूने में चुने गए हैं। ऐसी स्थिति में गणनाकारों का कर्तव्य अधिक कठिन हो जाता है क्योंकि उत्तरदाता को यह बात जानने की आवश्यकता होती है कि सर्वेक्षण के लिए उनका चयन क्यों किया गया था। गणनाकारों को मतदाताओं को समझाना होता है कि उन्हें नमूना लेने की प्रक्रिया के द्वारा चुना गया है और उनका आत्मविश्वास हासिल करना होता है। चयन प्रक्रिया के बारे में भारत में मतदाताओं को विवरण देने और समझाने का सबसे अच्छा तरीका उन्हें यह बताना है कि उन्हें मतदाताओं के यादृच्छिक चयन की तकनीक द्वारा या फिर आम आदमी के शब्द में साधारण लॉटरी द्वारा चुना गया था। यदि मतदाता साक्षात्कार देने के लिए सहमत होता है केवल तब ही साक्षात्कार आयोजित किया जाता है।

मतदाता के आश्वस्त होने और सर्वेक्षण के लिए तैयार होने के बाद, साक्षात्कार शुरू करने से पहले एक सूचित सहमति उनसे ली जाती है। सूचित सहमति लेने के लिए एक आदर्श स्वरूप नीचे दिया गया है (बॉक्स 6.2 देखें)।

घटनास्थल पर साक्षात्कार और समापन का समय

एक आमने-सामने साक्षात्कार की स्थिति में प्रश्नावली में दिए गए प्रश्नों को एक-एक करके पूछा जाना चाहिए और नमूनाकृत स्थान पर प्रश्नावली को उत्तरदाता या किसी अन्य व्यक्ति को कभी नहीं सौंपना चाहिए। एक चुनाव सर्वेक्षण में मतदाताओं का एक औपचारिक व्यवस्था में साक्षात्कार किया जाता है, लेकिन साक्षात्कार का स्वर स्वरूप में संवादात्मक

और प्रेरक होता है। चुनाव-पूर्व और चुनाव-पश्चात के सर्वेक्षणों में, मतदाताओं के साथ साक्षात्कार आमतौर पर उनके निवास पर आयोजित किए जाते हैं, स्वत: और उन्हें प्रश्न-उत्तर सत्र के लिए पहले से तैयारी नहीं करनी पड़ती है। साक्षात्कार से पहले मतदाताओं को प्रश्नावली नहीं सौंपने का कारण इस तथ्य से उत्पन्न होता है कि उत्तरदाता अलग-अलग प्रश्नों के लिए उत्तरों को पूर्व-प्रतिपादित करके स्वयं को तैयार कर लेंगे। इससे उत्तरदाताओं की सहजता दूर हो जाएगी और वे ऐसे जवाब देने की कोशिश करेंगे जो राजनीतिक या सामाजिक रूप से सही और स्वीकार्य हों। यही कारण है कि उत्तरदाता प्रश्नों के उत्तर देने से पहले प्रश्नावली को पढ़ने की इच्छा व्यक्त करता है, तो यह वांछनीय है कि क्षेत्रीय अन्वेषक को धीरे से उनसे कह देना चाहिए कि उन्हें ऐसा करने की अनुमति नहीं है। गणनाकारों को मतदाताओं के साक्षात्कार का आयोजन करने और प्रश्नावली भरने तथा किसी भी परिस्थिति में मतदाताओं को प्रश्नावली नहीं सौंपने का निर्देश दिया जाता है।

उत्तरदाताओं के साथ साक्षात्कार पूरा करने के लिए आवश्यक समय प्रश्नावली की लंबाई पर निर्भर करता है। गणनाकारों को नमूना मतदाता को साक्षात्कार पूरा करने के लिए अनुमानित समय का स्पष्ट रूप से उल्लेख करना चाहिए। छोटी प्रश्नावलियों के मामले में आमतौर पर कोई समस्या नहीं होती है, लेकिन क्षेत्र अन्वेषकों को समस्या का सामना करना पड़ता है यदि प्रश्नावली लंबी और अधिक समय लेती हो। ऐसे मामलों में, अन्वेषक को नमूनाकृत मतदाताओं को एक लगभग समय अवधि बताना चाहिए जो कि साक्षात्कार को पूरा करने के लिए आवश्यक होगा। गणनाकारों को मतदाताओं को गलत आश्वासन देने से बचना चाहिए कि साक्षात्कार जल्दी या थोड़े समय के भीतर हो जाएगा, क्योंकि वे अधीर हो जाएंगे यदि साक्षात्कार उल्लिखित समय सीमा से परे हो। इसके परिणामस्वरूप कुछ अधूरे साक्षात्कार हो सकते हैं या उत्तरदाताओं द्वारा दी गई प्रतिक्रियाएं जो संतोषजनक नहीं हो सकतीं हैं। अपूर्ण साक्षात्कार न केवल सर्वेक्षण में उच्च गैर-प्रतिक्रिया त्रुटियों का कारण होते हैं, बल्कि नमूना निष्पाद्य दरों में कमी और आंकड़ों के लोप का भी कारण होता है।

एक ही शब्दावली और अनुक्रम में प्रश्नों को पढ़ा जाना

मतदाताओं के मतदान व्यवहार और रुख का विश्लेषण करने उद्देश्य से किए गए सर्वेक्षण, समनुरूप और विश्वसनीय जानकारी इकट्ठा करने के लिए हजारों मतदाताओं के साक्षात्कार को आवश्यक बना देता है। आंकड़ों के संग्रह में मानकीकरण बनाए रखने के लिए संरचित

प्रश्नावली की सहायता से साक्षात्कार आयोजित किए जाते हैं। प्रश्नावली में दिए गए सभी प्रश्नों को नमूनाकृत मतदाताओं से लगभग एक समान तरीके से गणनाकारों द्वारा पूछा जाता है, ताकि यह एक ही अर्थ का संचार कर सके। गणनाकार सभी प्रश्नों को शब्दशः पढ़ते हैं और प्रश्नों के अनुक्रम तथा शब्दों को बदलने की उन्हें अनुमति नहीं है। सवाल, परिवर्तन और अन्य मापदंडों की गंभीरता के आधार पर प्रश्नावली में प्रश्नों का अनुक्रम तय किया जाता है तथा इसका क्षेत्रीय अनुसंधान के दौरान सख्ती से पालन किया जाता है। मतदाता का साक्षात्कार पहले प्रश्न से शुरू होता है और अंतिम प्रश्न के साथ समाप्त होने के साथ क्रमिक रूप से प्रगति करता है जैसा कि प्रश्नावली में दिया गया है।

हर चुनाव सर्वेक्षण में, ऐसे प्रश्न होते हैं जो एक दूसरे के समान दिखाई देते हैं लेकिन वास्तव में एक दूसरे से भिन्न होते हैं। ऐसे प्रश्नों को ध्यानपूर्वक पढ़ना चाहिए ताकि मतदाता उनके बीच सूक्ष्म अंतर स्पष्ट रूप से समझ सकें। इसी प्रकार कुछ ऐसे मुद्दों पर प्रश्नावली में कुछ प्रश्न होते हैं जो एक-दूसरे के विपरीत होते हैं। इस तरह के प्रश्न जानबूझकर मतदाता की राय की स्थिरता और ताकत को मापने के लिए प्रश्नावली में दिए गए हैं।

सीएसडीएस द्वारा आयोजित एनईएस 2009 के दौरान एक क्षेत्रीय अन्वेषक सोहम ने कहा कि कभी-कभी एक अपवाद बन गया जब यह देखा गया कि साक्षात्कार देने वाला एक प्रश्न का गलत उत्तर दे रहा है, क्योंकि वह प्रश्न का सही अर्थ समझने में असमर्थ है। प्रश्न को छोड़ दिया जाता है और साक्षात्कार के अंत में फिर पूछा जाता है, यह देखने के लिए कि क्या साक्षात्कार देने वाला सही उत्तर देता है अगर वह सोचता है कि यह एक अलग प्रश्न है। हालांकि, यह बहुत महत्त्वपूर्ण है कि वाक्यों के शब्दों और अनुक्रमों का पालन जैसा है वैसे ही किया जाए, क्योंकि प्रश्न समझाने के प्रयास में, इसका अर्थ क्षेत्र अन्वेषक द्वारा बदला जा सकता है जिसके कारण गलत आंकड़ों का संग्रह हो सकता है।

साक्षात्कार में शिष्टता से पड़ताल होनी चाहिए और इसे वस्तुपरक होना चाहिए

चुनाव सर्वेक्षण में उपयोग की जाने वाली साक्षात्कार तकनीक मीडिया या अन्य प्रकार के अनुसंधान के लिए उपयोग की जाने वाली साक्षात्कार तकनीकों से अलग है। साक्षात्कार का उद्देश्य चुनावों और उनके चुनावी व्यवहारों से संबंधित प्रश्नों पर मतदाताओं की राय और विचारों की जांच करना है। मतदाता के साथ प्रश्न-उत्तर सत्र शब्दावली के शाब्दिक अर्थ में एक साक्षात्कार नहीं है। साक्षात्कार, जांच की शैली में नहीं बल्कि मतदाताओं से

उत्तर मांगने के लिए शिष्टता से जांच-पड़ताल के स्वर में आयोजित किए जाते हैं। चूंकि उत्तरदाता साक्षात्कार देने के लिए बाध्य नहीं हैं, इसलिए गणनाकार के स्वर और शैली से संकेत मिलना चाहिए कि मतदाता प्रश्नों के उत्तर देकर कृपा कर रहे हैं। साक्षात्कार के लिए गणनाकार एक वस्तुपरक दृष्टिकोण अपनाते हैं और उन्हें किसी भी प्रश्न के लिए मतदाताओं को संकेत या सुझाव देने की अनुमति नहीं है। क्षेत्र अन्वेषकों को किसी भी तरह के चेहरे का भाव या इशारे ना करने के लिए प्रशिक्षित किया जाता है, जो मतदाताओं द्वारा दी गई प्रतिक्रियाओं के प्रतिकूल या सकारात्मक प्रतिक्रिया का संकेत देते हैं।

साक्षात्कार के दौरान विवादास्पद या राजनीतिक रूप से संवेदनशील मुद्दों पर गणनाकारों को अपनी राय मतदाताओं को नहीं देनी चाहिए या उनके साथ बहस नहीं करना चाहिए। यह जरूरी है क्योंकि यह मतदाता के मन को प्रभावित करेगा क्योंकि उत्तरदाता तब पक्षपाती हो जाएगा और वैसे उत्तर देने का प्रयास करेगा जो गणनाकार के दृष्टिकोण के अनुरूप हों। इसी प्रकार गणनाकारों को निर्देश दिया जाता है कि वह किसी भी मुद्दे पर अपने विचारों को व्यक्त न करें जो कि इलाके के अधिकांश लोगों के विचारों के विपरीत हो। यह परिवेश को बिगाड़ सकता है और तनाव पैदा कर सकता है तथा ऐसी स्थिति पैदा हो सकती है जहां गणनाकार को साक्षात्कार आयोजित किए बिना इलाका छोड़ने के लिए कहा जा सकता है। इस प्रकार सामान्य नियम यह है कि यदि ऐसे लोग हैं जो संवेदनशील मुद्दों पर अपनी राय व्यक्त करते हैं, तो बिना किसी सुझाव या टिप्पणी के उन्हें धैर्यपूर्वक सुनना गणनाकारों के लिए सर्वोत्तम है।

अन्य प्रथाएं और नियम

चुनाव सर्वेक्षण के दौरान, मतदान प्रश्न और अन्य संवेदनशील प्रश्न होते हैं जिनका मतदाता अन्य लोगों की उपस्थिति में उत्तर नहीं दे सकता है। यदि अन्य लोग मौजूद हैं, जहां मतदाता का साक्षात्कार आयोजित किया जा रहा है, तो उत्तरदाता सही उत्तर नहीं दे सकता है। इस प्रकार यह वांछनीय है कि नमूनाकृत मतदाताओं का साक्षात्कार एक क्षेत्र या स्थान पर आयोजित किया जाना चाहिए, जहां दूसरों के हस्तक्षेप की बहुत कम गुंजाइश हो। क्षेत्रीय अन्वेषकों को साक्षात्कार के दौरान उत्तरदाता के चारों ओर इकट्ठा होने वाली भीड़/छोटे समूह को रोकना चाहिए और यह सुनिश्चित करने की कोशिश करनी चाहिए कि सिर्फ मतदाता को उत्तर देने का मौका मिले। कई अवसर हैं जब क्षेत्रीय अन्वेषक उनका समय देने के लिए मतदाताओं को झूठे वादे या वचन देता है। गणनाकारों को निर्देश दिया जाता है कि

वे झूठे वादे करके लोगों के विश्वास को भंग न करें, क्योंकि यह सर्वेक्षण नैतिकता के खिलाफ है और भविष्य में आंकड़ों का संग्रह करने में समस्याएं पैदा करेगा।

भारत में एक चुनाव सर्वेक्षण में नमूनाकृत मतदाताओं में काफी भिन्नता है और यह उच्च शिक्षित लोगों से लेकर निरक्षर लोगों तक हो सकती है। साक्षर मतदाताओं का साक्षात्कार आसान होता है क्योंकि वे प्रश्नों को समझते हैं और उनका स्पष्टता के साथ उत्तर देते हैं। लेकिन गांवों और झुग्गियों में रहने वाले मतदाता ज्यादातर अर्ध-अशिक्षित या अशिक्षित होते हैं, जो कुछ प्रश्नों को नहीं समझ या बूझ पाते हैं। ऐसे मामलों में, प्रश्न को दोहराया जाना चाहिए और गणनाकारों को जितना पहले किया गया था उससे अधिक धीरे-धीरे तथा स्पष्ट रूप से प्रश्नों को पढ़ना चाहिए। यदि उत्तरदाता गणनाकार द्वारा दोहराए जाने के बाद भी किसी विशेष प्रश्न को समझने में विफल रहता है, तो उस प्रश्न को छोड़ दिया जाना चाहिए और अगले प्रश्न की पड़ताल होनी चाहिए। इसी प्रकार मतदाता भी उन उत्तरों को प्रदान कर सकते हैं जो क्षेत्र अन्वेषक को समझ में नहीं आएं। गणनाकार को स्पष्ट शब्दों में उत्तरदाता को उत्तर दोहराने के लिए अनुरोध करना चाहिए और अगर यह अभी भी अस्पष्ट है, तो मतदाता को शिष्टता से अधिक विशिष्ट और स्पष्ट होने के लिए प्रोत्साहित किया जाना चाहिए। मतदाता को प्रश्न समझने और बोध होने तथा उसके बाद उत्तर प्रदान करने के लिए पर्याप्त समय दिया जाना चाहिए लेकिन प्रश्नों के उत्तर देने के लिए उन्हें सहायता या संकेत नहीं देना चाहिए।

भारत में फील्डवर्क आयोजित करने में कठिनाइयां

भारत, दुनिया के सबसे बड़े संसदीय लोकतंत्र के रूप में, चुनावों के साथ-साथ चुनाव सर्वेक्षण का भी आयोजन करना अपने भौगोलिक विस्तार और भारी आबादी के कारण चुनौतीपूर्ण कार्य है। इसमें बड़ी संख्या में बोली जाने वाली भाषाएं और बोलियां, सांस्कृतिक विविधताएं, जलवायु परिस्थितियों की चरम सीमाएं और सामाजिक आर्थिक विविधताएं हैं, जो सर्वेक्षण आयोजित करने को न केवल रोमांचक बल्कि मुश्किल और चुनौतीपूर्ण भी बनाते हैं। देश में हो रहे अलगाववादी आंदोलनों जैसी राजनीतिक समस्याओं के कारण भारत में सर्वेक्षणों का आयोजन करते समय कई अंतरराज्यीय परिवर्तन भी होते हैं जिनका सामना करना पड़ता है। एक सर्वेक्षण के दौरान क्षेत्रीय अन्वेषकों को आवंटित संसदीय/विधानसभा निर्वाचन क्षेत्रों को यादृच्छिकता से नमूना बनाया गया है, इसलिए हर संभावना है कि वे विशाल प्राकृतिक सुंदरता के इलाकों की यात्रा कर सकते हैं या दुर्लभ मानव निवास के साथ बंजर और बीहड़ इलाके की यात्रा कर सकते हैं। तथ्य यह है कि

भारत बहुत खूबसूरत और यात्रियों के लिए स्वर्ग है, यह निश्चित रूप से बहुत खुशी की बात है, अगर कोई क्षेत्रीय अनुसंधान का आयोजन करने के लिए केरल के अप्रवाही जल, गोवा के सुंदर समुद्र तटों, या लेह-लद्दाख में हिमालय के बर्फ से ढके पहाड़ों की तरफ यात्रा करे। हालांकि, इसके साथ, यह ध्यान में रखा जाना चाहिए कि कभी-कभी अवस्थिति में विविध भौगोलिक और जलवायु भिन्नताएं चुनौतीपूर्ण हो सकती हैं और इसमें भारी कठिनाई शामिल हो सकती है। उदाहरण के लिए, कुछ पहाड़ी राज्यों में बहुत कम आबादी है और साथ ही बाकी बस्तियों से अलग हैं। इसका अर्थ यह है कि संचार की बाधाओं के कारण ऐसी जगहों पर यात्रा करना न केवल मुश्किल है, बल्कि क्षेत्र अनुसंधान का आयोजन करने के लिए इसमें बहुत समय, प्रयास और लागत भी शामिल है।

यह परिदृश्य पूर्वोत्तर क्षेत्र और भारत के पहाड़ी राज्यों के संबंध में विशेष रूप से सच है। दूरी और उचित संचार की कमी विशेष रूप से कुमाऊं, गढ़वाल, हिमाचल प्रदेश या सिक्किम जैसे क्षेत्रों में काफी चुनौती सिद्ध होती है। अच्छी तरह से विकसित सड़कों की अनुपस्थिति के कारण, किसी भी वाहन को किराये पर लेना संभव नहीं है, इसलिए प्रश्नावली को भरने में बहुत समय लगता है, अधिक इसलिए, क्योंकि नमूनाकृत स्थान तक पहुंचने की सम्पूर्ण दूरी पैरों से चल कर की जाती है। रौनक इस कठिनाई के बारे में सबसे बेहतर समझाते हैं:

> यादृच्छिक चयन के बाद, मुझे उत्तराखंड में क्षेत्रीय अनुसंधान करने के लिए आवंटित किया गया था, जबकि 2012 में हुए विधानसभा चुनावों के दौरान मेरे दोस्त पवन को उत्तर प्रदेश के लिए चुना गया था। मैंने समान संख्या की प्रश्नावली को पूरा करने में पवन से सात दिन का अधिक समय लिया था क्योंकि वहां परिवहन का कोई साधन नहीं था और मुझे नमूनाकृत स्थानों तक पहुंचने के लिए पहाड़ियों में लंबी दूरी चलना पड़ता था।

साथ ही, यह ध्यान में रखा जाना चाहिए कि दूरी पूरा करना केवल पहाड़ी इलाकों में ही मुश्किल नहीं है। यहां तक कि मैदानी इलाकों में भी ऐसे स्थान हैं जहां परिवहन सुविधाएं अच्छी तरह से विकसित नहीं हैं। उदाहरण के लिए, पंकज ने बताया कि उन्होंने 2009 में छत्तीसगढ़ के बस्तर क्षेत्र में फील्डवर्क का आयोजन किया था और क्योंकि इस क्षेत्र में यात्रा करने के लिए कोई वाहन नहीं था, इसलिए उन्हें चलना पड़ता था। कभी-कभी, कुछ लोग एक साइकिल या बाइक किराए पर लेना पसंद करते हैं। 2012 के विधानसभा चुनाव के दौरान पुलकित ने गोवा में फील्डवर्क का आयोजन किया और किराए पर बाइक लेकर इस निर्वाचन क्षेत्र के आसपास यात्रा की। उदय ने 2009 के

लोकसभा चुनावों में ऐसा ही किया था, जहां उन्होंने छत्तीसगढ़ के वनों के बीच किराए की साइकिल में यात्रा की थी। पुलकित कारण बताते हैं:

> मैं सार्वजनिक परिवहन व्यवस्था के मुकाबले अपने किराए के वाहन से किसी दिन यात्रा करना पसंद करूंगा क्योंकि सार्वजनिक परिवहन व्यवस्था पर पूरी तरह से निर्भर न होते हुए मैं अपनी आवश्यकताओं के अनुसार अपनी यात्रा की योजना बना सकता हूं। इसके अलावा, चूंकि गोवा में बाइक आसानी से उपलब्ध हैं, और मुझे पता था कि मैं कहाँ से किराए पर ले सकता था, क्योंकि मैं राज्य का निवासी हूं, इसने मेरी मदद की। साथ ही, मैंने अपने फील्डवर्क का आनंद उठाया क्योंकि मैं अपनी गति से यात्रा कर सकता था, बीच में विराम ले सकता था और कहीं भी आस-पास जा सकता था जो मैंने पहली बार देखा था और क्षेत्रीय कार्य में अधिक समय भी समर्पित कर सकता था। सार्वजनिक परिवहन व्यवस्था समय लेने वाली और निश्चित रूप से अधिक थकाऊ है।

इसके साथ ही, यह ध्यान में रखना चाहिए कि क्षेत्रीय अन्वेषक द्वारा सम्पूर्ण यात्रा की योजना तय की जानी चाहिए, और यह पूरी तरह से उसके हितों और वरीयताओं पर निर्भर करता है और वह सर्वेक्षण के लिए किसे फायदेमंद मानता है, तथा अगर उसे चलना, या वाहन किराए पर लेने की तुलना में सार्वजनिक परिवहन में अधिक आरामदायक लगता है, तो उसे निश्चित रूप से आगे बढ़ना चाहिए और ऐसा करना चाहिए।

इसके अलावा, यह भी ध्यान देने योग्य है कि चरम जलवायु परिस्थितियों के संदर्भ में पहाड़ी इलाके भी चुनौतीपूर्ण हो सकते हैं। जम्मू और कश्मीर के लेह लद्दाख क्षेत्र में बहुत कम तापमान दर्ज होता है और अधिकतर समय, पहाड़ी सड़के भारी हिमपात के कारण अवरुद्ध रहती हैं। यही बात उत्तराखंड के केदारनाथ-बद्रीनाथ क्षेत्रों के लिए भी सच है। इसके अलावा, भूस्खलन के परिणामस्वरूप काफी दिनों तक ऐसे पहाड़ी क्षेत्र पूरी तरह से मैदानी इलाके से कट सकते हैं जो कि बाधा सिद्ध हो सकते हैं। पहाड़ी राज्यों के ऐसे क्षेत्रों में शीतदंश और गंभीर ठंड भी हर रोज़ चिंता के कारण हैं। क्षेत्रीय अन्वेषकों के लिए गर्मी भी चिंता का एक कारण हो सकती है, खासकर यदि सर्वेक्षण गर्मियों में आयोजित किया जाता है। राजस्थान में जैसलमेर जैसे कुछ क्षेत्रों में थार रेगिस्तान के कारण जहां मई-जून के महीनों में उच्च तापमान दर्ज किया जाता है जो 45 डिग्री सेंटीग्रेड के बराबर होता है, इस अवधि में यात्रा करना बहुत कठिन बना देता है। इसी तरह, बिहार, असम और मेघालय जैसे राज्य भारत में बाढ़ प्रवण राज्यों में माने जाते हैं, जहां भारी मानसून बारिश और बाढ़ हर वर्ष राज्य को पूरी तरह से तबाह कर देती है। अनुरिमा, जिन्होंने 2009 के लोकसभा चुनावों के

दौरान मेघालय, जो वर्षा ऋतु के दौरान उच्च वर्षा दर्ज करता है में क्षेत्रीय जांच आयोजित की थी, बताती हैं:

> जब मैंने चेरापूंजी क्षेत्र में राज्य में अपना क्षेत्रीय अनुसंधान किया, तो कुछ दिनों के लिए भारी बारिश हुई थी। सम्पूर्ण स्थान पानी में जलमग्न था। मेरे लिए आश्चर्यजनक था कि कंक्रीट की सड़कों पर नौकाएं चल रही थीं। हमने इस तरह की एक नाव को किराए पर लिया ताकि हम गंतव्य पर जा सकें। यह मेरे जीवन के सबसे रोमांचक व उत्तेजक क्षणों में से एक है, जिसे मैं हमेशा के याद रखूंगी।

कभी-कभी उन्हें एक स्थान से दूसरे स्थान तक पहुँचने के लिए नौकाओं की कोई सुविधा नहीं होने के साथ एक गंतव्य तक पहुँचने के लिए क्षेत्रीय अन्वेषकों को नदियों और प्रवाहों को पार करना पड़ता है। ऐसी ही एक क्षेत्रीय अन्वेषक निधि बताती हैं:

> मैं 2009 के लोकसभा चुनावों में एक ऐसे सर्वेक्षण का हिस्सा थी जहां एक समय था जब एक नदी हमारे सामने थी, लेकिन नदी पार करने के लिए नौका की कोई सुविधा नहीं थी। चूंकि पानी घुटने तक गहरा था, इसलिए मैंने पानी को पैदल पार किया।

इस तरह के अनुभव रोमांचक हो सकते हैं यदि क्षेत्रीय अन्वेषक प्रेरित हों और कार्य को रोमांचक समझते हैं। कभी-कभी, क्षेत्रीय अन्वेषकों को स्थान तक पहुंचने के लिए हाथी की पीठ पर यात्रा करनी पड़ सकती है जैसी कि असम में। असम के अंदरूनी हिस्सों की यात्रा करने वाले मोहित ने बताया, "हाथी की पीठ पर यात्रा करना महंगा है, लेकिन साथ ही बेहद रोमांचक है। मैंने असम के अपने क्षेत्र अनुसंधान के दिनों के दौरान हाथी की पीठ पर यात्रा की थी क्योंकि वहां सार्वजनिक परिवहन के अन्य साधन नहीं थे।"

देश में सांस्कृतिक विविधताएं व्यापक हैं, एक साथ रहने वाले विभिन्न धर्मों के लोगों के साथ यह बहुभाषियों, बहु-जातियों, बहु-वर्गों, बहु-व्यंजनों, बहु-पोशाकों वाली है। कभी-कभी क्षेत्रीय अन्वेषकों के लिए ऐसी सांस्कृतिक, धार्मिक और जातीय विविधताओं के कारण मतदाताओं के साथ आसानी से घुलना-मिलना मुश्किल होता है। चुनाव सर्वेक्षण की एक क्षेत्र अन्वेषक, सुधी बताती हैं:

> मैंने एक बार छत्तीसगढ़ के आदिवासी क्षेत्र में एक क्षेत्रीय जांच की थी। जनजातीय क्षेत्र में क्षेत्रीय अध्ययन के आयोजन के बारे में सार्वजनिक तर्क में एक सामान्य डर अंतःस्थापित है। हालांकि मेरे लिए शुरू में आदिवासियों के साथ दोस्ती करना मुश्किल था इस कारण कि

उनका जीवन जीने व रहने का एक बहुत ही अलग तरीका है, ताकि वे प्रश्नावली का उत्तर दे सकें, लेकिन प्रारंभिक रास्ता पार कर जाने के बाद वे बहुत मेहमाननवाज साबित हुए।

एक उच्च स्तर की राजनीतिक गड़बड़ी के साथ भारत में ऐसे कुछ राज्य और क्षेत्र हैं और इन्हें उच्च सुरक्षा जोखिम वाले क्षेत्रों में वर्गीकृत किया गया है। ऐसे संकटग्रस्त क्षेत्रों में फील्डवर्क का आयोजन रोमांचक साबित हो सकता है लेकिन साथ ही चुनौतीपूर्ण और जोखिम से भरा हुआ भी है। यद्यपि ऐसे राज्यों और क्षेत्रों में क्षेत्रीय अन्वेषकों की सुरक्षा संबंधी चिंताएं हैं, खासकर क्योंकि प्रश्नावली कभी-कभी बहुत ही संवेदनशील मुद्दे से संबंधित होती है जो कि राजनीतिक क्षेत्रों में अत्यधिक बहसपूर्ण होते हैं, साथ ही यह क्षेत्र अन्वेषकों के लिए बहुत रोमांचक और संतोषजनक होता है यदि वे प्रश्नावली भरने में सफल होते हैं। भारत में, ऐसे तीन क्षेत्र हैं: (क) अलगाववादी आंदोलनों के कारण जम्मू और कश्मीर; (ख) झारखंड, बिहार और छत्तीसगढ़ में माओवादी प्रभावित क्षेत्र; और (ग) आंध्र प्रदेश जहां एक अलग राज्य तेलंगाना के निर्माण के लिए आंदोलन चल रहा है।

माओवादी समस्याओं से प्रभावित देश के क्षेत्रों में क्षेत्रीय अन्वेषकों के लिए सुरक्षा भी चिंता का मामला है। रोहित, जिन्होंने झारखंड में फील्डवर्क किया, का तर्क है:

> यद्यपि हम आमतौर पर झारखंड, छत्तीसगढ़ और उड़ीसा के पूरे राज्य को माओवादी प्रभावित मानते हैं, यह धारणा वास्तविकता से बहुत दूर है। इनमें से ज्यादातर स्थानों में फील्डवर्क आयोजित किया जा सकता है, हालांकि यह लगभग 4–5 गांवों में है जो वास्तव में अलग-थलग हैं और यात्रा करने के लिए जोखिम भरे हैं।

फील्डवर्क के आयोजन की चुनौती लोगों के मन में सामान्य विश्वास से शुरू होती है कि इस तरह के आतंकवादी/माओवादी प्रभावित क्षेत्रों में फील्डवर्क का आयोजन संभव नहीं है। जब भी किसी क्षेत्रीय अन्वेषक को ऐसी किसी भी जगह में क्षेत्रीय जांच का आयोजन करने के लिए यादृच्छिक रूप से चुना जाता है, तो आमतौर पर उनकी सुरक्षा और भलाई के संबंध में परिवार के सदस्यों और दोस्तों के मन में भय और आतंक की भावना होती है। शोधकर्ताओं के दिमाग में भी डर और आशंका की भावना होती है कि इस तरह के सर्वेक्षणों को जमीनी स्तर पर आयोजित करना संभव नहीं होगा। साथ ही, यह ध्यान में रखा जाना चाहिए कि ऐसे क्षेत्रों में कई सफल सर्वेक्षण शोध किए जा चुके हैं। अक्सर यह पाया गया है कि क्षेत्र अन्वेषक अनुभवों के साथ वापस आते हैं जो इस धारणा को नकारते हैं। अमित जिन्होंने क्षेत्रीय जांच का आयोजन किया, बताते हैं:

अपनी प्रश्नावली दिखाने के बाद मुझे सर्वेक्षण का आयोजन करने की अनुमति दी गई थी। ऐसी परिस्थितियों में, यह बहुत महत्त्वपूर्ण है कि फील्डवर्क निष्पक्ष परिस्थितियों में आयोजित किया जाए, बिना किसी विवादास्पद प्रश्न के जो यह दर्शाता है कि हमारी निष्ठा किसी भी दल के साथ नहीं है। इसलिए क्योंकि मेरी प्रश्नावली में, हमने माओवादियों और राज्य अत्याचारों दोनों के बारे में प्रश्न पूछे थे, निष्पक्षता की भावना स्पष्ट थी, जिससे हमें सर्वेक्षण आयोजित करने में मदद मिली।

हालांकि, साथ ही, यह ध्यान रखना महत्त्वपूर्ण है कि यदि किसी कारण से अन्वेषक को सर्वेक्षण आयोजित करने की अनुमति से इनकार कर दिया गया है, तो यह सलाह दी जाती है कि सुरक्षा कारणों से सर्वेक्षण को छोड़ देना चाहिए।

दूसरा क्षेत्र जहां फील्डवर्क का आयोजन करना एक बड़ी चुनौती है, वो घाटी में अलगाववादियों और आतंकवादी संगठनों की मौजूदगी के कारण जम्मू और कश्मीर है। सीएसडीएस ने 2002 में जम्मू और कश्मीर में पहला चुनाव सर्वेक्षण किया था जो पारस्परिक था और कश्मीर घाटी और लेह-लद्दाख क्षेत्र को कवर किया था। सुरक्षा कारणों से राज्य के कश्मीर क्षेत्र में सर्वेक्षण ने फील्डवर्क कठिनाइयों और समस्याओं की अधिकता का सामना किया। राकेश, जो इस उद्देश्य के लिए राज्य का दौरा करने वाले दो क्षेत्रीय अन्वेषकों में से एक थे, हमारे साथ अपना अनुभव साझा करते हैं:

इस प्रश्नावली को अलगाववादी आंदोलन और कश्मीर स्वतंत्रता के समर्थन के बारे में घाटी में रहने वाले लोगों की लोकप्रिय धारणा और राय को समझने के लिए बनाया गया था। अलगाववादी आंदोलन के समर्थकों को हमारे अध्ययन के उद्देश्य के बारे में हालांकि संदेह था। इसलिए, उन्होंने हमें एक अज्ञात स्थान पर दो दिनों तक रहने के लिए कहा, जबकि उस समय के दौरान, उन्होंने बहुत विस्तार से प्रश्नावली का अध्ययन किया, और हमारे और हमने जिन संगठनों के लिए काम किया उसकी साख का भी सत्यापन किया। जब उन्हें एहसास हुआ कि हमारे अध्ययन किसी भी राजनीतिक मकसद द्वारा समर्थित नहीं हैं, लेकिन लोगों की लोकप्रिय धारणाओं को समझने के उद्देश्य से है, वे मान गए और बाद में आसानी से हमारे साथ सहयोग किया।

तीसरा क्षेत्र/राज्य जहां सर्वेक्षण कार्यों का आयोजन करने में हाल के दिनों में कठिनाइयां और बाधाएं आती हैं, वह आंध्र प्रदेश है। सीएसडीएस ने पूर्व में आंध्र प्रदेश में तेलंगाना के मुद्दे पर एक सर्वेक्षण का आयोजन किया था, जो एक चुनौतीपूर्ण और कठिन काम

साबित हुआ। तेलंगाना क्षेत्र में, जनसंख्या का एक बड़ा वर्ग है जो अलग राज्य तेलंगाना बनाने के पक्ष में था और पिछले कुछ सालों से इस पर आंदोलन चल रहा था। तेलंगाना क्षेत्र में, तेलंगाना आंदोलन के प्रबल समर्थकों ने फील्डवर्क का विरोध किया था क्योंकि उन्हें लगा कि प्रश्नावली आंदोलन के विरोध में थी और यह क्षेत्र के केवल एक उपनगर में आयोजित किया जा सकता था। क्षेत्रीय अन्वेषकों ने उनके संदेहों को समझाने और स्पष्ट करने की कोशिश की लेकिन उन्हें प्रवेश से वंचित कर दिया गया और अगली रेलगाड़ी से तुरंत शहर छोड़ने को कहा गया। तेलंगाना क्षेत्र का दौरा करने वाले इस समूह का हिस्सा रहे रौनक ने कहा:

> हमने पूरे दिन यह समझाने की कोशिश की कि सर्वेक्षण किसी भी राजनीतिक दल द्वारा नहीं आयोजित किया गया था और यह दिल्ली में स्थित एक स्वतंत्र सामाजिक विज्ञान अनुसंधान संस्थान द्वारा किया जा रहा है, लेकिन फिर भी उन्होंने हमें अनुमति देने से इनकार कर दिया। चूंकि उन्होंने हमें प्रस्थान करने को कहा और हमारे प्रति शत्रुतापूर्ण प्रतीत हुए, हमने सोचा कि सबसे अच्छा विकल्प फील्डवर्क को छोड़ देना होगा।

7 आंकड़ों का विश्लेषण और सर्वेक्षण के निष्कर्षों का प्रतिवेदन

मतदान व्यवहार को मापने का अंतिम चरण आंकड़ों के विश्लेषण की प्रक्रिया है और सार्वजनिक क्षेत्र में सर्वेक्षण निष्कर्ष का प्रतिवेदन करना है। जैसे ही फील्डवर्क पूरा हो जाता है, भरी हुई प्रश्नावली की हाथ से जांच की जाती है। जांच के इस पहले चरण में, सभी भरी हुई प्रश्नावलियों की हस्तचालित रूप से मानव त्रुटियों और गलतियों की पहचान करने के लिए जांच की जाती है। आंकड़ों के स्तर की पहली जांच आमतौर पर पर्यवेक्षक या स्थानीय स्तर के समन्वयक द्वारा फील्ड में या स्थानीय मुख्यालय में किया जाता है। किसी भी राष्ट्रीय सर्वेक्षण में, यह आवश्यक है कि भाषा में विविधता के कारण भरी हुई प्रश्नावली की पहली जांच स्थानीय स्तर पर की जानी चाहिए। हालांकि सर्वेक्षण प्रश्नावली में ज्यादातर क्लोज-एंडेड प्रश्न होते हैं, कुछ ओपन-एंडेड प्रश्न, जिनके लिए विस्तृत उत्तर दर्ज किए जाते हैं, वो भी स्थानीय भाषा में। स्थानीय भाषा में लिखी गई इबारत को स्थानीय स्तर पर पढ़ना, जांचना और संकेतबद्ध करना सबसे अच्छा है, अर्थात्, किसी भी अखिल भारतीय सर्वेक्षण में राज्य स्तर पर। आंकड़ों की जांच का दूसरा चरण केंद्रीय समूह द्वारा सामान्य रूप से किया जाता है, जो चुनाव सर्वेक्षण के आयोजन की पूरी प्रक्रिया का समन्वय करता है। चूंकि कोई सर्वेक्षण बड़ी संख्या में उत्तरदाताओं के साक्षात्कार लेने से संबंधित है, इसलिए आंकड़ों के विश्लेषण के लिए कंप्यूटर का उपयोग आवश्यक हो जाता है। प्रश्नावली के हस्तचालित अनुवीक्षण और शोधन के बाद, आंकड़ों को एक इलेक्ट्रॉनिक प्रारूप में दर्ज किया जाता है और संकेतीकरण और पंचिंग नियंत्रण के अधीन होता है। दर्ज किए गए आंकड़ों की पात्रता मापदंड, श्रेणी, और तर्क त्रुटियों के लिए इलेक्ट्रॉनिक रूप से जांच की जाती है तथा विशेष लिखित संपादन प्रोग्रामों के माध्यम से संपादित किया जाता है। ऐसी त्रुटियां जिन्हें सॉफ़्टवेयर प्रोग्राम द्वारा सुधारा नहीं जा सकता है, को फिर एक "डंप" के रूप में मुद्रित किया जाता है जो कि स्रोत प्रश्नावली से हस्तचालित रूप से सत्यापित है और तदनुसार ठीक किया गया है।

आँकड़ों की प्रविष्टि और विश्लेषण के पूरा होने से एक इलेक्ट्रॉनिक आंकड़ों का दस्तावेज तैयार होता है, जो आंकड़ों के विश्लेषण के लिए आधार बनता है और चुनाव सर्वेक्षण के निष्कर्ष का प्रतिवेदन करता है।

आंकड़ों का विश्लेषण, आंकड़ों की जांच और शोधन की एक मानकीकृत विधि है जिसका चुनाव सर्वेक्षणों का आयोजन करते समय भारत में ज्यादातर मतदान एजेंसियों या अनुसंधान संस्थानों द्वारा पालन किया जाता है। तुलना रूप से देश में मतदान संगठनों द्वारा मतदान व्यवहार और रुख के निष्कर्षों का प्रतिवेदन करते समय कोई मानक प्रारूप या मापदंड नहीं हैं। पांच साल में एक बार आम चुनाव और लगभग हर साल एक या एक से अधिक राज्यों में अपने प्रतिनिधियों का चुनाव करने के लिए होने वाले मतदान के साथ भारत में चुनाव एक नियमित विशेषता हैं। मतदान के व्यवहार और रुख को मापने के लिए जनमत सर्वेक्षण भी देश में काफी लोकप्रिय हो गए हैं। पूर्वानुमान परिणामों पर मुख्य ध्यान देने के साथ भारतीय मीडिया में चुनाव के नतीजों के निष्कर्ष सूचित किए जाते हैं, अर्थात्, किस दल को कितनी सीट मिलेगी और उस विशेष चुनाव में दल को मत का कितना अनुपात मिल सकता है, की भविष्यवाणी करना। चुनाव के पूर्वानुमान के अलावा, नमूना देने की विधि, साक्षात्कार किए गए मतदाताओं की संख्या, स्थान जहां पर चुनाव आयोजित किए गए थे, और सर्वेक्षण की समय-सीमा पर एक संक्षिप्त नोट के साथ-साथ चुनाव सर्वेक्षण के मुख्य निष्कर्ष का भी विस्तृत रूप से प्रतिवेदन किया जाता है। लेकिन अधिकांश मतदान संगठन सर्वेक्षण से संबंधित जानकारी प्रदान नहीं करते हैं जैसे कि नमूना विधि का विवरण और नमूने का पूरा वर्णन, सर्वेक्षण में त्रुटि का अंतर, गैर-प्रतिक्रिया वाले मतदाताओं का वर्णन और मतों को सीटों में परिवर्तित करने के लिए उपयोग किए जाने वाले सांख्यिकीय प्रतिरूप। सर्वेक्षण की बुनियादी जानकारी और तकनीकी विवरण का प्रतिवेदन, निष्कर्ष जितना महत्त्वपूर्ण है क्योंकि यह सर्वेक्षण को अधिक पारदर्शी और विश्वसनीय बनाता है। इस प्रकार, चुनाव सर्वेक्षण के निष्कर्ष और सर्वेक्षण के बारे में आवश्यक जानकारी का प्रतिवेदन करने के लिए सही प्रक्रिया जिसे सार्वजनिक क्षेत्र में साझा किया जाना चाहिए, पर विस्तार से चर्चा करना जरूरी हो जाता है।

यह अध्याय दो खंडों में विभाजित है। पहला खंड मुख्य निष्कर्ष के साथ-साथ चुनाव सर्वेक्षणों की आवश्यक जानकारी जिसका प्रतिवेदन होना चाहिए के बारे में विस्तार से चर्चा करता है। चुनाव सर्वेक्षण के निष्कर्ष मूल रूप से स्वरूप में मात्रात्मक हैं और दर्शकों के लिए आंकड़ों का विश्लेषण किया जाता है और समझाया जाता है। विश्लेषण की भाषा ध्यान से और सावधानी से शब्दों में व्यक्त होनी चाहिए क्योंकि यदि निष्कर्ष

को ठीक से प्रस्तुत नहीं किया गया है, तो यह विवादास्पद और संदिग्ध हो सकता है। चुनाव के दौरान किए गए सर्वेक्षणों के आंकड़ों का प्रतिवेदन करते समय कुछ निर्धारित मापदंड और दिशानिर्देशों का पालन किया जाना चाहिए। सर्वेक्षण के निष्कर्ष मतदाताओं की राय पर आधारित सामान्यीकरण हैं और निर्वाचक वर्ग के मतदान व्यवहार और रुख को समझाने में सूचक या संकेतक हैं। इसे पाठकों/दर्शकों को यह बोध नहीं कराना चाहिए कि निष्कर्ष निर्णायक रूप से किसी बिंदु या तथ्य को साबित करते हैं। सर्वेक्षण में सर्वेक्षण संगठन के नाम, सर्वेक्षण का आयोजन करने का उद्देश्य, सर्वेक्षण की कार्य-प्रणाली और फील्डवर्क आयोजित होने की तिथियों का प्रतिवेदन होना चाहिए। सर्वेक्षण के इन विवरणों का प्रतिवेदन करने के कारण तथा सर्वेक्षण के आंकड़ों का प्रतिवेदन करते समय पालन की जाने वाली देखभाल और सतर्कता की भी विस्तृत तरीके से चर्चा की जाएगी। दूसरा खंड चुनाव सर्वेक्षण के तकनीकी पहलू से संबंधित है, जिसका निष्कर्ष के साथ प्रतिवेदन किया जाना चाहिए। इनमें हिस्सेदारी में त्रुटि के अंतर को ठीक करने और विभिन्न राजनीतिक दलों की मतदान हिस्सेदारी तय करने के लिए पालन की गई विधि शामिल है। इसी तरह चुनाव सर्वेक्षण जो सीटों का पूर्वानुमान लगाने का आधार बनते हैं, को प्रतिस्पर्धा में राजनीतिक दलों के लिए सीट की भविष्यवाणियों में मतदान के अनुमानों को बदलने में इस्तेमाल किए जाने वाले सांख्यिकीय प्रतिरूप के बारे में बतलाना चाहिए। यह खंड चुनावों के दौरान सटीक सीट पूर्वानुमान लगाने और भारत में मतदान संगठनों द्वारा उपयोग किए जाने वाले विभिन्न पूर्वानुमान प्रतिरूपों की सीमाओं की जांच करने की चुनौतियों का भी परीक्षण करने का प्रयास करता है।

सर्वेक्षण प्रतिवेदन की आवश्यक जानकारी

हाल के वर्षों में, वर्तमान और सामयिक मुद्दों पर लोगों की राय को मापने के लिए नमूना सर्वेक्षण सामाजिक विज्ञान अनुसंधान और मीडिया में एक लोकप्रिय उपकरण बन गए हैं। निर्वाचक वर्ग के मतदान व्यवहार और रुख को मापने की सर्वेक्षण तकनीक व विधियों पर चुनावी राजनीति में अनुसंधान भी भारी तरह से निर्भर है। हालांकि, विभिन्न चुनाव सर्वेक्षणों और सर्वेक्षणों के निष्कर्ष जिनका प्रतिवेदन अखबारों, पत्रिकाओं और शोध पत्रिकाओं में हुआ है ने पाठकों को स्पष्ट रूप से बांटा है क्योंकि कुछ लोग इस पर पूरी तरह से विश्वास करते हैं, जबकि ऐसे अन्य लोग हैं जो इस पर विश्वास नहीं करते हैं। चुनाव सर्वेक्षणों के निष्कर्ष पर विश्वास नहीं करने का कारण इस तथ्य से पैदा होता है कि कुछ सर्वेक्षण मतदान

के पूर्ण विवरणों का प्रतिवेदन नहीं करते हैं, जिसके कारण पाठकों के बीच चुनावों और आंकड़ों की सटीकता के बारे में संदेह रहता है। इस प्रकार यह महत्त्वपूर्ण हो जाता है कि सर्वेक्षण के निष्कर्ष का प्रतिवेदन करते समय, सर्वेक्षण के बारे में निम्नलिखित जानकारी को भी दर्शकों के साथ साझा किया जाना चाहिए।

नमूना-चयन विधि और मतदाताओं की प्रोफाइल

महत्त्वपूर्ण जानकारी जिसका चुनाव सर्वेक्षण के निष्कर्ष के साथ प्रतिवेदन होना चाहिए, वो नमूनाकृत निर्वाचन क्षेत्रों, निर्वाचन क्षेत्रों के भीतर स्थानों का चयन करने के लिए उपयोग हुई नमूना तकनीक है और अंत में नमूनाकृत स्थानों पर मतदाताओं का चयन कैसे किया जाता है। चुनाव सर्वेक्षण की विश्वसनीयता और सार्वजनिक जवाबदेही की स्थापना के लिए पूरी जानकारी के साथ एक पारदर्शी तरीके से नमूना लेने की विधि की सूचना दी जानी चाहिए। पिछले दशक के दौरान चुनाव सर्वेक्षण रिपोर्ट की बारीकी से जांच से पता चलता है कि उनके सर्वेक्षणों में उपयोग की गई नमूना विधि और प्रक्रियाओं के बारे में भारत में अधिकांश मतदान संगठन पूरी जानकारी प्रदान नहीं करते हैं। सामाजिक विज्ञान अनुसंधान संगठनों में, जो मतदान व्यवहार पर शोध करते हैं, सीएसडीएस एक अपवाद है। प्रिंट और इलेक्ट्रॉनिक मीडिया में सूचित किए गए सीएसडीएस द्वारा आयोजित सभी मतदान व्यवहार अध्ययनों के निष्कर्ष, नमूने पर विशेष ध्यान देने के साथ एक विस्तृत कार्य प्रणाली संबंधी नोट के साथ हैं। मतदान व्यवहार अध्ययन के लिए उपयोग की गई नमूना विधि आमतौर पर बहुस्तरीय व्यवस्थित यादृच्छिक नमूना तकनीक है और नमूना-चयन के प्रत्येक चरण पर यादृच्छिकता की प्रक्रिया का पालन किया जाता है। दूसरी तरफ, व्यावसायिक एजेंसियां जो मतदान व्यवहार अध्ययन करती हैं, वे सूचित करती हैं कि उन्होंने स्थान और मतदाताओं को चुनने के लिए एक वैज्ञानिक विधि अपनायी थी। लेकिन नमूना कार्य पद्धति की एक गहरी जांच से पता चलता है कि यादृच्छिक विधि का उपयोग केवल विधानसभा/संसदीय निर्वाचन क्षेत्रों के चयन के दौरान किया जाता है। नमूना स्थानों और मतदाताओं का चयन ज्यादातर सुविधा नमूना-चयन तकनीक का उपयोग करके किया जाता है, जो पूर्ण यादृच्छिकता को सुनिश्चित नहीं करता है क्योंकि स्थानों और मतदाताओं के चयन के दौरान गणनाकारों में पक्षपात और त्रुटियाँ आ जाती हैं। इस प्रकार शब्दावली के सही अर्थ में नमूना विधि को यादृच्छिक नमूने के रूप में वर्गीकृत नहीं किया जा सकता है तथा उनका यादृच्छिक और वैज्ञानिक के रूप में प्रतिवेदन सर्वेक्षण नैतिकता के दृष्टिकोण से या तो सही नहीं या नैतिक है।

सर्वेक्षण का उद्देश्य और अन्य विवरण

चुनाव सर्वेक्षण की रिपोर्ट को सर्वेक्षण किस उद्देश्य के लिए आयोजित किया गया था, उसके बारे में बतलाना चाहिए ताकि सर्वेक्षण के आशय व उद्देश्य के साथ निष्कर्ष को दर्शक समझ सकें। हर चुनाव सर्वेक्षण का मुख्य उद्देश्य निर्वाचक वर्ग के मतदान व्यवहार और रुख को मापना है, लेकिन जिस उद्देश्य के लिए निष्कर्ष का उपयोग किया जाता है वह विभिन्न और विविध है। इसका उद्देश्य सार्वजनिक बहस के लिए और चुनाव के पूर्वानुमान के लिए मीडिया द्वारा चुनावी मुद्दों पर मतदाताओं की राय और विचारों को जानने के लिए हो सकता है। दूसरी ओर, अनुसंधान संगठन जैसे सीएसडीएस, अनुसंधान उद्देश्यों के लिए निर्वाचक वर्ग के मतदान व्यवहार और रुख का पता लगाने के लिए चुनाव अध्ययन का आयोजन करता है। मतदाताओं के चुनावी व्यवहार और विकल्पों के आधार पर सर्वेक्षण के निष्कर्ष का चुनाव के फैसले के पोस्टमार्टम विश्लेषण के आयोजन के लिए उपयोग किया जाता है। मीडिया और अनुसंधान संस्थानों द्वारा आयोजित चुनाव सर्वेक्षणों के अलावा, राजनीतिक दलों द्वारा संदिग्ध सर्वेक्षण या निजी सर्वेक्षण आयोजित किए जाते हैं। ये सर्वेक्षण, दल और उम्मीदवारों की चुनाव संभावनाओं को जानने और राजनीतिक संचार के एकमात्र उद्देश्य से आयोजित किए जाते हैं। इन प्रकार के सर्वेक्षणों की सार्वजनिक रिपोर्टों का संदिग्ध के रूप में व्यवहार किया जाता है क्योंकि मतदाताओं को लुभाने के लिए और उनके राजनीतिक हितों को आगे बढ़ाने के लिए आंकड़ों में हेरफेर करने का उनपर आरोप होता है। सर्वेक्षण का असली उद्देश्य और ऐसे सर्वेक्षणों का आयोजन करने वाले संगठन की पहचान कभी नहीं प्रकट की जाती है तथा वे भारत में चुनाव सर्वेक्षण का एक बुरा नाम बनाने के लिए जिम्मेदार हैं।

चुनाव सर्वेक्षण के उद्देश्य के साथ महत्त्वपूर्ण जानकारी जो सूचित की जानी चाहिए वो सर्वेक्षण के वित्तपोषण का स्रोत है। सामाजिक और आर्थिक विषयों पर सर्वेक्षण के लिए धन के स्रोत के बारे में जानकारी की कमी चुनाव सर्वेक्षणों की तुलना में एक गंभीर मुद्दा नहीं है। इसके पीछे कारण यह है कि निष्कर्ष बहुत संवेदनशील नहीं होते हैं और सार्वजनिक क्षेत्र में किसी भी प्रत्यक्ष प्रभाव के कारण इसमें हेरफेर नहीं किया जा सकता। हालांकि, चुनाव सर्वेक्षण के वित्तपोषण के स्रोत का खुलासा करना बहुत महत्त्वपूर्ण है क्योंकि सर्वेक्षण की शुद्धता और विश्वसनीयता बहुत हद तक संगठन जो उस सर्वेक्षण के लिए धन मुहैया कराता है, पर निर्भर करती है। राष्ट्रीय मीडिया, प्रसिद्ध वित्त पोषण एजेंसियों और सार्वजनिक संसाधनों द्वारा वित्त पोषित चुनाव सर्वेक्षण विश्वसनीय और

प्रामाणिक माने जाते हैं और वे स्वतंत्र और निष्पक्ष चुनाव के सिद्धांत के खिलाफ नहीं जाते हैं। तुलना रूप से राजनीतिक दलों द्वारा वित्त पोषित जनमत सर्वेक्षणों को स्वरूप में पक्षपाती और प्रहस्तनीय माना जाता है, इसलिए ऐसे सर्वेक्षणों के वित्तपोषण के स्रोत को जनता के सामने कभी नहीं प्रकट किया जाता है। इसी तरह, सर्वेक्षण एजेंसी या अनुसंधान संगठन की बुनियादी जानकारी की भी रिपोर्ट करना जरूरी है, जो चुनाव सर्वेक्षण आयोजित कराता है। सर्वेक्षण संगठन के नाम और पते के साथ उसके संपर्क विवरण को सर्वेक्षण निष्कर्ष के साथ सूचित किया जाना चाहिए। यह जानकारी जरूरी है क्योंकि चुनाव की प्रामाणिकता और विश्वसनीयता की पुष्टि के लिए मतदान संगठन के पूर्ववृत्त की जांच करने के लिए यह चुनाव रिपोर्ट के दर्शकों की मदद करता है। मतदान संगठन के संपर्क विवरण, पाठकों/दर्शकों को किसी भी स्पष्टीकरण के लिए उनसे संपर्क करने का अवसर भी प्रदान करते हैं।

नमूनाकृत मतदाताओं का साक्षात्कार करने के कई तरीके हैं, लेकिन भारत में निर्वाचक वर्ग के मतदान व्यवहार और रुख को मापने के लिए, ज्यादातर मतदान एजेंसियां आमतौर पर आमने-सामने की विधि का उपयोग करती हैं। हालांकि, सर्वेक्षण अनुसंधान में तकनीकी उन्नति के साथ, टेलीफ़ोनिक, वेब मेल और एसएमएस (लघु संदेश सेवा) जैसी नई साक्षात्कार तकनीकों का भी उपयोग मतदान एजेंसियों द्वारा किया जाता है। सर्वेक्षण रिपोर्ट को सर्वेक्षण के लिए उपयोग की गई साक्षात्कार तकनीक की विधि के बारे में स्पष्ट रूप से बताना चाहिए। सर्वेक्षण रिपोर्ट में उन स्थानों का भी उल्लेख होना चाहिए जहां मतदाताओं से संपर्क किया गया और मुलाकात की गई। मतदाताओं की उनके घरों में या काम के स्थान पर आमने-सामने साक्षात्कार, गुणात्मक रूप से सड़क के किनारों पर नमूना मतदाताओं के साक्षात्कार से अलग हैं। चुनाव सर्वेक्षण आयोजित किए जाने के समय का भी पता होना चाहिए क्योंकि चुनाव के पहले, चुनाव के दिन और मतदान की प्रक्रिया समाप्त होने के बाद सर्वेक्षण किया जा सकता है। चुनावों के संभावित परिणामों की भविष्यवाणी के लिए आयोजित किए जाने वाले चुनाव जनमत सर्वेक्षण के लिए आंकड़ों के संग्रह के समय का प्रतिवेदन बहुत महत्त्वपूर्ण हो जाता है। चुनाव सर्वेक्षण का प्रतिवेदन समय यह तय करने में दर्शकों की मदद करता है कि चुनावों का अनुमान लगाने के लिए क्या सर्वेक्षणों का निर्णायक रूप से इस्तेमाल किया जा सकता है। इस प्रकार वास्तविक चुनाव होने से कई महीनों पहले आयोजित एक चुनाव सर्वेक्षण, मतदान से कुछ दिन पहले किए गए एक जनमत सर्वेक्षण के मुकाबले भविष्यवाणी करने में बहुत सटीक नहीं होगा।

सर्वेक्षण में नमूना-चयन त्रुटि और भारण

सार्वजनिक क्षेत्र में रिपोर्ट किए गए हर चुनाव सर्वेक्षण के निष्कर्ष में एक संशोधन होता है कि सर्वेक्षण में त्रुटि का अंतर होता है जो 3 से 5 प्रतिशत तक होता है। इसके लिए कारण इस तथ्य से उत्पन्न होता है कि समान आबादी से सांख्यिकीय रूप से लिए गए नमूनों की संख्या मात्र संयोग कारक के कारण एक दूसरे से और यथार्थ आबादी से भी भिन्न हो सकती है। ब्रह्मांड की मुख्य विशेषताओं से नमूनों की विविधता को नमूना-चयन त्रुटि या त्रुटि के अंतर के रूप में जाना जाता है और इसका अनुमान लगाने के लिए उपयोग किए जाने वाले परिमाण को मानक त्रुटि कहा जाता है। मानक त्रुटियां सर्वेक्षण के सांख्यिकीय विश्लेषण हैं, यह अनुमान लगाने के लिए कि नमूने वास्तविक आबादी के कितने करीब या सटीक हैं। नमूना-चयन त्रुटियां नमूना आकार और एक सर्वेक्षण में कितनी नमूना-चयन त्रुटि सहन की जा सकती है, पर निर्भर करती हैं (सलेंट और डिलमैन, 1994)। इस प्रकार, वैज्ञानिक रूप से नमूनाकृत 10,000 भारतीय मतदाताओं के राष्ट्रीय स्तर के एक सर्वेक्षण से देश में निर्वाचक वर्ग के मतदान व्यवहार और रुख को सही तरीके से मापा जा सकता है। इसका अर्थ यह है कि यदि 10,000 सांख्यिकीय रूप से नमूनाकृत मतदाताओं पर एक सर्वेक्षण किया जाता है, तो यह समान ही परिणाम पैदा करेगा यदि त्रुटि के बहुत छोटे अंतर के साथ देश में सभी मतदाताओं के बीच कोई सर्वेक्षण किया जाता है। इसी प्रकार, यदि भारत में कुल निर्वाचक वर्ग के 10,000 मतदाताओं के दो नमूने तैयार किए जाते हैं और दो अलग-अलग सर्वेक्षण आयोजित किए जाते हैं, तो दोनों सर्वेक्षणों के परिणाम में मामूली अंतर होगा। दोनों सर्वेक्षणों के निष्कर्ष में सीमांत अंतर का मतलब यह नहीं होगा कि एक सर्वेक्षण सही था और दूसरा गलत था। सर्वेक्षण के परिणामों में अंतर नमूना-चयन त्रुटि के कारण होगा जिसे त्रुटि का अंतर भी कहा जाता है। मानक त्रुटि गलती के कारण हुई कोई त्रुटि नहीं है लेकिन यह एक नमूना सर्वेक्षण के आयोजन के दौरान होने वाले परिणामों में सन्निकटन के संभावित अनुक्रम का एक परिमाण है। परिणामों की निश्चितता के प्रकार तथा सर्वेक्षण निष्कर्ष के आत्मविश्वास स्तर को दिखाने के लिए हर सर्वेक्षण में नमूना-चयन त्रुटि सूचित की जाती है।

आत्मविश्वास के स्तर के साथ त्रुटि का अंतर सांख्यिकीय रूप से सर्वेक्षण की सटीकता और इसकी परिशुद्धता के प्रकार को सत्यापित करने के लिए उपयोग किया जाता है। भारत में चुनाव सर्वेक्षण आमतौर पर त्रुटि के अंतर की सूचना देते हैं, जो कि 95 प्रतिशत आत्मविश्वास स्तर के साथ तीन से पांच प्रतिशत अंक के बीच कुछ भिन्न होता है।

95 प्रतिशत आत्मविश्वास स्तर इंगित करता है कि चुनाव सर्वेक्षण के निष्कर्ष तीन से पांच प्रतिशत अंक के भीतर होंगे, 100 में से 95 बार अगर ऐसे 100 सर्वेक्षण आयोजित किए जाएंगे। नमूना-चयन त्रुटि का प्रतिवेदन कभी-कभी एक मुश्किल और चुनौतीपूर्ण समस्या बन जाता है अगर सर्वेक्षण के आंकड़ों का उपयोग चुनावों की भविष्यवाणी और सीट पूर्वानुमान लगाने के लिए किया जाता है। उदाहरण के लिए, यदि मैदान में दो प्रमुख राजनीतिक दल हैं और सर्वेक्षण के निष्कर्ष बताते हैं कि उनके बीच मत हिस्सेदारी में अंतर त्रुटि के अंतर से कम है, तो पूर्वानुमान कमजोर हो जाता है और पूर्वानुमान या भविष्यवाणी गलत होने की संभावना बहुत अधिक हो जाती है। ऐसी स्थितियों में सबसे अच्छा तरीका है कि रिपोर्ट में पाठकों को चेतावनी दी जाए कि दो पार्टियों के मत हिस्सेदारी में कम अंतर के कारण, भविष्यवाणियां गलत हो सकती हैं क्योंकि चुनाव परिणामों के बाद अंतिम आंकड़े बदल सकते हैं। यदि चुनाव सर्वेक्षण से पता चलता है कि दो प्रमुख राजनीतिक संरचनाओं की मत हिस्सेदारी में फर्क, त्रुटि अंतर के बराबर या उससे अधिक है, तो केवल चुनावों के परिणाम की निश्चितता के साथ भविष्यवाणी होनी चाहिए।

ज्यादातर चुनाव सर्वेक्षणों में आंकड़ों के विश्लेषण के लिए लागू किए गए भारणों का एक उल्लेख है और यह निष्कर्ष के साथ सूचित किया गया है। नमूना वर्णन पर आंकड़ों को संतुलित करने और राजनीतिक दलों की मत हिस्सेदारी को समायोजित करने के लिए भारण सांख्यिकीय तरीके हैं। चुनावों पर जनमत सर्वेक्षण जो कि संभाव्यता नमूने का उपयोग करते हैं, प्रत्येक मतदाता को सम्पूर्ण निर्वाचक वर्ग में से चुने जाने का एक समान अवसर प्रदान करते हैं। चयन की असमान संभावना तब होती है जब तुलनात्मक विश्लेषण के लिए मतदाताओं के विभिन्न उपसमूहों के पर्याप्त मामलों में शोधकर्ताओं ने असंगत नमूना विधियों का उपयोग किया हो। उदाहरण के लिए, अगर एक गांव में 4,000 हिंदू मतदाता और 1,000 मुसलमान मतदाता हैं तथा सर्वेक्षण संगठन उनके मतदान व्यवहार और रुख का तुलनात्मक विश्लेषण करने की योजना बनाते हैं, तो बराबर यादृच्छिकीकरण लागू करने से असमान नमूने उत्पन्न होंगे। इस प्रकार यदि दोनों उप-समूह से 10 प्रतिशत मतदाताओं का यादृच्छिकता से नमूना लिया जाना है, तो 400 हिंदू और 100 मुस्लिम मतदाताओं का चयन किया जाएगा। तुलनात्मक विश्लेषण के लिए 100 मुस्लिम मतदाताओं का नमूना छोटा और असंगत होगा। नमूना-चयन त्रुटि उच्च होगी और विश्लेषण के लिए साक्षात्कार की संख्या भी जाति समुदाय, शिक्षा, वर्ग आदि जैसी प्रभावित करने वाली वस्तुओं पर असंतुष्ट एकत्रीकरण पर और कम हो जाएगी, और निरर्थक बन जाएगी।

इस समस्या से बचने के लिए, समान नमूना लेने के लिए हिंदुओं के लिए 10 प्रतिशत और मुसलमानों के लिए 40 प्रतिशत पर असंगत नमूने की आवश्यकता होगी। लेकिन यदि पूर्णता के लिए कुल स्तर पर आकलन लगाना है, तो चयन के असमान संभावनाओं को समायोजित करने के लिए नमूने में निर्वाचक वर्ग के भारण का उपयोग करना होगा। भारण का उद्देश्य यह सुनिश्चित करना है कि नमूने से सामान्यीकरण इस तथ्य के बावजूद किया जा सकता है कि कुछ समूह अधिक या कम प्रस्तुत किए गए हैं।

चुनाव का पूर्वानुमान और सीट की भविष्यवाणी

किसी भी चुनाव-पूर्व सर्वेक्षण के कठिन पहलुओं में से एक अलग-अलग राजनीतिक दलों की मत हिस्सेदारी को सही तरीके से मापना है जिनको आगामी चुनावों में वे पाने की संभावना रखते हैं। सर्वेक्षण द्वारा पार्टियों की मत हिस्सेदारी का सही आकलन महत्त्वपूर्ण है क्योंकि यह प्रतिस्पर्धा में राजनीतिक दलों के लिए वह आधार बनाता है जिस पर सीट पूर्वानुमान किया जाता है और चुनावों के संभावित परिणामों की भविष्यवाणी करता है। दलों की मत हिस्सेदारी का सही आकलन और प्रतिवेदन, निर्वाचक वर्ग के मतदाता व्यवहार और रुख को मापने के लिए सर्वेक्षण की सटीकता स्तर को भी दर्शाता है। हालांकि, चुनाव सर्वेक्षण प्रतिवेदन का सबसे कठिन पहलू, मतदान आकलन के आधार पर विभिन्न राजनीतिक दलों द्वारा जीती जाने वाली सीटों की संख्या की भविष्यवाणी करना है। मत हिस्सेदारी का सीटों में परिवर्तन का आकलन, जिसकी दलों द्वारा जीतने की संभावना है, चुनाव पूर्वानुमान प्रतिरूप का उपयोग करके किया जाता है, जो तकनीकी और मुश्किल दोनों है। पिछले दो दशकों में भारत में मतदान संगठनों द्वारा किए गए चुनाव की असमान सफलता दर से पता चलता है कि वे स्वरूप में काफी जटिल और चुनौतीपूर्ण हैं। सर्वेक्षणों के आधार पर 1990 के दशक में आम चुनावों के लिए सीट भविष्यवाणियों का प्रारंभिक चरण काफी सफल रहा क्योंकि मतदान उद्योग द्वारा किए गए पूर्वानुमान लगभग सटीक थे। हालांकि, 2004 और 2009 में हुए पिछले दो आम चुनावों के दौरान सीट की भविष्यवाणियां निशाना चूक गईं जिससे चुनाव सर्वेक्षणों की प्रामाणिकता और मतदान एजेंसियों की विश्वसनीयता जिन्होंने उसे आयोजित किया था, के बारे में संदेह पैदा किया। इस प्रकार भारत में मतदान संगठनों द्वारा विकसित और इस्तेमाल किए जाने वाले विभिन्न सीट भविष्यवाणियों के प्रतिरूप और भारत में चुनावों की भविष्यवाणी की सीमाओं और चुनौतियों का पता लगाना आवश्यक हो जाता है।

चुनाव की भविष्यवाणी और चुनाव का पूर्वानुमान लगाने के लिए एक सांख्यिकीय प्रतिरूप विकसित करने का श्रेय, भारत में जनमत सर्वेक्षण उद्योग के पिता, इंडियन इंस्टीट्यूट ऑफ पब्लिक ओपिनियन (आईआईपीओ), दिल्ली के प्रमुख एरिक डी कोस्टा को जाता है। 1957 में आईआईपीओ द्वारा आयोजित किए गए पहले चुनाव सर्वेक्षण ने कांग्रेस की जीत का अनुमान सटीक सीट पूर्वानुमान के साथ लगाया। डी कोस्टा ने दलों की मत हिस्सेदारी का आकलन लगाया और चुनावी प्रतियोगिता में राजनीतिक दलों द्वारा जीती जाने वाली सीटों की भविष्यवाणी करने के लिए गुणक प्रभाव कार्य-प्रणाली का इस्तेमाल किया। पिछले लोकसभा चुनाव में मिले मतों के प्रतिशत से विभाजित एक दल के लिए सीटों के प्रतिशत के रूप में गुणक की गणना की गई थी। इस प्रतिरूप ने 1957 के चुनाव के पूर्वानुमान के लिए आम चुनाव से पहले बहुत अच्छी तरह से काम किया था, लेकिन बाद के सर्वेक्षणों में सटीक भविष्यवाणियां करने में विफल रहा क्योंकि चुनाव से चुनाव तक गुणक विविध प्रकार के थे। इस प्रकार गुणक प्रभाव प्रतिरूप का उपयोग केवल द्विध्रुवी प्रतियोगिताओं की भविष्यवाणी के लिए किया जा सकता है, लेकिन बाद में देश में राजनीतिक दलों की संख्या में विकास और वृद्धि के साथ इसने काम नहीं किया।

डॉ. प्रणय रॉय ने भारत में चुनावों की भविष्यवाणी के लिए एक सांख्यिकीय प्रतिरूप के विकास में अगला चरण किया। डॉ. रॉय ने विपक्षी एकता के सूचक (आईओयू) नामक मत विभाजन के सामान्यीकृत माप के आधार पर एक भविष्यवाणी प्रतिरूप विकसित किया। प्रतिरूप को दल की लोकप्रियता में आमतौर पर परिवर्तन के सामान्य उपाय से मतों के विभाजन को अलग करने के लिए अभिकल्पित किया गया था जिसे मतों का परिवर्तन कहा जाता है। यह प्रतिरूप सीट का पूर्वानुमान लगाने के लिए प्रमुख दल और विपक्षी दलों की मत हिस्सेदारी पर "परिवर्तन" और "विभाजन" के दोनों घटक का उपयोग करता है। आईओयू की गणना के लिए, सबसे बड़े विपक्षी दल के मत को सभी विपक्षी दल के मतों के योग से 100 से गुणा कर विभाजित किया गया है। इस गणना से मिला आईओओ का आंकड़ा 0 से 100 तक विविध हो सकता है, जो पदस्थ या सत्ताधारी दल के विरोध में राजनीतिक दलों की संख्या पर निर्भर करता है। एक उच्च आईओयू आंकड़ा स्पष्ट रूप से विपक्षी राजनीतिक दलों की अधिक एकता और संयम दिखाता है। इस प्रतिरूप के अनुसार, चुनाव में मतों के बदलाव या परिवर्तन को मापने के लिए एक यथार्थवादी आईओयू के तीन घटक हैं: (क) विपक्ष के संयम को मापने और चुनाव में प्रतिस्पर्धा करने की उत्सुकता; (ख) सूचक में कोई भी बदलाव मतों के साथ-साथ जीत के अंतर के साथ तुलना कर सकता

है; और (ग) यह निर्वाचन क्षेत्र, क्षेत्र और देश जैसे बहु-स्तरों पर उपयोग करने के लिए काफी सरल होना चाहिए (बटलर और अन्य, 1995)। इस विधि ने सीट का पूर्वानुमान लगाने में काफी सटीक काम किया जब दो प्रमुख दलों ने चुनाव लड़ा, लेकिन इसकी सीमा उजागर हो गई क्योंकि यह बहु-ध्रुवीय प्रतियोगिताओं में बहुत अच्छी तरह से काम नहीं करता है तथा जब मतों का परिवर्तन बहुत विषम और खंडित होता है।

चुनाव पूर्वानुमान के लिए एक नया प्रतिरूप 2001 में तमिलनाडु राज्य में आयोजित विधानसभा चुनावों के दौरान एपीटी अनुसंधान समूह द्वारा इस्तेमाल किया गया था। इस समूह ने चुनाव-पूर्व सर्वेक्षण का आयोजन किया था, जिसमें से प्रमुख दलों की मत हिस्सेदारी को सीट भविष्यवाणियों में परिवर्तित करने के लिए प्रयोग किए गए सांख्यिकीय फॉर्मूला के साथ निष्कर्ष फ्रंटलाइन पत्रिका में प्रतिवेदित हैं। यह प्रतिरूप "क्यूब लॉ" के एक संशोधित संस्करण पर आधारित था जिसे एक द्विध्रुवी प्रतियोगिता में मतों को सीटों में परिवर्तित करने के लिए उपयुक्त पाया गया है। "क्यूब लॉ" में यह कहा गया है कि अगर फ़र्स्ट-पास्ट-द-पोस्ट चुनाव प्रणाली में दो मुख्य राजनीतिक संरचनाओं की मत हिस्सेदारी "ए" और "बी" है, तो उनकी सीटें $ए^3$ से $बी^3$ के अनुपात में होगी। क्यूब लॉ पर विकसित भविष्यवाणी प्रतिरूप को भारतीय चुनावों की विशेषताओं में बहु-ध्रुवीयता और अन्य कारकों के रूप में देखा जाता है और सीट पूर्वानुमान लगाने के लिए तदनुसार समायोजन करता है। लेकिन फिर से क्यूब लॉ के फार्मूले पर विकसित सीट पूर्वानुमान के अन्य प्रतिरूप जैसा एक भविष्यवाणी प्रतिरूप चुनाव प्रतियोगिताओं में अच्छी तरह से काम नहीं करता है, जहां प्रतिस्पर्धा में दो से अधिक प्रमुख राजनीतिक संरचनाएं हैं।

डॉ. राजीव करंदीकर, एक पर्याप्त सम्मानित सांख्यिकीविद् और संभाव्यतावादी विचारक ने चुनाव में राजनीतिक दलों के लिए सीटों की संख्या में मत हिस्सेदारी को परिवर्तित करने के लिए संभाव्य गणना विधि नामक एक सांख्यिकीय प्रतिरूप विकसित किया। यह प्रतिरूप एक ओर मौजूदा गणितीय वास्तविकताओं को ध्यान में रखता है और गणितीय प्रतिरूपण में विशेषज्ञता रखता है। यह तकनीक जनमत सर्वेक्षणों द्वारा एकत्रित मतदाताओं के व्यवहार पर आधारित है, जिसका उपयोग पिछले चुनाव आंकड़ों के साथ किया जाता है। इस प्रकार, निर्वाचन क्षेत्र में दल के लिए मतों के प्रतिशत की गणना करने के लिए एकल मतदाताओं के मतदान व्यवहार के पूर्वानुमान प्रतिरूप का उपयोग किया जाता है। यह प्रतिरूप इस धारणा पर काम करता है कि एक निर्धारित राज्य में पिछले चुनावों से वर्तमान तक किसी निर्धारित दल के लिए मतों के प्रतिशत में परिवर्तन स्थिर रहता है। परिणामस्वरूप प्रतिरूप बहुत सटीक नहीं है लेकिन राष्ट्रीय स्तर पर प्रमुख राजनीतिक दलों के लिए सीटों की

भविष्यवाणी करने के लिए काफी अच्छा सन्निकटीकरण है। यह प्रतिरूप जनमत सर्वेक्षणों से राजनीतिक दलों के मतों के प्रतिशत में परिवर्तन की गणना करता है जो "लहर" नाम से लोकप्रिय है और प्रत्येक राज्य में प्रत्येक दल की लहर का अनुमान लगाता है। पिछले आंकड़ों से गणना किए गए मतों के लहर के आधार पर, प्रत्येक राज्य में प्रत्येक दल के मत का आकलन तय करता है। बड़े राज्यों के लिए, प्रत्येक सीट पर मतों का परिवर्तन, क्षेत्र के अनुसार और राज्यानुसार परिवर्तन दोनों का उपयोग करके संयोजन में गणना की जाती है। प्रत्येक लोकसभा सीट पर जीतने वाले उम्मीदवार की संभावनाओं की गणना और सभी 543 लोकसभा सीटों की संभावनाओं पर संक्षेप किया जाता है। प्रत्येक दल के लिए सीटों की अपेक्षित संख्या राष्ट्रीय स्तर पर पूर्वानुमानित की जाती है। इस भविष्यवाणी प्रतिरूप ने पिछले कुछ सालों में भारत में चुनाव परिणामों को सही तरीके से कई बार अनुमानित किया है लेकिन कुछ गलत भविष्यवाणियां बताती हैं कि यह सटीक सीट भविष्यवाणियों करने में अभी भी पूरी तरह से परिपूर्ण होने से दूर है।

जी.एस. गिल, व्याख्याता, इंस्टीट्यूट ऑफ इंस्ट्रुमेंटेशन इंजीनियरिंग, कुरुक्षेत्र विश्वविद्यालय, कुरुक्षेत्र, हरियाणा, ने चुनाव परिणामों के पूर्वानुमान के लिए एक कृत्रिम तंत्रिका नेटवर्क प्रतिरूप विकसित करने का प्रयास किया। वे कहते हैं कि तंत्रिका नेटवर्क को आंकड़ों में प्रतिरूप को पहचानने के लिए प्रशिक्षित किया जा सकता है जो अन्य कंप्यूटिंग और सांख्यिकीय तकनीक जिसकी पहचान करने में असफल हो सकते हैं और एक बार प्रशिक्षित हो गए, तो नेटवर्क का सटीक चुनावी "पूर्वानुमान" लगाने के लिए इस्तेमाल किया जा सकता है। प्रतिरूप का उद्देश्य भारत में लोकसभा चुनाव के नतीजे की भविष्यवाणी करना है, लेकिन अभी भी यह विकास के चरण में हैं क्योंकि प्रारंभिक पूछताछ से पता चला है कि यह एक व्यवहार्य और सफल प्रतिरूप बनने की सीमा पार नहीं कर सकता। प्रतिरूप भारतीय मतदान प्रणाली की सभी विशिष्टताओं को ध्यान में नहीं रख सकता है, मत विभाजन और स्थानीय कारकों जैसे कारक, इसलिए यह अभी भी प्रायोगिक और अनुसंधान चरण में है (गिल, 2005)।

चुनाव परिणाम की भविष्यवाणियों में चुनौतियां

पिछले कुछ दशकों के दौरान चुनाव भविष्यवाणी के लिए कई प्रतिरूप विकसित किए गए हैं। इस प्रकार हम देखते हैं कि विभिन्न संगठनों द्वारा विकसित और इस्तेमाल किए जाने वाले सांख्यिकीय प्रतिरूप अभी भी पूर्ण प्रमाण नहीं हैं क्योंकि वे भारत में चुनावों

की ख़ासियतों में कारक बनाने में असफल रहे हैं और कुछ निहित सीमाओं से पीड़ित भी हैं। भारत में दल प्रतियोगिता के प्रमुख स्वरूप को ध्यान में रखते हुए प्रतिरूप विकसित किए गए थे। लेकिन भारत में चुनाव की भविष्यवाणी एक बड़ी चुनौती है क्योंकि दल की प्रतियोगिता का स्वरूप अलग-अलग राज्य में भिन्न होता है और राज्य के भीतर भी चुनाव से चुनाव में भिन्न हो सकता है। भविष्यवाणी करने के लिए चुनौती को क्या बढ़ाता है, वो है दो चुनावों के बीच एक मौजूदा दल के बीच विभाजन, दो दलों का विलय और हाल ही में राजनीतिक दलों के बीच गठबंधन जो अक्सर एक चुनाव से दूसरे तक बदल जाते हैं। ये सभी उस राज्य में हुए पिछले चुनावों के दौरान विभिन्न दलों द्वारा मतदान किए गए वोटों की मूल सूची विकसित करने के लिए चुनौती रखते हैं जो किसी भी भविष्यवाणी प्रतिरूप के लिए सबसे जरूरी है। जब दो चुनावों के बीच एक राजनीतिक दल में विभाजन हो जाता है, तो उस दल के लिए कृत्रिम रूप से मत का आकलन करने में हमेशा एक व्यक्तिपरक निर्णय शामिल होता है यह मानते हुए कि दल ने पिछले विधानसभा चुनावों में चुनाव लड़ा था। इन चुनौतियों के अलावा, चुनाव भविष्यवाणी में अन्य चुनौतियां भी हैं।

चुनावों में होने वाली सीट भविष्यवाणी गलत हो सकती है क्योंकि कई बार नमूनाकृत निर्वाचन क्षेत्रों में आयोजित जनमत सर्वेक्षण निर्धारकों जैसे कुछ निर्वाचन क्षेत्रों में राजनीतिक दलों के लिए मतों का भौगोलिक सकेंद्रण, राज्यों के कुछ क्षेत्रों, चुनावी प्रतियोगिता का बहु-ध्रुवीकरण और भारतीय चुनावों में उच्च स्तर चुनावी अस्थिरता को पकड़ने में विफल होते हैं। योगेंद्र यादव ने "विविधता, क्षेत्रीय मतभेद और उच्च स्तर की अस्थिरता" के रूप में सीटों की गलत भविष्यवाणी का कारण व सीटों का पूर्वानुमान लगाने में चुनौती के लिए सही कारण बताते हैं। दो चुनावों के बीच अपना मन बदलने वाले लोगों की संख्या असाधारण रूप से उच्च है (इंडियन एक्सप्रेस, 27 जनवरी, 2008)। सीट भविष्यवाणी की दूसरी प्रमुख सीमा इस तथ्य से उभरती है कि सर्वेक्षण से एकत्र हुई मत हिस्सेदारी और विधि जिसके द्वारा इसे अंतिम मत हिस्सेदारी में समायोजित किया गया है, वह क्षेत्र के ज्ञान और व्यक्तिपरक निर्णय के तत्व को सामने लाता है। राजनीतिक दलों के लिए मतों को जीती जाने की वाली सीटों में परिवर्तित करने की संभावना के लिए उपयोग किए जाने वाले सांख्यिकीय उपकरण और प्रतिरूप, दलों के लिए समायोजित और बहिर्वेशन मत हिस्सेदारी पर आधारित हैं। इस प्रकार मानव धारणाओं के आधार पर लगाए गए अनुमान अक्सर गड़बड़ हो जाते हैं और सभी मतदान संगठन सीट हिस्सेदारी में मत हिस्सेदारी को परिवर्तित करने के लिए अपनी विशिष्ट विधियों को प्रयोग में लाते हैं। कार्यप्रणाली में

मध्यस्थता का एक तत्व है, जिसके द्वारा विभिन्न राजनीतिक संरचनाओं की मत हिस्सेदारी का प्रतिशत जैसा कि नमूना उत्तरदाताओं के व्यक्त किए गए मतदान इरादों से प्राप्त हुआ, उनके लिए लोकसभा सीटों में परिवर्तित हो जाती है (अश्रेया, 1998)।

भारत में राज्यों के विभिन्न समूहों में होने वाली राजनीतिक प्रतियोगिताओं का विभिन्न स्वरूप, सही सीट भविष्यवाणियों और चुनाव के पूर्वानुमानों को लगाना मतदान सर्वेक्षक के लिए भी एक गंभीर चुनौती है। राज्यों में सीट का पूर्वानुमान लगाना अपेक्षाकृत आसान है जो दो प्रमुख राजनीतिक दलों के बीच द्विपक्षीय प्रतियोगिता के गवाह बनते हैं, जैसा कि छत्तीसगढ़, दिल्ली, गुजरात, हिमाचल प्रदेश, मध्य प्रदेश, राजस्थान और उत्तराखंड राज्यों में है। इन राज्यों ने न तो दो राष्ट्रीय दलों, कांग्रेस और भाजपा के किसी भी बड़े विभाजन के बिना एक स्थिर द्वि-पक्षीय प्रतियोगिता देखी है और न ही इन राज्यों में उनके साथ किसी भी महत्त्वपूर्ण राजनीतिक दल का विलय होता है। ऐसे राज्यों में सीटों की भविष्यवाणी के लिए एक सांख्यिकीय प्रतिरूप विकसित करना अपेक्षाकृत आसान है और किसी को वास्तविक मत हिस्सेदारी के एक से दो प्रतिशत के भीतर मत हिस्सेदारी के अनुमान के साथ और अधिक सटीक सीट भविष्यवाणी की उम्मीद करनी चाहिए।

बहु-पार्टी प्रतियोगिता के गवाह बनने वाले राज्यों की तुलना में, उन राज्यों में सीट का पूर्वानुमान लगाना कम चुनौतीपूर्ण है, जहां चुनाव प्रतियोगिताएं ज्यादातर दो राजनीतिक गठबंधनों के बीच थीं, जैसे बिहार, केरल, महाराष्ट्र, पंजाब, उड़ीसा (2009 के लोकसभा चुनावों से पहले), तमिलनाडु और पश्चिम बंगाल भले ही चुनावी मैदान में विभिन्न राजनीतिक दल थे। यह निश्चित रूप से इसलिए है क्योंकि हालांकि विभिन्न राजनीतिक दल चुनाव लड़ रहे हैं (तमिलनाडु एक उपयुक्त उदाहरण है), आखिर में चुनावी प्रतियोगिता को द्विध्रुवी माना जाता है क्योंकि सभी दल एक या दूसरे गठबंधन का समर्थन करते हैं। ऐसी चुनावी प्रतियोगिताओं में सीटों का पूर्वानुमान और गठबंधन के लिए मत हिस्सेदारी आसान हो सकता है, लेकिन अलग-अलग गठबंधन में हर राजनीतिक दल के लिए मुश्किल हो सकता है।

द्विध्रुवीय गठबंधन प्रतियोगिता में चुनावों की भविष्यवाणी में यही एकमात्र चुनौती नहीं है। यहां तक कि इस तरह के द्विध्रुवीय चुनावों में चुनाव की भविष्यवाणी के लिए चुनौतियों का सामना करना पड़ता है जब कोई राजनीतिक दल एक गठबंधन से दूसरे में स्थानांतरित हो जाता है या गठबंधन से बाहर निकल जाता है। राजनीतिक दलों का एक गठबंधन से दूसरे गठबंधन में स्थानांतरण तमिलनाडु में एक नियमित विशेषता है, जिसमें चुनाव पूर्वानुमान लगाने में अपनी तरह की चुनौतियों का सामना होता है। इसी तरह गठबंधन के टूटने और गठबंधन दलों का अलग-अलग चुनाव लड़ना (2009 में

उड़ीसा), चुनाव की भविष्यवाणी के लिए एक चुनौती है। बड़ी चुनौती तब है जब किसी एक गठबंधन भागीदारों में विभाजन हो जाता है और अलग हुआ दल स्वतंत्र रूप से चुनाव लड़ने का फैसला करता है जैसे 2012 के विधानसभा चुनावों के दौरान पंजाब में, जब मनप्रीत बादल अपने मूल राजनीतिक दल, अकाली दल से अलग हो गए/निकल गए। उन्होंने अपने खुद के दल पीपुल्स पार्टी ऑफ पंजाब (पीपीपी) का गठन किया और 2012 विधानसभा चुनावों में कांग्रेस और अकाली दल-भाजपा गठबंधन दोनों का विरोध किया। इस तरह के विभाजन से मूल सूची (पिछले चुनावों के दौरान राजनीतिक दलों की मत हिस्सेदारी) विकसित करने और चुनाव जो इसने नहीं लड़ा था या हम यह कह सकते हैं कि जब दल अस्तित्व में भी नहीं था, के लिए नए दल की मत हिस्सेदारी का कृत्रिम आकलन करने में में बड़ी समस्याएं आती हैं।

मिजोरम, मणिपुर, नागालैंड या अरुणाचल प्रदेश जैसे भारत के पूर्वोत्तर हिस्सों के कुछ राज्यों में राजनीतिक दलों में विभाजन के कारण सीटों का पूर्वानुमान लगाने में समस्या और भी अधिक हो सकती है, जहां दल दो चुनावों के बीच प्रकट हो जाते हैं और गायब हो जाते हैं। सीट का पूर्वानुमान लगाने में जो भरपूर खतरे हैं, वह अपूर्ण है अगर हम उत्तर प्रदेश, असम, जम्मू और कश्मीर तथा झारखंड जैसे राज्यों में चुनाव के नतीजों की भविष्यवाणी में चुनौती का उल्लेख नहीं करते हैं, जो बहु-ध्रुवीय प्रतियोगिताओं के गवाह बनते हैं। फर्स्ट-पास्ट-द-पोस्ट (एफ़टीपीटी) चुनावी प्रणालियों में सीट पूर्वानुमान मुश्किल है, और ऐसे राज्यों में बहुत अधिक मुश्किल हो जाता है जो बहु-दलीय प्रतियोगिताओं का सामना करते हैं। मौजूदा भविष्यवाणी प्रतिरूप मतों के बहुत छोटे अंतर से तय होने वाली बड़ी सीटों की संभावना को ध्यान में रख सकते हैं। राज्य जो द्विध्रुवीय प्रतियोगिताओं का सामना करते हैं की तुलना में बहुदलीय प्रतियोगिताओं में मतों के कम अंतर से जीतने की संभावना बहुत अधिक है। यह सीट पूर्वानुमान लगाने के दौरान उच्च त्रुटियों की ओर जाता है।

चुनाव भविष्यवाणी की कला में भारत में जनमत सर्वेक्षण उद्योग अपना अधिकार क्यों नहीं जमा पा रहा है का अंतिम और सबसे महत्त्वपूर्ण कारण ज्ञान और अनुसंधान व विकास (आर एंड डी) साझा करने की कमी है। चुनाव भविष्यवाणी की कला हमारे देश में अभी भी अल्पायु में है और उड़ान बिंदु तब था, जब 1980 के दशक के शुरुआती दौर में डॉ. प्रणव रॉय ने चुनाव सर्वेक्षण में सबसे बढ़िया नवाचार बनाया था। हालांकि, विभिन्न सर्वेक्षण संगठन जिन्होंने अपने खुद के पूर्वानुमान प्रतिरूप विकसित किए हैं, इसे गुप्त रूप से संरक्षित रखा है और चर्चा के लिए इसे सार्वजनिक क्षेत्र में लाने के लिए और इसे आगे विकसित

करने के लिए कोई कदम नहीं उठाया है। इस प्रकार सर्वेक्षण संगठनों द्वारा उपयोग किए गए चुनाव पूर्वानुमान प्रतिरूप, सीमाओं से ग्रस्त हैं और परिष्कृत सांख्यिकीय प्रतिरूप विकसित करने से अभी भी बहुत दूर हैं। एक प्रसिद्ध चुनाव विश्लेषक योगेंद्र यादव का मानना है कि भारत में पूर्वानुमान क्रमाचार पूरी तरह से विकसित नहीं किए गए हैं और न ही वे सार्वजनिक क्षेत्र में हैं (इंडियन एक्सप्रेस, 27 जनवरी, 2008)। चुनावों के एक अन्य विशेषज्ञ यशवंत देशमुख भी इस राय से सहमत हैं और उनका कहना है कि जनमत सर्वेक्षण उद्योग भारत में परिपक्व नहीं हुआ है और कोई अनुसंधान एवं विकास कार्य नहीं है। लोकसभा और विधानसभा चुनावों में निर्वाचक वर्ग समान तरीके से व्यवहार नहीं करते हैं और इसलिए एक चुनाव सर्वेक्षण में जो सबक सीखा है उसका अगले चुनाव में ही परीक्षण किया जा सकता है (इंडियन एक्सप्रेस, 9 मई, 2004)।

8 सीमाएं और उभरती चुनौतियां

भारत में मतदान व्यवहार को मापने में सामने आने वाली चुनौतियां और समस्याएं प्रथम विश्व में अधिकांश लोकतांत्रिक देशों की तुलना में काफी भिन्न और जटिल हैं। भारत में चुनाव सर्वेक्षण आयोजित करने में चुनौतियां, देश के भौगोलिक काल, विश्व में सबसे अधिक मतदाता संख्या, मौजूदा समाजशास्त्रीय और जनसांख्यिकीय विविधता, राजनीतिक दलों का प्रसार, दल प्रतियोगिता का बदलता स्वरूप, और दुनिया भर में सर्वेक्षण के लिए तेजी से बदल रहे क्षेत्र का ज्ञान व प्रौद्योगिकी से उत्पन्न होती हैं। पहचान राजनीति और अंतर-समूह प्रतिस्पर्धा के आधार पर भारतीय राजनीति के बदलते स्वरूप के साथ भारतीय मतदाताओं के अद्वितीय चरित्र ने मतदान व्यवहार और रुख को मापने में चुनौतियों की नई श्रेणी बनाई है। पश्चिमी दुनिया के देशों के विपरीत, जहां मतदाताओं का स्वरूप समरूप है, क्षेत्र, भाषा, धर्म, जाति समुदाय और जातीयता के संदर्भ में विविधता की एक विस्तृत शृंखला के साथ भारत में मतदाता बेहद विषम हैं। भारतीय मतदाताओं के विविध और गैर-समरूप चरित्र ने उचित विश्वास के साथ मतदाताओं की राय और रुख का अध्ययन करने के लिए एक बड़ी चुनौती खड़ी की है। विविधता न केवल उनकी राजनीतिक प्राथमिकताओं और विकल्पों के संदर्भ में प्रतिबिंबित होती है बल्कि उनके मतदान व्यवहार में भी जिससे भारत में मतदान व्यवहार को सटीक रूप से मापना एक कठिन कार्य बन जाता है।

अधिकांश लोकतांत्रिक देशों में मतदान व्यवहार का माप एक बहुत जटिल कार्य नहीं है क्योंकि चुनावी प्रतिस्पर्धा द्वि-पार्टी प्रणाली के आधार पर दो प्रमुख पार्टियों तक ही सीमित है। दूसरी तरफ, स्वतंत्र भारत का चुनावी राजनीति के साथ प्रयोग बहुपक्षीय प्रणाली पर आधारित था। हालांकि, शुरुआती वर्षों में कांग्रेस दल के प्रभुत्व ने मतदाताओं के मतदान व्यवहार और रुख को मापने का कार्य काफी सरल और आसान बना दिया। 1990 के दशक में कांग्रेस दल के प्रभुत्व के अंत और संयुक्त विपक्ष के विखंडन ने विकास और उत्थान को जन्म दिया क्योंकि राष्ट्रीय स्तर पर कई राजनीतिक दल और कई राज्यों में क्षेत्रीय दल हैं। इससे बहुपक्षीय प्रतिस्पर्धा और अधिक राजनीतिक दलों के बीच महत्त्वपूर्ण

मतों के विखंडन की शुरुआत हुई जिससे मतदान व्यवहार को मापने का कार्य और अधिक चुनौतीपूर्ण और जटिल बन गया।

जनमत सर्वेक्षण-आधारित चुनाव अध्ययन की सीमाएं और इसकी आलोचना 1970 के दशक में शुरू हुई। शिक्षाविदों ने बताया कि पिछले दो दशकों में हुए चुनाव सर्वेक्षण भारतीय निर्वाचक वर्ग के मतदान व्यवहार को समझने और समझाने में कोई विशेषज्ञता लाने में नाकाम रहे। यहां तक कि चुनावी परिणाम की भविष्यवाणी में विकसित विशेष कौशल भी विश्वसनीय और आसान नहीं थे क्योंकि पूर्वानुमान शायद ही कभी गलत हुए थे। चुनाव अध्ययनों के खिलाफ सबसे बड़ी आलोचना यह थी कि भारतीय मतदाताओं के राजनीतिक व्यवहार के बारे में किसी भी सटीक सूत्रीकरण पर पहुंचने में इसका योगदान मामूली और सीमित अर्थ में रहा है। 1990 के दशक में न केवल चुनावों पर जनमत सर्वेक्षण उद्योग में वृद्धि हुई बल्कि भारत में मतदान व्यवहार को मापने में सर्वेक्षण अनुसंधान की और आलोचनाएं और सीमाएं भी देखी गईं। चुनाव सर्वेक्षणों के दायरे और प्रासंगिकता पर अकादमिक प्रश्नों के अलावा, सर्वेक्षण उद्योग सार्वजनिक विवाद और पूछताछ में भी फंस गया। यह आरोप लगाया गया था कि मतदाताओं की राय को खराब कर चुनावों की स्वतंत्रता और निष्पक्षता पर चुनाव सर्वेक्षण अतिक्रमण कर रहे थे। आरोप थे कि चुनाव सर्वेक्षणों के निष्कर्ष से छेड़छाड़ किया गया था और राजनीतिक लाभ के लिए मतदाताओं की राय को परिवर्तित करने के लिए शक्तिशाली उपकरण के रूप में इस्तेमाल किया गया था। इसने चुनावों पर सर्वेक्षण को रोकने और चुनाव सर्वेक्षणों पर प्रतिबंध लगाने के लिए सार्वजनिक मुकदमेबाजी को जन्म दिया। इसके परिणामस्वरूप भारत के निर्वाचन आयोग (भारत निर्वाचन आयोग) ने चुनाव अवधि के दौरान चुनाव सर्वेक्षण निष्कर्ष के प्रसार पर एक पूर्ण प्रतिबंध लगाया है।

इस प्रकार अपने विकास के विभिन्न चरणों में चुनावों पर जनमत सर्वेक्षण उद्योग द्वारा सामना की गईं चुनौतियों और बाधाओं और इन मुद्दों को हल करने के लिए मतदान एजेंसियों द्वारा किए गए उपायों का विस्तार में पता करना महत्त्वपूर्ण हो गया है। यह अध्याय तीन खंडों में बांटा जाएगा। पहला खंड प्रारंभिक वर्षों में चुनाव सर्वेक्षण आयोजित करने में आने वाली चुनौतियों और समस्याओं से संबंधित है और 1990 के दशक तक विस्तारित होगा। सर्वेक्षण उद्योग द्वारा सामना की जाने वाली चुनौतियों और समस्याओं के अवधिकरण को इसकी वृद्धि और विकास के चरणों के साथ-साथ दो चरणों में विभाजित नहीं किया गया है, लेकिन क्योंकि प्रत्येक चरण में समस्याएं और बाधाएं अलग-अलग थीं और एक-दूसरे से अलग थीं। यह खंड भारत में चुनाव अध्ययनों की प्रासंगिकता और दायरे की सीमाओं

को भी संबोधित करता है। शैक्षणिक आलोचनाएं कि चुनाव सर्वेक्षण चुनावी स्वरूप और व्यवहार के ज्ञान को आगे नहीं बढ़ाते, की विस्तार से और गुणों पर भी चर्चा की जाएगी। दूसरा भाग, 1990 के दशक में और उसके बाद के चुनाव सर्वेक्षणों का आयोजन करने में सामने आने वाली चुनौतियों के बारे में बताता है। यह न केवल यह दर्शाएगा कि मतदान व्यवहार मापने में चुनौतियां पहले चरण से कैसे अलग-अलग थीं, बल्कि भारत में बदलते राज्यतंत्र और चुनावी प्रतियोगिताओं के स्वरूप के कारण भी थीं।

अंतिम खंड 1990 के दशक में तीव्र सार्वजनिक विवाद पर होगा कि चुनाव सर्वेक्षणों का उपयोग मतदाताओं के साथ पक्षपात तथा व्यवहार बदलने और चुनाव अवधि के दौरान इसके उपयोग को रोकने के लिए मुकदमेबाजी के लिए किया जाता है। यह अनुभाग सर्वेक्षण उद्योग की यथास्थिति और चुनाव सर्वेक्षण आयोजित करने में संस्थागत प्रतिबंध लगाने के बारे में विस्तार से चर्चा करेगा। यह चुनाव अवधि के दौरान सर्वेक्षण निष्कर्ष दिखाने पर प्रतिबंध लगाने के लिए भारतीय निर्वाचन आयोग द्वारा बताए गए कारण उचित हैं या नहीं, की भी जांच करेगा। यह खंड यह भी विचार करेगा व पता लगाएगा कि स्वतंत्र और निष्पक्ष चुनाव आयोजित करने में क्या चुनाव सर्वेक्षणों का नकारात्मक प्रभाव और निर्वाचक वर्ग के मतदान निर्णय को बदलने पर इसका असर पड़ता है।

शुरुआती चरण में चुनौतियां

सर्वेक्षण विधि का उपयोग करके चुनावी व्यवहार को मापने के शुरुआती चरण को बहुत उत्साह और उमंग के साथ चिह्नित किया गया था, लेकिन यह साथ में बड़ी चुनौतियों और समस्याओं को भी लाया। जैसा कि स्वतंत्र भारत में किसी भी नए उद्यम या उद्योग को शुरू करने में कठिन बुनियादी ढांचे के साथ-साथ वित्तीय बाधाओं को देखा गया और सर्वेक्षण उद्योग के लिए स्थिति अलग नहीं थी। चुनावों पर जनमत सर्वेक्षण का समर्थन करने के लिए कोई इस क्षेत्र का ज्ञान या विशेषज्ञता नहीं थी और वित्तीय संसाधन भी उपलब्ध नहीं थे। चुनाव सर्वेक्षण आयोजित करने के लिए आवश्यक विधियों, प्रक्रियाओं और प्रथाओं की कमी ने चुनाव सर्वेक्षण अनुसंधान में रुचि रखने वालों के लिए सर्वेक्षण अनुसंधान विधियों और तकनीकों को जानने के लिए या तो अमेरिका या ब्रिटेन जाने के अतिरिक्त कोई विकल्प नहीं छोड़ा। इस प्रकार आईआईपीओ के लिए 1957 में अपना पहला चुनाव सर्वेक्षण आयोजित करने के लिए, इसे गैलप इंटरनेशनल अमेरिका से केवल विशेषज्ञता और कौशल ही नहीं बल्कि वित्तीय सहायता भी लेनी पड़ी।

पश्चिमी देशों से चुनाव सर्वेक्षण अनुसंधान की विधियों को सीखने और इस क्षेत्र विशेषज्ञता को प्राप्त करने के फायदे और नुकसान भी थे। सबसे बड़ी सीमाओं में से एक यह था कि अमेरिका और ब्रिटेन से सीखी सर्वेक्षण विधि भारत में अपने मूल रूप में दोहरायी नहीं जा सकती थी। अमेरिका और ब्रिटेन में जनमत सर्वेक्षण एजेंसियों द्वारा विकसित विशेषताएं और तकनीक स्वदेशी थीं तथा इन देशों में निर्वाचक वर्ग के समरूप चरित्र का अध्ययन करने के लिए अधिक उपयुक्त थीं। उनके विपरीत, भारत विविध निर्वाचक वर्ग वाला एक देश है और उनके राजनीतिक विकल्प और व्यवहार भाषा, धर्म, जाति समुदाय और जातीयता के संदर्भ में महत्त्वपूर्ण रूप से विभाजित है। इस प्रकार सबसे बड़ी चुनौती जो सामने आई वो पश्चिमी दुनिया से सीखी गई विधियों और तकनीकों के साथ सामंजस्य स्थापित करने और भारतीय संदर्भ और हालत में उन्हें अनुकूलित करने की थी।

अमेरिका और यूके में चुनाव सर्वेक्षण आयोजित करने के लोकप्रिय तरीके मेल सर्वेक्षण, टेलीफ़ोनिक सर्वेक्षण, और आमने-सामने की स्थिति में सर्वेक्षण थे। हालांकि, भारत में, शुरू होने के बाद से चुनाव सर्वेक्षण, देश में डाक संचार तंत्र और मतदाताओं तक टेलीफ़ोन की पहुंच में कमी के कारण आमने-सामने तरीके से आयोजित किए जाते थे। तो भी, सर्वेक्षण आयोजित करने की इस विधि को सर्वश्रेष्ठ में से एक माना जाता है, इसमें कुछ अंतर्निहित सीमाएं और कमियां थीं। इस विधि की सबसे बड़ी सीमा यह है कि यह बेहद वित्तीय और जनशक्ति पर जोर देने वाली है। मेल और टेलीफ़ोनिक जैसे सर्वेक्षण के अन्य तरीकों की तुलना में, आवश्यक वित्तीय और जनशक्ति संसाधन उच्चतम हैं। इसके अतिरिक्त यह विधि बहुत समय लेने वाली और लंबी प्रक्रिया वाली भी है जिसमें बड़ी संख्या में क्षेत्रीय अन्वेषकों और पर्यवेक्षकों की आवश्यकता होती है।

इस अवधि के दौरान मतदान व्यवहार का अभिकल्पन, परिचालन और माप भी बड़ी चुनौतियां थीं। अखिल भारतीय चुनाव सर्वेक्षण के अभिकल्पन चरण ने देश में निर्वाचक वर्ग द्वारा बोली जाने वाली विविध भाषा और बोलियों तथा साक्षात्कार अनुसूची के अनुवाद की आवश्यकता के कारण उत्पन्न होने वाली गंभीर चुनौती उत्पन्न की। सर्वेक्षण के लिए, साक्षात्कार अनुसूची और अन्य उपकरणों का अनुवाद इतनी सारी भाषाओं और बोलियों में किया जाना था जो स्वयं में एक कठिन और समय लेने वाला कार्य था। प्रश्नावली को मतदान व्यवहार को मापने के लिए सबसे महत्त्वपूर्ण उपकरण माना जाता है क्योंकि यह सर्वेक्षण के मानकीकरण की अनुमति देता है। मानकीकरण सुनिश्चित करता है कि एक समान तरीके से सभी नमूनाकृत उत्तरदाताओं से क्षेत्रीय अन्वेषक द्वारा प्रश्न पूछे जाते हैं ताकि मानक

या सटीक प्रतिक्रिया मांग सकें। इस प्रकार ध्यान रखना चाहिए कि अनुवाद कार्य के दौरान प्रश्नावली के अनुवाद ने शब्दों और प्रश्नों के मूल अर्थ को नहीं बदला। लेकिन यह देश में विभिन्न भाषाओं के प्रशिक्षित और अनुभवी अनुवादकों की कमी के कारण शायद ही कभी हुआ था। कई भाषाओं और बोलियों में प्रश्नावली का अनुवाद न केवल एक कठोर कार्य था बल्कि इसमें उच्च लागत और निवेश भी शामिल था।

सर्वेक्षण उपकरणों के अभिकल्पन और परीक्षण के बाद दूसरे चरण में आंकड़ों के संग्रह के लिए फील्डवर्क आयोजित करना शामिल है। किसी भी सर्वेक्षण का फील्डवर्क सबसे चुनौतीपूर्ण और हतोत्साही कार्यों में से एक है क्योंकि इसमें उत्तरदाताओं से संपर्क करना, उनकी सूचित सहमति प्राप्त करना और साक्षात्कार आयोजित करना शामिल है। इस चरण के दौरान फील्डवर्क में दो प्रमुख बाधाएं थीं। पहला, अपेक्षित फील्डवर्क कर्मचारी के पास सर्वेक्षण अनुसंधान और साक्षात्कार तकनीकों का कुछ अनुभव और अनावरण होना चाहिए था। हालांकि, सर्वेक्षण अनुसंधान में प्रशिक्षित मानव शक्ति की अनुपस्थिति थी क्योंकि सर्वेक्षण विधियों के लिए अनावरण भारत में नया था। चूंकि सर्वेक्षण आयोजित करने के लिए उपलब्ध संसाधन काफी सीमित थे, इसलिए प्रशिक्षण में निवेश लगभग असंभव था। क्षेत्र अन्वेषकों के उचित प्रशिक्षण की कमी ने सर्वेक्षण में साक्षात्कारकर्ताओं के लिए पक्षपात व आत्मीयता का नेतृत्व किया। नतीजतन, प्रारंभिक चरणों में किए गए चुनाव सर्वेक्षण, माप त्रुटियों और त्रुटियों के अन्य अंतरों में काफी अधिक थे। दूसरा, संचार जैसी आधारभूत सुविधा बहुत खराब थी, जिसने क्षेत्रीय जांच दल के लिए नामित स्थानों तक पहुंचने और नमूनाकृत उत्तरदाताओं से संपर्क करके उनका साक्षात्कार आयोजित करने के लिए समस्याएं पैदा कीं। इसके परिणामस्वरूप चुनाव सर्वेक्षणों में उच्च गैर-प्रतिक्रिया त्रुटियां हुईं।

इस अवधि के दौरान संगणना और एकत्र किए गए आंकड़ों का विश्लेषण, एक बड़ी सीमा थी। इस प्रकार आंकड़ों के विश्लेषण के लिए कंप्यूटर और सॉफ़्टवेयर जैसी कोई आधुनिक तकनीक नहीं थी, जो आंकड़ों का संयोजन और विश्लेषण को एक बोझिल प्रक्रिया बनाते थे। पूरी प्रक्रिया या तो हस्तचालित रूप से या टेप के माध्यम से की जाती थी और यह बहुत समय लेने वाला और कठिन काम था तथा विभिन्न संगणना और विश्लेषण त्रुटियों के जोखिम से भरा था।

भारत में मतदान व्यवहार का अध्ययन करने के लिए इस अवधि के दौरान किए गए जनमत सर्वेक्षणों की एक से अधिक कारणों से आलोचना की गई थी। सबसे पहले, भारत

में राजनीति शास्त्रियों ने पश्चिम से व्यवहारवाद को इसकी विधिवत कठोरता या जटिल तकनीकों को ग्रहण किए बिना अपनाया। पश्चिमी शोधकर्ताओं पर निर्भर होना प्रवृत्ति थी और पश्चिमी देशों में चुनावी अध्ययन के क्षेत्र में विशेष रूप से उल्लिखित तकनीकों और कार्य-प्रणाली का अनुकरण करना था (अहमद, 1977)। इस आलोचना में सच्चाई थी क्योंकि इस अवधि के दौरान किए गए चुनाव अध्ययनों ने मुख्य रूप से यूनिवर्सिटी ऑफ़ मिशिगन, और अमेरिकन इंस्टिट्यूट ऑफ़ पब्लिक ओपिनियन से तकनीकों और विधियों को उधार लिया था। हालांकि, भारतीय संदर्भ में अमेरिका में नियोजित सर्वेक्षण तकनीकों का उपयोग करने की पर्याप्तता या उपयुक्तता के सवाल की जांच करने के प्रयास किए गए थे। इसके आधार पर, भारत में चुनावी व्यवहार और स्वरूप को मापने के लिए अनुसंधान तकनीकों में उचित संशोधन और अनुकूलन किया गया था।

दूसरा, पिछले दो दशकों में चुनाव अध्ययन बड़े पैमाने पर बढ़ा है लेकिन ये चुनाव परिणामों की प्रत्याशा और भविष्यवाणी या आमतौर पर चुनावी प्रक्रियाओं को समझने में किसी भी विशेषज्ञता के साथ लैस करने में नाकाम रहे हैं (अहमद, 1977)। पहली संकथन कि जनमत सर्वेक्षण-आधारित चुनाव अध्ययन चुनाव परिणामों की भविष्यवाणी करने के लिए आवश्यक किसी भी विशेषज्ञता और विशेष कौशल को प्रस्तुत करने में नाकाम रहे, न केवल इस अवधि के लिए बल्कि वर्तमान समय के लिए भी सच है। लेकिन भारतीय मतदाताओं के मतदान व्यवहार को समझने और समझाने के इसके प्रयास में चुनाव अध्ययन के विफल होने की आलोचना को संदेह के साथ लेने की जरूरत है। अहमद स्वयं उसी लेख में कह रहे हैं कि वह भारत में चुनाव अध्ययन रोकने के लिए बहस नहीं कर रहे हैं। उनका कहना है कि इसकी भविष्यवाणी क्षमता सीमित है, फिर भी वे मतदाताओं के राजनीतिकरण की प्रक्रियाएं और भारत के राजनीतिक तंत्र के विकास के लिए एक संचयी और दीर्घकालिक दृष्टिकोण प्रदान कर सकते हैं।

अंततः, चुनाव अध्ययनों की सबसे बड़ी सीमा यह थी कि भारतीय निर्वाचक वर्ग के राजनीतिक व्यवहार के बारे में किसी भी सटीक सूत्रीकरण पर पहुंचने में उसका योगदान गैरमामूली और सीमित रहा है (अहमद, 1977)। इस अवधि के दौरान मतदान के व्यवहार को मापने के लिए चुनाव अध्ययन और इसकी सीमाओं की आलोचना महत्त्वपूर्ण और प्रासंगिक है। लेकिन यह याद रखना चाहिए कि यह भारत में चुनाव के अध्ययन का शुरुआती चरण था और किसी भी पहल को एक व्यवस्था बनने के लिए पिछले कुछ वर्षों में एक निर्माणपूर्व अवधि और अनुसंधान और विकास की आवश्यकता होती है।

दूसरे चरण में चुनौतियां—1990 के बाद

भारत में मतदान व्यवहार को मापने की चुनौतियां 1990 के दशक से पहले के चरण की तुलना में अधिक जटिल और पेचीदा हो गई थीं। भारतीय मतदाताओं की राय और रुख को मापने में बढ़ती जटिलता और उलझाव में योगदान देने के कई कारण हैं। दो मुख्य अति सूक्ष्म स्तरीय कारक जिन्होंने मतदान के व्यवहार को मापने के कार्य को कठिन बनाया वे भारत में लोकतांत्रिक राजनीति के बदलते स्वरूप और चुनाव पर सर्वेक्षण उद्योग का ध्यान और प्राथमिकताओं में बदलाव थे। चुनावी राजनीति ने नई प्रगति जैसे प्रतियोगिताओं की बहु-ध्रुवीयता, दल गठजोड़, और एक-दूसरे को मतदान हस्तांतरण तथा राजनीतिक दलों के लिए मतदानों का भौगोलिक सकेंद्रण देखा। इस अवधि में चुनावी प्रतिस्पर्धा, दलों में गुटवाद की धारणा, विद्रोही उम्मीदवारों और स्थानीय स्तर पर हस्तक्षेप का गवाह बना, जिसका चुनाव सर्वेक्षण से पता लगाना असंभव है। इस अवधि में मीडिया का प्रसार और चुनाव सर्वेक्षणों और परिणाम पूर्वानुमान के लिए उनकी प्रवृत्ति चुनाव मतदान उद्योग में भी बदलाव लायी। चुनाव सर्वेक्षणों का मुख्य फोकस भारतीय मतदाताओं के मतदान व्यवहार को मापने से सीटों की भविष्यवाणी और चुनाव पूर्वानुमान के लिए स्थानांतरित हो गया। चुनाव सर्वेक्षणों के आयोजन में शामिल चुनौतियों की एक समग्र तस्वीर प्रदान करने और भारतीय चुनावों की जटिलताओं को पकड़ने के लिए अन्य कारकों के साथ ये दो कारक इस खंड में विस्तार से पेश किए जाएंगे।

1990 के दशक को कांग्रेस दल के एकल दल प्रभुत्व के अंत और व्यवहार्य और महत्त्वपूर्ण विपक्षी दलों के उद्भव के रूप में चिह्नित किया गया। कांग्रेस दल के प्रभुत्व के अंत ने राष्ट्रीय स्तर पर और राजनीतिक दलों के विकास और राज्य स्तर पर कई क्षेत्रीय दलों के विकास को बढ़ावा दिया। इससे बहुपक्षीय राजनीतिक प्रतिस्पर्धा की शुरुआत हुई और अधिक राजनीतिक दलों के बीच मतों का महत्त्वपूर्ण विभाजन हुआ। भारतीय मतदाताओं के मतदान व्यवहार और रुख को मापने के कार्य को मतदान के अंतर में संकीर्ण अंतर के साथ बहु-ध्रुवीय प्रतियोगिताओं में मतदान व्यवहार को मापने और चुनाव की भविष्यवाणी करने ने अधिक कठिन और तकनीकी बनाया। ऐसे राज्य में जहां दो मुख्य राजनैतिक दल हैं, यदि सर्वेक्षण अपनी मत हिस्सेदारी का अनुमान सही लगाता है तो चुनाव परिणामों का पूर्वानुमान करना बहुत आसान हो जाता है। दूसरी तरफ, बहुपक्षीय प्रतिस्पर्धा वाले राज्यों में, चुनावों में सीट की भविष्यवाणियों का कार्य काफी मुश्किल हो जाता है क्योंकि किसी भी दल की मत हिस्सेदारी का अनुमान लगाने

में मामूली त्रुटि, पूर्वानुमान को पूरी तरह से गड़बड़ा सकती है। इसका एक उत्कृष्ट मामला 2007 में उत्तर प्रदेश राज्य में हुए विधानसभा चुनावों के दौरान हुआ था। अधिकांश सर्वेक्षण एजेंसियों ने बहुजन समाज पार्टी (बीएसपी) की मत हिस्सेदारी का अनुमान लगाया था, जो कि मिले वास्तविक मतों से सिर्फ 2 प्रतिशत कम था। मत हिस्सेदारी में 2 प्रतिशत अंतर का यह सूक्ष्म अंतर, सर्वेक्षण उद्योग की व्यवस्था को बर्बाद करने के लिए पर्याप्त था क्योंकि अधिकांश सर्वेक्षण भविष्यवाणी करने में नाकाम रहे कि बीएसपी स्पष्ट बहुमत के साथ चुनाव जीतेगी। इस प्रकार बहुपक्षीय प्रतियोगिताओं में चुनाव का पूर्वानुमान, सर्वेक्षण उद्योग के लिए एक बड़ी चुनौती बन जाता है।

इस अवधि में मीडिया के विकास ने चुनाव सर्वेक्षणों को और अधिक लोकप्रिय बना दिया, लेकिन भारतीय मतदाताओं के मतदान व्यवहार को मापने से हटाकर मुख्य रूप से सीट भविष्यवाणियों और चुनाव पूर्वानुमान के लिए ध्यान केंद्रित किया था। 1990 के दशक में हुए आम चुनावों में किए गए चुनाव के पूर्वानुमान ज्यादातर लक्ष्य पर थे जिससे सीट भविष्यवाणियों के कारोबार को बढ़ावा मिला। लेकिन 2004 में हुए आम चुनावों के दौरान हुए जनमत सर्वेक्षणों के आधार पर चुनाव के पूर्वानुमान ने अनुमान लगाया कि मौजूदा गठबंधन एनडीए सरकार केंद्र में सत्ता में बनी रहेगी, लेकिन सर्वेक्षण पूरी तरह से गलत हो गए। 2004 में जनमत सर्वेक्षण आधारित पूर्वानुमानों की असफलता ने मतदान एजेंसियों और मीडिया के लिए एक बड़ी चुनौती पेश की और 2009 के आम चुनावों के दौरान सही अनुमान लगाने को सर्वोच्च प्राथमिकता दी गई। 2009 के चुनाव के दौरान विभिन्न मीडिया घरानों और सर्वेक्षण पंडितों द्वारा की गई सर्वेक्षण की भविष्यवाणियों से पता चला कि कांग्रेस नीत युपीए सबसे बड़ा गठबंधन होगा लेकिन एक बार फिर से कोई भी चुनाव भविष्यवाणी नहीं कर सका कि युपीए बहुमत को छूएगा। इस प्रकार चुनावों में भविष्यवाणियां अभी भी मतदान व्यवहार को मापने और चुनावी पूर्वानुमान लगाने और सर्वेक्षण अनुसंधान विधि की सीमाओं का खुलासा करने में सबसे बड़ी चुनौतियों में से एक हैं।

प्रारंभिक वर्षों में किए गए चुनाव अध्ययनों से संकेत मिलता है कि भारतीय मतदाता समाजशास्त्रीय और जनसांख्यिकीय पृष्ठभूमि में अत्यधिक विविध हैं जो उनके विभिन्न मतदान स्वरूपों और वरीयताओं में परिलक्षित होते हैं। क्षेत्रीय, जाति समुदाय, भाषाई, और धार्मिक पहचान के आधार पर भारतीय मतदाताओं की कई पहचानें कभी-कभी उनकी राजनीतिक संबद्धता और चुनावी व्यवहार के स्वरूप का पता लगाना मुश्किल

बनाती हैं। इस प्रकार, उदाहरण के लिए, उत्तर प्रदेश जैसे राज्य में मुस्लिम समुदाय दक्षिणपंथी दल बीजेपी को मत नहीं देता है और पिछले दशक में राज्य में आयोजित विभिन्न चुनाव सर्वेक्षणों ने इसकी सूचना दी है। यह राज्य स्तर पर मुसलमानों के वोटिंग स्वरूप के बारे में सच हो सकता है लेकिन राज्य के विभिन्न क्षेत्रों में रहने वाले मुस्लिम मतदाताओं के मतदान व्यवहार में बदलावों का सही प्रतिबिंब नहीं होता है। इसका कारण यह है कि उत्तर प्रदेश में मुसलमान एक विजातीय समूह नहीं बनाते हैं और सामूहिक मतदान करते हैं लेकिन क्षेत्र, भाषा और संप्रदायों के आधार पर उनके मतदान स्वरूपों में असमानता हैं। अतीत में किए गए कुछ बड़े नमूना सर्वेक्षणों से पता चला है कि राज्य में मुसलमानों के कुछ वर्गों ने बीजेपी के लिए मतदान किया है। मतदाताओं की बहुसांस्कृतिक और अंतर-समुदाय विविधता अभी भी भारत में मतदाताओं की राय और रुख को मापने में एक बड़ी चुनौती है। भारतीय मतदाताओं की बहुसंख्यक विविधता और जटिलताओं पर कब्जा करने का एकमात्र तरीका एक बड़े नमूना सर्वेक्षण का आयोजन करने के द्वारा है जो एक चुनौतीपूर्ण कार्य नहीं है लेकिन अत्यधिक जनशक्ति और पूंजीगत तीव्रता मांगता है।

चुनावी राजनीति में परिवर्तन और सर्वेक्षण उद्योग का ध्यान भारतीयों के मतदान व्यवहार में बदलाव के समान ही केंद्रित हुआ। देश में पहचान राजनीति की शुरुआत और समाजशास्त्रीय दरार को तीव्र करने के कारण मतदाताओं के चुनावी व्यवहार में 1990 के दशक में बड़े बदलाव हुए। मंडल आयोग आंदोलन और रामजन्मभूमि विवाद ने जाति, समुदाय और धार्मिक आधार पर चुनावी ध्रुवीकरण का नेतृत्व किया। जाति और सामुदायिक रेखाओं के साथ मतदाताओं के ध्रुवीकरण ने एक अनूठी समस्या पैदा की क्योंकि भारतीय मतदाताओं जो पहले चरण में चुनाव सर्वेक्षणकर्ताओं को अपने सच्चे मतदान के इरादे बताते थे अब छिपाने लगे या गलत उत्तरों को प्रकट करना शुरू कर दिया। इसके लिए कारण इस डर से उत्पन्न हुआ कि उन्होंने जिस दल को मत दिया उसका सही प्रकटन, अन्य राजनीतिक दलों द्वारा व्यक्तिगत रूप से उन्हें पहचानने और लक्षित करने में उपयोग किया जा सकता है। यह मतदाताओं के पिछड़े और हाशिए वाले वर्गों के साथ और अधिक हुआ। हालांकि, भारत में ऊंची जाति की प्रमुख जातियों के बीच कुछ परिस्थितियों में भी मतदान के इरादे का यह दुराव होता है। इसका एक उत्कृष्ट मामला 2007 में आयोजित उत्तर प्रदेश विधानसभा चुनाव के दौरान हुआ था। इस चुनाव में, ऊपरी जातियों के बड़ी संख्या में मतदाताओं ने वास्तव में बसपा (दलित पार्टी) के लिए मतदान किया था, लेकिन

उन्होंने जाति पूर्वाग्रह और अपने जाति समुदाय से घृणा के भय के कारण चुनाव सर्वेक्षण के दौरान इसको सूचित नहीं किया। नतीजतन, इस चुनाव के दौरान किए गए अधिकांश चुनाव सर्वेक्षण बसपा के लिए सही मत हिस्सेदारी का पता लगाने और इसकी जीत की भविष्यवाणी करने में विफल रहे।

इस अवधि में भारतीय मतदाताओं के बीच अस्थिरता की उच्च अवस्था और अस्थायी मतदाताओं की संख्या में उल्लेखनीय वृद्धि देखी गई। चुनाव अभियान के दौरान किए गए चुनाव अध्ययनों से पता चला है कि मतदाताओं का लगभग एक चौथाई इस बारे में अपना मन नहीं बना पाता है कि किसके लिए मतदान करना है और अनिश्चितता की स्थिति में रहते हैं। चुनाव अभियानों के बाद अनिश्चित मतदाता अपना मन बनाते हैं और यदि किसी विशेष राजनीतिक दल के पक्ष में लाभकारी स्थिति का प्रभाव होता है तो विभिन्न राजनीतिक दलों की मत हिस्सेदारी को मापना केवल मुश्किल नहीं होता बल्कि चुनौतीपूर्ण और जटिल भी होता है। इसी प्रकार भारत में मतदाताओं के मतदान स्वरूप ने खुलासा किया है कि मतदाताओं पर कुछ मुद्दों का असर अंतरीय और अनुभागीय है। उदाहरण के लिए, चुनावों में कुछ मुद्दों में क्षेत्रीय और अनुभागीय आकर्षण हो सकते हैं और मतदान का निर्णय लेने के लिए प्रतिफल का काम कर सकते हैं। दूसरों के लिए यह आकर्षक नहीं हो सकता है और उनके मतदान निर्णयों को बिल्कुल भी प्रभावित नहीं कर सकता है। इस प्रकार नमूना सर्वेक्षण द्वारा अनुभागीय या स्थानीय मुद्दों का पता लगाने का कार्य इस विधि की प्रमुख कमियों और सीमाओं में से एक है।

किसी भी जनमत चुनाव सर्वेक्षण के लिए सबसे महत्त्वपूर्ण पहलू इसका नमूना आकार और नमूना-चयन की विधि है। हालांकि यह सांख्यिकीय रूप से निर्धारित किया जा सकता है, भारत के मामले में यह पहले से ही चर्चा किए गए विभिन्न कारकों के कारण हमेशा एक चुनौतीपूर्ण पहलू रहा है। इस अवधि के दौरान किसी भी राष्ट्रीय और राज्य स्तर के चुनाव अध्ययन के लिए नमूना आकार का निर्धारण करने का एक सुविधाजनक तरीका मतदान एजेंसी द्वारा किए गए विश्लेषण के स्तर के आधार पर विकसित किया गया था। राज्य स्तर पर मतदाताओं के मतदान के व्यवहार और रुख का अध्ययन करने के लिए, 1,500 मतदाताओं का एक नमूना सर्वेक्षण सांख्यिकीय रूप से महत्त्वपूर्ण माना गया था। लेकिन यदि सर्वेक्षण राज्य के क्षेत्रीय और उप-क्षेत्रीय स्तर पर मतदान के व्यवहार का पता लगाने के लिए किया गया था, तो चुना गया नमूना बड़ा होना चाहिए। कारण यह है कि असमान विश्लेषण के लिए पर्याप्त संख्या में मामले होने चाहिए। इस प्रकार चुनाव सर्वेक्षणों के नमूने के आकार का निर्णय, सर्वेक्षण के एकत्रित असंगत आंकड़ों के स्तर और लोकप्रिय

धारणा कि बड़े नमूना सर्वेक्षणों के आधार पर अधिक सटीक सीट भविष्यवाणियां प्रदान की जाएंगी, पर तय किया गया था। लेकिन यह एक गलत धारणा थी क्योंकि यहां तक कि एक छोटे से नमूना आकार का सर्वेक्षण मतदाताओं की राय और रुख को ठीक से माप सकता है और सही परिणाम का अनुमान लगा सकता है। इसके विपरीत, एक बड़े नमूने पर आधारित एक सर्वेक्षण जो कि गलत है, मतदान व्यवहार पर गलत आंकड़े और गलत सीट पूर्वानुमान प्रदान करेगा। योगेंद्र यादव कहते हैं कि इस बात की कोई गारंटी नहीं है कि एक बड़ा नमूना आकार आपको सही परिणाम देगा। बड़ा सर्वेक्षण केवल त्रुटियों को दस बार गुणा करते हैं (इंडियन एक्सप्रेस, 27 जनवरी, 2008)।

भारत में अधिकांश मतदान एजेंसियों द्वारा चुनाव सर्वेक्षणों में इस्तेमाल नमूने की विधि सटीक से बहुत दूर है और एक अप्रतिनिधिक नमूना उत्पन्न करती है। अतीत में चुनाव अध्ययनों से संकेत मिलता है कि विभिन्न सामाजिक आर्थिक समूहों और जाति समुदायों से संबंधित लोगों की मतदान प्राथमिकता अलग है। उदाहरण के लिए, उत्तर प्रदेश राज्य (उप्र) में, अधिकांश दलित, विशेष रूप से जाटव, बसपा के लिए मतदान करते रहे हैं जबकि ऊंची जाति के मतदाताओं में से अधिकांश भाजपा और कांग्रेस के समर्थक रहे हैं। इसी तरह यादव समुदाय के मतदाता समाजवादी पार्टी के कट्टर समर्थक रहे हैं। इस प्रकार उप्र में नमूना, राज्य में आबादी के वास्तविक प्रतिशत के अनुमानित इन जाति और समुदायों का प्रतिनिधि होना चाहिए। राजनीतिक विश्लेषक योगेंद्र यादव कहते हैं कि महत्त्वपूर्ण बात नमूना का आकार नहीं, बल्कि विधि है जिसके द्वारा नमूना चुना जाता है। अधिकांश भारतीय सर्वेक्षण गलत हो जाते हैं क्योंकि उनकी नमूना कार्य-प्रणाली इतनी खराब है और इसलिए नमूना वर्णन अप्रतिनिधिक है (इंडियन एक्सप्रेस, 27 जनवरी, 2008)। इस प्रकार इस अवधि के दौरान भारत में चुनाव सर्वेक्षणों की सबसे बड़ी चुनौती एक वैज्ञानिक कार्य-प्रणाली और मतदाताओं के मतदान व्यवहार को मापने के लिए एक प्रतिनिधि नमूना अपनाने में विफल होना था।

इस अवधि के दौरान उत्पन्न होने वाली एक और बड़ी चुनौती हालांकि मतदान व्यवहार को मापने के लिए सीधे जुड़ी हुई नहीं थी, वह राजनीतिक दलों की मत हिस्सेदारी का सही अनुमान लगाना था और दलों के लिए तत्कालीन सीट पूर्वानुमान के आधार पर। हालांकि इस अवधि के दौरान अधिकांश चुनाव सर्वेक्षणों ने मत हिस्सेदारी की गणना लगभग सटीक रूप से की, कई मौकों पर वे सही चुनावी पूर्वानुमान लगाने में असफल रहे। इसके लिए कारण देश में चुनावों की बढ़ती विलक्षणता और उन्हें सुनिश्चित करने में बाधा थी। कारण थे: (क) कई चुनावों में, राजनीतिक दल एक-दूसरे के साथ गठबंधन में

चुनाव लड़े। चुनाव लड़ने का मतलब था कि दोनों दलों ने एक दूसरे को मत हस्तांतरण कर दिया जहां उन्होंने चुनाव लड़ा था। इसने एक गंभीर चुनौती उत्पन्न की क्योंकि एक दूसरे के लिए मतों के हस्तांतरण की सही गणना करना और उनके लिए सीट पूर्वानुमान लगाना बहुत मुश्किल है; (ख) कुछ क्षेत्रों या राज्यों के हिस्सों में कुछ दलों के लिए मतों का भौगोलिक सकेंद्रण भी सही सीट भविष्यवाणियां करना मुश्किल बनाती है। 2008 में हुए कर्नाटक विधानसभा चुनाव का नतीजा इस तथ्य का प्रमाण है। राज्य में किए गए सर्वेक्षणों से पता चला कि चुनाव में कांग्रेस की तुलना में बीजेपी की मत हिस्सेदारी एक प्रतिशत कम थी, लेकिन वे भविष्यवाणी करने में असमर्थ थे कि चुनाव में अधिकांश सीटों पर उसकी जीत होगी। इसका कारण यह था कि कुछ क्षेत्रों और हिस्सों में बीजेपी के लिए मत अधिक केंद्रित थे, जिसने बीजेपी के लिए और सीटों पर जीत दर्ज कराई। दूसरी ओर, कांग्रेस के मत समान रूप से पूरे राज्य में वितरित थे, जिससे सीटों की संख्या में भारी नुकसान हुआ; और (ग) भारतीय चुनाव, इस अवधि में अधिक अंतर-पक्षीय गुटवाद और विद्रोही उम्मीदवारों द्वारा आधिकारिक उम्मीदवारों के मत काटने का साक्षी है। एक नमूना सर्वेक्षण द्वारा विद्रोही उम्मीदवारों का प्रभाव और स्थानीय स्तर पर गुटीय लड़ाई का सही तरीके से पता नहीं लगाया जा सका।

भारत में मतदान व्यवहार का अध्ययन करने के लिए किए गए जनमत सर्वेक्षण इस अवधि के दौरान भारतीय शिक्षाविदों की आलोचनाओं के अधीन थे। पिछली अवधियों की तरह चुनाव सर्वेक्षणों की, चुनावी व्यवहार का अध्ययन करने के लिए अनुपयुक्त पश्चिमी दुनिया से प्रत्यक्ष आयात के रूप में, अभी भी आलोचना की जाती है। भारत में सामाजिक सांस्कृतिक विशिष्टताएं और चुनावी राजनीति की हालत अलग-अलग थीं और एक उपकरण के रूप में चुनाव सर्वेक्षण, जटिलताओं को पकड़ने के लिए बेमौका था। सूचक-पत्र "सर्वेक्षण अनुसंधान", राजनीति के अमेरिकी विज्ञान की तीसरी दुनिया नकल में सबसे अनुचित माना जाता था। यह सुव्यवस्थित ढंग से अनुभवहीन, राजनीतिक रूप से रूढ़िवादी और सांस्कृतिक रूप से अप्रामाणिक था (यादव, 2008)। उन लोगों, जिन्होंने इस आधार पर गुणात्मक अध्ययन किए कि मात्रात्मक शब्दों में चुनावी व्यवहार के व्यापक स्वरूप का खुलासा हो सके, के द्वारा भी चुनाव सर्वेक्षणों की आलोचना की गई। व्यक्तिगत मतदाताओं की राय और रुख ने सामान्य स्वरूप को प्रकट किया और राजनीतिक विकास की विशिष्टताओं को छोड़ दिया। इस प्रकार सर्वेक्षण विधियों की प्रमुख सीमा को छोटे समुदायों के चुनावी व्यवहार पर स्थानीय राजनीति के प्रभाव को पकड़ने में असमर्थता में उद्धृत किया गया था। एकल मतदाताओं को वितरित

एक प्रश्नावली व्यक्तिगत रुख और राय के बारे में जानकारी प्राप्त कर सकती है लेकिन लंबे समय तक कार्य करने वाले व्यक्तियों की सामूहिकता से जुड़ी घटनाओं की बड़ी वास्तविकता को नहीं पकड़ सकती है (शाह, 2007)।

चुनाव सर्वेक्षणों को रोकने का प्रयास और मतदाताओं पर इसके प्रभाव

1990 के दशक में भारत में चुनावों पर जनमत सर्वेक्षण में वृद्धि ने सर्वेक्षण आयोजित करने में न केवल नई चुनौतियों और समस्याओं का सामना किया, बल्कि विवाद और सार्वजनिक जांच में भी उलझ गए। चुनाव सर्वेक्षणों के लिए दिशानिर्देश जारी करने की आवश्यकता इन आरोपों से उत्पन्न हुई कि कुछ चुनाव सर्वेक्षण निहित हितों वाले लोगों द्वारा आयोजित किए गए थे और इसके निष्कर्ष, सार्वजनिक क्षेत्र में चुनाव प्रक्रिया को खराब करने और चुनावों में हेरफेर के लिए प्रसारित किए गए थे। इस तरह के संदिग्ध सर्वेक्षणों के निष्कर्ष जानबूझकर मतदाताओं के दिमाग को प्रभावित करने के लिए इस्तेमाल किए गए थे और इसका मतदाताओं पर प्रतिकूल प्रभाव पड़ा था। चुनावों के दौरान जनमत सर्वेक्षण और एग्ज़िट पोल्स पर प्रतिबंध के लिए आवाज इस आधार पर भी उभरी कि इसने भारत में स्वतंत्र और निष्पक्ष चुनाव आयोजित करने के लिए निर्धारित संवैधानिक प्रावधानों का उल्लंघन किया। इस प्रकार जनमत सर्वेक्षण को नियंत्रित करने और चुनाव सर्वेक्षणों की मजबूत जांच के लिए संस्थागत दिशानिर्देशों को लागू करने के लिए आवाज उठाई गई थी। इससे न केवल भारत में जनमत सर्वेक्षण उद्योग में पारदर्शिता पैदा होगी बल्कि चुनाव सर्वेक्षणों पर भी जन विश्वास बहाल होगा।

इन विवादों के परिणामस्वरूप, भारत निर्वाचन आयोग ने 1998 के आम चुनावों में जनमत सर्वेक्षण और एग्ज़िट पोल्स के परिणामों के प्रकाशन और प्रसार को प्रतिबंधित कर दिया। चुनाव के दौरान चुनाव सर्वेक्षण निष्कर्षों को चुनावी प्रक्रिया पूरी तरह खत्म होने तक दिखाना निषिद्ध था। 1998 में भारतीय निर्वाचन आयोग द्वारा लगाए गए प्रतिबंध को फ्रंटलाइन पत्रिका द्वारा दायर की गई याचिका के जरिये भारत के उच्चतम न्यायालय में चुनौती दी गई थी। भारत के सर्वोच्च न्यायालय ने एक अंतरिम आदेश पारित करने से मना कर दिया और न्यायमूर्ति एम.एम. पुंछी, न्यायमूर्ति बीएन. किरपाल, और न्यायमूर्ति एम. श्रीनिवासन ने कहा, "यदि हम स्थगन की अनुमति देते हैं, तो हम याचिकाओं की अनुमति देंगे और इसी तरह हम स्थगन से इनकार करते हैं तो हम उन्हें खारिज कर देंगे। हम इनमें से

कुछ भी नहीं कर रहे हैं और बस इस मामले को स्थगित कर रहे हैं। प्रेस जोखिम उठा सकता है।" इस तरह से लगाया गया प्रतिबंध, 1998 के आम चुनाव में भारतीय निर्वाचन आयोग द्वारा कड़ाई से लागू नहीं किया जा सका। हालांकि, चुनाव सर्वेक्षण मामले पर प्रतिबंध लगाने की याचिका पर अंत में सर्वोच्च न्यायालय ने फैसला दिया था जिसमें कहा गया, "भारत का निर्वाचन आयोग एग्ज़िट पोल्स के प्रकाशन को नियंत्रित करने के लिए अपने दिशानिर्देश तैयार करने के लिए स्वतंत्र है।"

भारत के सर्वोच्च न्यायालय के फैसले के आधार पर, भारत निर्वाचन आयोग ने चुनावों के दौरान चुनाव सर्वेक्षण के प्रकाशन पर प्रतिबंध लगाकर चुनाव सर्वेक्षणों के दायरे को नियंत्रित करने के लिए आदेश और निर्देश जारी किए। भारतीय निर्वाचन आयोग ने स्पष्ट रूप से निर्धारित किया कि *एक ही चरण में आयोजित चुनाव में सर्वेक्षण बंद करने के लिए निर्धारित घंटे के साथ 48 घंटों की अवधि के दौरान किसी भी समय प्रिंट, इलेक्ट्रॉनिक या किसी भी अन्य मीडिया द्वारा आयोजित किसी भी जनमत या एग्ज़िट पोल का कोई भी परिणाम प्रकाशित, घोषित या प्रचारित नहीं किया जाएगा।*

यह आदेश उन सभी राज्यों और क्षेत्रों पर भी लागू था, जिसमें विभिन्न चरणों में चुनाव आयोजित किए जाने थे। भारतीय निर्वाचन आयोग ने निर्देश भी दिये थे कि जनमत और एग्ज़िट पोल्स के आयोजन करने वाले संगठनों और एजेंसियों को इस तरह के सर्वेक्षणों में शामिल मतदाताओं के नमूने के आकार और सर्वेक्षण के भौगोलिक प्रसार को दर्शाना चाहिए। सर्वेक्षणों को पालन की गई कार्य-प्रणाली, त्रुटियों का प्रतिशत, पेशेवर पृष्ठभूमि, और सर्वेक्षण के आचरण और विश्लेषण में शामिल संगठन और मुख्य पेशेवरों के अनुभव के बारे में विवरण देना चाहिए।

भारत के प्रेस परिषद ने "प्री-पोल और एग्ज़िट पोल" सर्वेक्षण आयोजित करने के लिए दिशानिर्देश निर्धारित करके भारत निर्वाचन आयोग द्वारा दिए गए निर्देशों को भी दोहराया है। दिशानिर्देश चेतावनी देते हैं कि अख़बारों और पत्रिकाओं को न तो चुनाव की विकृतियों और हेरफेर के लिए मीडिया को इस्तेमाल करने की इजाजत देनी चाहिए और न ही इच्छुक दलों द्वारा खुद का शोषण किए जाने की। परिषद ने सुझाव दिया कि जब भी अखबार प्री-पोल सर्वेक्षण प्रकाशित करें, तो ऐसी संस्थाओं का नाम जिन्होंने ऐसे सर्वेक्षण किए, व्यक्तियों और संगठनों जिन्होंने सर्वेक्षण शुरू किया है, चयनित नमूने का आकार और स्वरूप, निष्कर्ष के लिए नमूने के चयन की विधि, और निष्कर्ष में त्रुटि का संभावित अंतर इंगित करके उन्हें स्पष्ट रूप से पेश करने के लिए सावधानी बरतनी चाहिए। इसके अतिरिक्त, विचलन वाली मतदान तिथियों की स्थिति में मीडिया को पहले से आयोजित सर्वेक्षण के

चरणों के एग्ज़िट पोल सर्वेक्षण नहीं कराने चाहिए। यह उन मतदाताओं को प्रभावित कर सकता है जहां सर्वेक्षण अभी शुरू नहीं हुआ है। यह सुनिश्चित करने के लिए कि चुनावी प्रक्रिया को शुद्ध रखा गया है और मतदाताओं के दिमाग किन्हीं भी बाहरी कारकों से प्रभावित नहीं हैं, यह आवश्यक है कि मीडिया जब तक अंतिम सर्वेक्षण आयोजित न हो जाए तब तक एग्ज़िट पोल सर्वेक्षण प्रकाशित नहीं करे। इस प्रकार चुनाव सर्वेक्षण आयोजित करने की वर्तमान कानूनी स्थिति यह है कि चुनाव अवधि के दौरान भारत में चुनाव सर्वेक्षण आयोजित करने पर कोई प्रतिबंध नहीं है, लेकिन आखिरी मतदान होने तक मीडिया द्वारा चुनावों के निष्कर्ष प्रकाशित नहीं किए जा सकते हैं।

ईसीयू द्वारा 1998 में जनमत सर्वेक्षणों और एग्ज़िट पोल्स के प्रतिबंध पर चुनाव विश्लेषक और राजनीतिक विश्लेषकों की राय अलग-अलग थी। योगेंद्र यादव मतदान के दिन एग्ज़िट पोल के परिणामों के प्रकाशन पर प्रतिबंध के साथ सहमत हुए और कहा कि "एग्ज़िट पोल्स परिणामों के प्रकाशन पर प्रतिबंध लगा दिया जाना चाहिए जब तक कि अंतिम व्यक्ति ने अपना मत नहीं दिया हो। मतदान की कुछ पवित्रता होनी चाहिए।" हालांकि, वह मतदान दिवस से पहले जनमत सर्वेक्षण के परिणामों के प्रकाशन और प्रसार पर प्रतिबंध लगाने के आदेश से सहमत नहीं थे क्योंकि यह मतदाता को संतुलित और सही जानकारी तक पहुंच से वंचित कर देगा (द ट्रिब्यून, 28 अगस्त, 1999)। इसी तरह, जीवीएल नरसिम्हा राव को भी जनमत सर्वेक्षण परिणामों के प्रकाशन पर प्रतिबंध लगाने वाले निर्वाचन आयोग के निर्देश पर कोई आपत्ति नहीं थी। हालांकि, उन्होंने एक पूर्ण प्रतिबंध का विरोध किया क्योंकि राजनीतिक दलों के बारे में लोग क्या सोचते हैं और मुद्दे जिन्हें वे महत्त्वपूर्ण समझते हैं, के बारे में जानकारी प्रसारित करने का जनमत सर्वेक्षण एक और माध्यम है। उन्होंने कहा, "जनमत सर्वेक्षण, अखबारों, पत्रिकाओं में जो लिखा गया है और टेलीविजन में जिसपर चर्चा की गई है, के समान है। अगर इन मीडिया में चुनाव के परिणाम के बारे में राय व्यक्त की जा सकती है तो जनमत और एग्ज़िट पोल को भी समान अधिकार मिलने चाहिए" (द ट्रिब्यून, 28 अगस्त, 1999)। इस प्रकार ज्यादातर चुनाव विश्लेषक और राजनीतिक विश्लेषक मतदान प्रक्रिया खत्म होने तक मतदान के दिन इलेक्ट्रॉनिक मीडिया पर एग्ज़िट पोल दिखाने पर प्रतिबंध से सहमत थे। लेकिन वे मतदान के दिन से पहले चुनाव सर्वेक्षण के निष्कर्ष को दिखाने पर प्रतिबंध के बारे में संदेह रखते थे, क्योंकि इसने मतदाताओं को सूचना के अधिकार से वंचित कर दिया।

चुनाव में मतदान के समापन के लिए निर्धारित घंटे से समाप्त होने वाले 48 घंटों के दौरान किसी भी समय जनमत या एग्ज़िट पोल के किसी भी परिणाम को प्रदर्शित

या प्रकाशित नहीं करने पर भारत निर्वाचन आयोग द्वारा प्रतिबंध एक तर्कसंगत और महत्त्वपूर्ण सवाल उठाता है। क्या चुनाव सर्वेक्षणों के निष्कर्ष का मतदाताओं पर सीधा प्रभाव पड़ता है और क्या वे उनके मतों के इरादे को प्रभावित करते हैं? क्या चुनाव सर्वेक्षणों के प्रभाव इतने मजबूत हैं कि वो मतदाताओं के मूल मतदान इरादों को बदलते हैं? पश्चिमी देशों में किए गए अनुसंधान अध्ययनों से पता चला है कि चुनाव सर्वेक्षणों के निष्कर्ष मतदाताओं के मतों के इरादे को अवश्य प्रभावित करते हैं और कभी-कभी या तो एक लाभकारी स्थिति वाला प्रभाव या उपेक्षित प्रभाव बनाते हैं। लाभकारक स्थिति वाला प्रभाव तब होता है जब मतदाता अनुमानित विजेता का समर्थन करना शुरू कर देते हैं और उनके पक्ष में मतदान करते हैं। दूसरी ओर, एक उपेक्षित प्रभाव का परिणाम, अनुमानित हारने वाले के साथ लोग सहानुभूति दिखाते हैं और उनके पक्ष में मतदान करते हैं। लेकिन प्रश्न यह है कि क्या भारत में चुनाव सर्वेक्षण के निष्कर्ष भी चुनाव के दौरान इस तरह के लाभकारक स्थिति वाला या उपेक्षित प्रभाव पैदा करते हैं। विकास और अनुसंधान सेवाओं (डीआरएस) के जीवीएल नरसिम्हा राव का मानना था कि लंबे समय तक मतदाताओं द्वारा अधिगृहीत दल के रुख को जनमत सर्वेक्षण के परिणाम बदल नहीं सकते थे लेकिन वे "अनिर्णीत" मतदाताओं को प्रभावित करते हैं और इसका दल संवर्ग के मनोबल पर भी असर पड़ता है। जनमत सर्वेक्षण से प्रभावित "अनिर्णीत मतदाता" नीतिगत मतदान का सहारा ले सकता है जिससे हार के अंतर को बढ़ाया या कम किया जा सकता है (द ट्रिब्यून, 28 अगस्त, 1999)।

हालांकि भारतीय चुनावों पर लाभकारक स्थिति वाले या उपेक्षित प्रभाव को मापने के लिए कोई व्यापक अनुसंधान नहीं किया गया है, फिर भी सीएसडीएस ने अपने चुनाव सर्वेक्षणों में से एक में इसका असर और प्रभाव खोजने की कोशिश की। 1996 में हुए आम चुनावों के दौरान सीएसडीएस द्वारा आयोजित अखिल भारतीय चुनाव सर्वेक्षण में सर्वेक्षण निष्कर्ष और मतदाताओं के बीच सीट भविष्यवाणी के प्रभाव के बारे में जागरूकता जानने के लिए प्रश्न थे। सर्वेक्षण निष्कर्ष में पता चला कि सामान्य मतदाताओं के भारी बहुमत ने पहले के सर्वेक्षण में सीएसडीएस द्वारा किए गए जनमत सर्वेक्षण-आधारित चुनाव पूर्वानुमानों के बारे में पढ़ा या सुना नहीं था। 1996 के सीएसडीएस सर्वेक्षण निष्कर्ष के आधार पर मूल्यांकन से पता चलता है कि सीएसडीएस द्वारा किए गए जनमत सर्वेक्षण के पूर्वानुमान से मतदाताओं के केवल 0.7 प्रतिशत मतदाता अपने मतदान निर्णयों में प्रभावित हुए थे। यह निष्कर्ष कुछ सबूत प्रदान करते हैं कि एक जनमत सर्वेक्षण पूर्वानुमान

का भारतीय मतदाताओं के मतदान निर्णय पर कोई महत्त्वपूर्ण और ठोस प्रभाव नहीं पड़ता है। योगेंद्र यादव ने कहा कि "लाभकारक हाल" और "उपेक्षित" प्रभाव शब्दावली हैं, जो पश्चिम से आई हैं और जनमत सर्वेक्षणों के प्रभाव का आकलन करने में, इस तरह के अनुमानों को साबित करने के लिए इस देश में पर्याप्त सबूत नहीं हैं (द ट्रिब्यून, 28 अगस्त, 1999)। यह स्पष्ट रूप से इंगित करता है कि चुनाव सर्वेक्षणों के निष्कर्ष का इस्तेमाल भारत के मतदाताओं को बड़े पैमाने पर प्रभावित करने के लिए नहीं किया जा सकता है। इस प्रकार भारत निर्वाचन आयोग को इस पहलू में गहराई से सोचने और जांच करने और मतदान के दिन से पहले चुनाव सर्वेक्षणों के प्रसार को प्रतिबंधित करने के अपने फैसले की समीक्षा करने की आवश्यकता है।

संदर्भ ग्रंथ सूची

Ahmad, Imtiaz. 1977. "Election Studies in India," *Economic and Political Weekly*, September 24, XII(39): 1677–80.

Athreya. 1998. "Are Opinion Polls Relevant? A Review of the Major Pre-election Opinion Polls," *Frontline*, Vol. 15(5): 7–20.

Bartels, L.M. 1988. *Presidential Primaries and the Dynamics of Public Choice*. Princeton, NJ: Princeton University Press.

Benney, M., A. Gray, and R. Pear. 1956. *How People Vote*. London: Routledge and Kegan Paul.

Berelson, B., P.F. Lazarsfeld, and W.V. McPhee. 1954. *Voting: A Study of Opinion Formation in a Presidential Campaign*. Chicago: University of Chicago Press.

Blair, H.W. 1979. *Voting, Caste, Community, Society: Explorations in Aggregate Data Analysis in India and Bangladesh*. Delhi: Young Asia Publication.

Blais, A. and L. Massicotte. 1996. "Electoral Systems," in L. LeDuc, R.G. Niemi, and P. Norris (eds), *Comparing Democracies: Elections and Voting in Global Perspective*, pp. 49–81. Thousand Oaks: SAGE Publications.

Budge, I., D. Robertson, and D. Hearl (eds). 1987. *Ideology, Strategy and Party Change: Spatial Analyses of Post-war Election Programmes in 19 Democracies*. Cambridge: Cambridge University Press.

Butler, D.E. 1952. *The British General Election of 1951*. London: Macmillan.

Butler, D.E. and D.E. Stokes. 1974. *Political Change in Britain: The Evolution of Electoral Choice* (2nd ed.). London: Macmillan.

Butler, David, Ashok Lahiri, and Prannoy Roy. 1995. *India Decides: Elections 1952–1995*. Delhi: Books & Things.

Campbell, A., P.E. Converse, W.E. Miller, and D.E. Stokes. 1960. *The American Voter*. New York: Wiley.

———. 1966. *Elections and the Political Order*. New York: Wiley.

Campbell, D.T. 1950. "The Indirect Assessment of Social Attitudes," *Psychological Bulletin*, 47(1): 15–38.

Clark, T.N. and S.M. Lipset. 1991. "Are Social Classes Dying?" *International Sociology*, 6(4): 397–410.

Comparative Study of Electoral Systems. 1996. Available at http://www.umich.edu:80/~nes/cses/cses.htm.

Cook, S.W. and C.A. Selltiz. 1964. "Multiple-indicator Approach to Attitude Measurement," *Psychological Bulletin*, 62(1): 36–55.

Crewe, I. 1984. "The Electorate: Partisan Dealignment Ten Years on," in H. Berrington (ed.), *Change in British Politics*, pp. 183–215. London: Frank Cass.

Crewe, I., B. Särlvik, and J. Alt. 1977. "Partisan Dealignment in Britain 1964–1974," *British Journal of Political Science*, 7(2): 129–90.

Curtice, John. 2000. "The Future of Election Studies: Mid-Life Crisis or New Youth?" Working Paper Number 78. Available at http://www.crest.ox.ac.uk.

Curtice, J. and H. Semetko. 1994. "Does it Matter what the Papers say?" in A. Heath, R. Jowell, J. Curtice, and B. Taylor (eds), *Labour's Last Chance? The 1992 Election and Beyond*, pp. 43–63. Aldershot: Dartmouth.

Dalton, R.J. 1996. *Citizen Politics: Public Opinion and Political Parties in Advanced Western Democracies*. Chatham, NJ: Chatham House.

Dalton, R., S. Flanagan, and P. Beck (eds). 1984. *Electoral Change in Advanced Industrial Democracies*. Princeton: Princeton University Press.

Downs, A. 1957. *An Economic Theory of Democracy*. New York: Harper & Row.

Edwards, A.L. 1957. *Techniques of Attitude Scale Construction*. New York: Appleton-Century-Crofts.

Eldersveld, S.J. 1951. "Theory and Method in Voting Behavior Research," *The Journal of Politics*, 13(1): 70–87.

Eldersveld, Samuel and Bashiruddin Ahmed. 1978. *Citizens and Politics: Mass Political Behaviour in India*. Chicago: University of Chicago Press.

Evans, G. (ed.). 1999. *The End of Class Politics*? Oxford: Oxford University Press.

Evans, G., A.F. Heath, and C.D. Payne. 1999. "Class: Labour as a Catch-all Party?" in G. Evans and P. Norris (eds), *Critical Elections: British Parties and Voters in Long-term Perspective*, pp. 87–101. London: SAGE Publications.

Franklin, M., T. Mackie, and H. Valen (eds). 1992. *Electoral Change: Responses to Evolving Social and Attitudinal Structures in Western Countries*. Cambridge: Cambridge University Press.

Ghose, Sagarika. 1996. "Psephology, Surveying the Masses, Politicians Redefine Grassroots Contact as they Resort to Opinion Polls to Read the Voter's Mind," *Outlook*, February.

Gill, G.S. 2008. "Election Result Forecasting Using Two Layer Perceptron Network," *Journal of Theoretical and Applied Information Technology*, 4(11): 1019.

Granberg, D. and S. Holmberg. 1988. *The Political System Matters: Social Psychology and Voting Behaviour in Sweden and the United States*. Cambridge: Cambridge University Press.

Hess, E.H. and J.M. Polt. 1960. "Pupil Size as Related to Interest Value of Visual Stimuli," *Science*, 132: 349–50. Available at http://psycnet.apa.org/psycinfo/1961-01581-001.

Himmelweit, H.T., M. Jarger, and J. Stockdale. 1978. "Memory for Past Vote: Implications of a Study of Bias in Recall," *British Journal of Political Science*, 8(4): 365–76.

Huckfeldt, R. Robert and John Sprague. 1993. "Citizens, Contexts and Politics," in Ada W. Finifter (ed.), *Political Science: The State of the Discipline II*, pp. 281–303. Washington, DC: American Political Science Association.

Johnson, Martin et al. 1999. "Contextual Data and the Study of Elections and Voting Behavior: Connecting Individuals to Environments." Available at http://www.indiana.edu/~workshop/papers/stein.pdf.

Johnston, R., A. Blais, H.E. Brady, and J. Crête. 1992. *Letting the People Decide: Dynamics of a Canadian Election*. Stanford, CA: Stanford University Press.

Johnston, R. and H. Brady. 2002. "The Rolling Cross-section Design," *Electoral Studies*, 21: 283–95.

Katz, R. and W. Bernhard, (eds). 1999. *European Parliament and European Integration*. Oxford: Oxford University Press.

Key, V.O. 1966. *The Responsible Electorate: Rationality in Presidential Voting 1936–64*. Cambridge, MA: Harvard University Press.

Kiesler, C.A., B.E. Collins, and N. Miller. 1969. *Attitude Change: A Critical Analysis of Theoretical Approaches*. New York: John Wiley & Sons.

Kitschelt, H. 1994. *The Transformation of European Social Democracy*. Cambridge: Cambridge University Press.

Klingemann, H.-D., R. Hofferbert, and I. Budge. 1994. *Parties, Policies and Democracy*. Boulder, CO: Westview Press.

Kondo, Norio. 2007. "Election Studies in India." Institute of Developing Economies. Discussion Paper no. 98.

Kothari, Rajni. 2002. *Memoirs: Uneasy is the Life of the Mind*. Delhi: Rupa & Co.

Lazarsfeld, P.F., B. Berelson, and H. Gaudet. 1948. *The People's Choice: How the Voter Makes Up His Mind in a Presidential Campaign*. New York: Columbia University Press.

Leiderman, P.H. and D. Shapiro (eds). 1964. *Physiological Approaches to Social Behavior*. Stanford, CA: Stanford University Press.

Lokniti Team. 2004. "National Election Study 2004: An Introduction," *Economic and Political Weekly*, December 18, XXXIX(51): 5373–81.

Maheshwari, S. 1982. *Electoral Politics in the National Metropolis*. Delhi: Ritu Publishers.

McAllister, I. 1996. "Leaders," in L. LeDuc, R.G. Niemi, and P. Norris (eds), *Comparing Democracies: Elections and Voting in Global Perspective*, pp. 180–98. Thousand Oaks, CA: SAGE Publications.

Miller, W.E. 1976. "The Cross-national Use of Party Identification as a Stimulus to Political Enquiry," in I. Budge, I. Crewe, and D. Farlie (eds), *Party Identification and Beyond: Representations of Voting and Party Competition*. London: Wiley.

Miller, W.E. and J.M. Shanks. 1996. *The New American Voter.* Cambridge, MA: Harvard University Press.

Milne, R. and H. Mackenzie. 1954. *Marginal Seat 1955*. London: Hansard Society.

———. 1954. *Straight Fight 1955*. London: Hansard Society.

Mochmann, E., I.C. Oedegard, and R. Mauer. 1998. *Inventory of National Election Studies in Europe 1945–1995.* Bergisch Gladbach: Edwin Ferger Verlag.

Morris, R. 1995. "What Informed Public?" *Washington Post National Weekly Edition*, April: 10–16.

Narain, Iqbal. 1978. *Election Studies in India: An Evaluation*. Bombay: Allied Publishers.

Narain, Iqbal, K.C. Pande, M.L. Sharma, and Hansa Rajpal. 1978. *Election Studies in India: An Evaluation*. New Delhi: Allied Publishers.

Nieuwbeerta, P. 1995. *The Democratic Class Struggle in Twenty Countries*. Amsterdam: Thesis Publishers.

Norris, P., J. Curtice, D. Sanders, M. Scammell, and H. Semetko. 1999. *On Message: Communicating the Campaign*. London: SAGE Publications.

Osgood, C.E., G.J. Suci, and P.H. Tannenbaum. 1957. *The Measurement of Meaning*. Urbana: University of Illinois Press.

Pareek, U. and T.V. Rao. 1974. *Handbook of Psychological and Social Instruments*. Baroda: Samashti.

Plott, Charles R. 1978. "Rawls' Theory of Justice: An Impossibility Result," in Hans W. Gottinger and Werner Leinfeller (eds), *Decision Theory and Social Ethics, Issues in Social Choice*, pp. 201–14. Dordrecht, Holland: Reindel.

Rao, Bhaskara. 2009. *A Handbook of Poll Surveys in Media: An Indian Perspective*. Delhi: Gyan Publications.

Roy, Ramashray and Paul Wallace. 1999. *Indian Politics and the 1998 Election: Regionalism, Hindutva and State Politics*. Thousand Oaks, CA: SAGE Publications.

Salant, P. and Dillman, D.A. 1994. *How to Conduct Your Own Survey*, pp. 42–43. New York: Wiley.

Samuel J. Eldersveld. 1951. "Theory and Method in Voting Behavior Research," *The Journal of Politics*, 13(1): 70–87. Cambridge University Press on behalf of the Southern Political Science Association.

Schmitt, H. and J. Thomassen (eds). 1999. *Political Representation and Legitimacy in the European Union*. Oxford: Oxford University Press.

Schumpeter, J.A. 1976. *Capitalism, Socialism and Democracy*, 5th ed. London: Allen and Unwin.

Scott, W.A. 1975. "Attitude Measurement," in G. Lindzey and E. Aronson (eds), *Handbook of Social Psychology*, rev. ed., Vol. II. New Delhi: Amerind Publishing Co. Pvt. Ltd.

Selltiz, C., M. Jahoda, M. Deutsch, and S.W. Cook. 1959. *Research Methods in Social Relations*. New York: Holt, Rinehart and Winston.

Shah, A.M. 2007. "Introduction," in A.M. Shah (ed.), *The Grassroots of Democracy: Field Studies of Indian Elections*, pp. 1–27. Delhi: Permanent Black.

Sprague, John. 1982. "Is there a Micro-theory Consistent with Contextual Analysis?" in Elinor Ostrom (ed.), *The Nature of Political Inquiry* Beverley Hills, CA: SAGE Publications.

Srinivas, M.N. and A.M. Shah, 2007. *The Grassroots of Democracy: Field Studies of Indian Elections*. Delhi: Permanent Black.

Thomassen, J. 1976. "Party Identification as a Cross-national Concept: Its Meaning in the Netherlands," in I. Budge, I. Crewe, and D. Farlie (eds), *Party Identification and Beyond: Representations of Voting and Party Competition*, pp. 63–79. London: Wiley.

———. 1994. "Introduction: The Intellectual History of Election Studies," *European Journal of Political Research*, 25(3): 239–345.

Thurstone, L.L. and E.J. Chave. 1929. *The Measurement of Attitude*. Chicago, IL: University of Chicago Press.

Wattenberg, M. 1996. *The Decline of American Political Parties 1952–1994*. Cambridge, MA: Harvard University Press.

Weakliem, D. and A. Heath. 1999. "The Secret Life of Class Voting: Britain, France, and the United States since the 1930s," in G. Evans (ed.), *The End of Class Politics*, pp. 97–136. Oxford: Oxford University Press.

Webb, E.J., D.T. Campbell, R.D. Schwartz, and L. Sechrest. 1966. *Unobtrusive Measures: Non-reactive Research in the Social Sciences*. Chicago: Rand McNally & Company.

Weiner, M. and J.O. Field. 1977. "India's Urban Constituencies," in M. Weiner and J.O. Field (eds), *Electoral Politics in the Indian States*, 4 vols. New Delhi: Manohar.

Westie, F.R. and M.L. DeFleur. 1959. "Autonomic Responses and their Relationship to Race Attitudes," *Journal of Abnormal and Social Psychology*, 58(3): 340–47.

Yadav, Yogendra. 2007. "Invitation to a Dialogue: What Work does 'Fieldwork' do in the Field of Elections?" in A.M. Shah (ed.), *The Grassroots of Democracy: Field Studies of Indian Elections*, pp. 345–68. Delhi: Permanent Black.

———. 2008. "Whither Survey Research? Reflections on the State of Survey Research on Politics in Most of the World." Malcolm Adiseshiah Memorial Lecture, Chennai.

Young, P.V. 1960. *Scientific Social Surveys and Research*. Bombay: Asia Publishing House.

Zimbardo, P. and E.B. Ebbesen. 1970. *Influencing Attitudes and Changing Behavior*. MA: Addison Wesley.

लेखकों के बारे में

संजय कुमार प्रोफ़ेसर हैं तथा वर्तमान में सेंटर फ़ॉर द स्टडी ऑफ़ डेवलपिंग सोसायटीज़ (सीएसडीएस) के निदेशक हैं। वे सीएसडीएस के अनुसंधान कार्यक्रम, लोकनीति के संस्थापक सदस्यों में से एक हैं तथा वर्तमान में इसके सह-निदेशक हैं।

उनके शोध का प्रमुख क्षेत्र चुनाव संबंधी राजनीति है, हालांकि वे भारतीय युवा, दक्षिण एशिया में लोकतंत्र की स्थिति, भारतीय किसानों की स्थिति, दिल्ली की झुग्गी-झोपड़ियों (स्लम्स) और चुनाव संबंधी हिंसा से जुड़े शोधों के संचालन में भी शामिल रहे हैं।

उन्होंने कई पुस्तकों, संपादित खंडों का लेखन किया है, संपादित पुस्तकों में अध्यायों का योगदान दिया है और विभिन्न राष्ट्रीय तथा अंतरराष्ट्रीय शोध पत्रिकाओं में उनके लेखों का प्रकाशन हो चुका है। उनकी सबसे नवीन पुस्तक *पोस्ट मंडल पॉलिटिक्स इन बिहार: चेंजिंग इलेक्टोरल पैटर्न्स* है। उनके अन्य प्रकाशनों में *चेंजिंग इलेक्टोरल पॉलिटिक्स इन दिल्ली: फ़्रॉम कास्ट टू क्लास, इंडियन यूथ इन अ ट्रांसफॉर्मिंग वर्ल्ड: एटीट्यूड्स एंड परसेप्शन्स* (पीटर आर डिसूज़ा और संदीप शास्त्री के साथ), *इंडियन यूथ एंड इलेक्टोरल पॉलिटिक्स: एन इमरजिंग इंगेजमेंट, राइज़ ऑफ़ प्लेबियंस?* (क्रिस्टोफ़ जैफरलॉट के साथ), *दे चेंजिंग फ़ेस ऑफ़ इंडियन लेजिस्लेटिव असेम्बलीज़,* और *इलेक्टोरल पॉलिटिक्स इन इंडिया: रिसर्जेंस ऑफ़ द भारतीय जनता पार्टी* (सुहास पलशीकर और संजय लोढ़ा के साथ) शामिल हैं।

प्रवीण राय राजनीतिक विश्लेषक हैं तथा उन्हें सर्वेक्षण और चुनावी अध्ययनों के क्षेत्र में 15 से अधिक वर्षों का अनुभव है। इतिहास से स्नातकोत्तर के साथ ही उन्हें दिल्ली विश्वविद्यालय से कानून की डिग्री प्राप्त है। उन्होंने सीएसडीएस के शोध कार्यक्रम *लोकनीति: प्रोग्राम फ़ॉर कंपेरिटिव डेमोक्रेसी* के साथ भी कार्य किया है, जिसे चुनावों और दलगत राजनीति में विशेषज्ञता प्राप्त है। लोकनीति के साथ कार्य करते हुए उन्होंने पचास से अधिक चुनाव अध्ययनों का संचालन किया और अपने अकादमिक तथा शोध आधारित लेखनों में अनुभवजन्य आंकड़ों व सांख्यिकीय उपकरणों का उपयोग किया।

उनकी रुचि के क्षेत्रों में राजनीति, चुनावी प्रतिस्पर्धाएं तथा भारत में जनमत सर्वेक्षण शामिल हैं। उनके लेख भारतीय अकादमिक पत्रिकाओं में प्रकाशित हुए हैं, इनमें से अधिकतर का प्रकाशन *इकोनॉमिक एंड पॉलीटिकल वीकली* (ईपीडब्ल्यू) में हुआ है। उनका शोध *इलेक्टोरल पार्टीशिपेशन ऑफ़ विमन इन इंडिया: की डिटरमिनेंट्स एंड बैरियर्स* विशेष लेख के रूप में 2011 में *इकोनॉमिक एंड पॉलीटिकल वीकली* में प्रकाशित हुआ और 2017 में *विमन्स पार्टीसिपेशन इन इलेक्टोरल पॉलिटिक्स इन इंडिया: सायलेंट फ़ेमिनाइज़ेशन* लेख का प्रकाशन *साउथ एशिया रिसर्च* में हुआ।

Made in United States
North Haven, CT
04 November 2026

21765360R00106